KB162614

우리가
사랑한

장세용, 오영욱, 조기현 **지음**

사 진 으 로   읽 는   한 국   게 임 의   역 사

한국
PC 게임

저자 서문

던 그들에게 이 책을 바치고 싶다.

그리고 사랑하는 딸 윤하와 아내 정현. 또, 늘 응원해주시는 부모님께 감사를 드린다.

장세용

1990년대에 집에는 최신 게임기가 없었다. 그래서 주로 컴퓨터 게임을 즐겨왔다. 외삼촌 댁에서 가져온 흑백 XT 컴퓨터를 시작으로 한동안 흑백 컴퓨터로만 게임을 하다가 중학교 진학을 하면서 받은 486 컴퓨터로 열심히 그리고 즐기면서 게임을 했다.

유년기의 게임 경험이 PC와 패키지 게임에 집중되었다 보니 패키지 게임에 대한 애정이 각별한 편이다. 7년 쯤 전 고등학생을 대상으로 직업 설명회를 나갔을 때 학생들이 패키지 게임 같은 싱글 플레이 형태를 'CD 게임'이란 표현을 쓰는 것을 보고 충격받았던 적이 있다. 몇 년 후에는 '스팀 게임'이라고 표현했던 것으로 기억한다. 지금은 대부분 싱글 플레이 게임도 다운로드로 구매한다. 인터넷 연결이 필요한 경우가 많아 패키지 게임이란 단어는 올드 게이머나 고전 게임을 찾아보는 마니아 정도에게나 익숙한 단어가 아닐까 싶다.

또 다른 저자인 장세용 님이 소장품을 기초로 패키지 게임에 대한 책을 위해 자료를 정리하자고 제안을 주셨을 때 놓치면 안 된다는 생각을 했다. 작업을 하면서 많은 시행착오를 거쳤다. 또한 부족한 게임 패키지를 구하러 다니는 것은 쉽지 않은 일이었다.

하지만 얻은 것도 많다. 항상 자신의 게임 경험에 몰입되지 않고 다른 게임 경험을 놓치지 않으려고 노력하는데 작게나마 성과를 보인 부분도 있다. 책을 풍부하게 만들기 위해 당시 개발자의 인터뷰를 실을 수 있었던 것은 이 책을 작업하면서 얻은 큰 성과 중 하나이다. 이 자리를 빌려 도와주신 많은 개발자 분께 감사드린다.

아쉬운 점도 있다. 아카이브 작업을 하면 항상 모든 것을 다뤄야 한다는 강박감을 느끼는 편이다. 하지만 모든 것을 다루기 위해 준비만 한다면 책이 나오지 않는다는 것을 알 만큼은 성장한 것 같다. 그럼에도 모든 리스트를 작성하지 못하고 모든 개발자의 인터뷰를 하지 못한 부분에 대해 미안함을 느낀다. 혹시 자신이 사랑하는 게임이 실리지 못했다 하더라도 너그러이 이해해 주기를 바란다.

저자 서문

이 책이 나오기까지 많은 분의 도움이 있었다. 흔쾌히 자신이 소장한 게임을 빌려주거나 사진을 제공해주고 바쁘지만 소중한 시간에 인터뷰에 응해준 개발자 분들이 없었다면 책이 나오기 힘들었을 것이다.

마지막으로 패키지 게임에 대한 애정으로 프로젝트가 시작하게 될 계기를 만들고 책 작업에 출판사와의 연락책을 담당해준 고생하신 장세용 님과 『한국 게임의 역사』(북코리아, 2012)에 이어 한 번 더 작업을 함께한 조기현 님, 그리고 책이 빛을 볼 수 있도록 시간을 가지고 기다려준 한빛미디어 관계자에게도 감사의 말을 전한다.

이 책을 통해 잠깐이나마 여러분들이 과거의 추억에 잠길 수 있고 모르는 분에게는 이런 게임이 있었구나 하고 흥미를 제공할 수 있으면 책에 참여한 저자로서 몹시 기쁠 것이다.

오영욱

"당신이 읽고픈 책이 있는데 아무도 쓴 적이 없다면 그 책은 당신이 써야 한다."

노벨문학상을 수상한 토니 모리슨의 유명한 문장이다. 수요도 공급도 협소한 취미계 책을 쓰고 글을 짓는 사람들이라면 머리 이전에 가슴으로 느끼는 갈망이 아닐까 싶다. 하지만 많은 경우 '내가 쓴다 하여 과연 누가 책을 만들어주고 누가 사줄 것인가'에서 항상 머리와 손이 멈칫하기 마련이다. 그래서 기회가 왔다면 앞뒤 재지 않고서 일단 잡고 봐야 하는 것이다.

'1990년대 국산 PC 게임을 소재로 다룬 '도감'계 책이 나왔으면 좋겠다. 아니, 자료만 제대로 확보된다면 아예 써보고도 싶다'는 생각을 오래전부터 하기는 하였으나, 여건은 미흡하고 내가 가진 자료는 언제나 한정적이며 이런 책에 관심을 보이는 출판사를 찾기도 어렵기에 오랫동안 생각에만 머물러 있었다. 그러던 차에 같은 생각으로 국산 PC 게임 패키지를 수집해오던 장세용 님, 국산 게임 및 게임 잡지의 아카이빙을 꾸준히 진행한 오영욱 님과 의기투합할 기회가 있어 '책을 만들어보자'는 공통의 목표로 협업하게 되었고 공동 저자 중 한 명으로 참여할 수 있었다. 그 과정에서 개인 소장품을 꺼내보기도 하고 개발자 인터뷰에 동석하거나 다른 소장자의 도움을 받기도 하는 등, 다들 본업이 있는 사람

저자 서문

들의 개인 시간과 수고가 상당히 들어간 느슨하고도 장기적인 프로젝트가 되었다. 이러한 책의 기획은 한국에선 최초인데다 세계적으로도 예가 드문 만큼, 그야말로 모든 것이 시행착오의 연속이었다.

지금은 국산 게임의 역사가 온통 온라인과 MMO계 게임의 역사인 것처럼 여겨지는 풍조가 없지 않으나, 인터넷이 보편화되기 전인 1990년대에도 분명 '국산 게임'은 존재했고 나름대로의 향유층과 문화가 꽃피었으며 미국과 일본처럼 서사가 있고 엔딩이 존재하는 싱글 플레이 게임을 다투어 개발하던 시대가 분명히 있었음을 사진과 실물로 증명해 보여주는 책이 필요하고 더 많아져야 한다고 생각한다. 선진국에 비해 어설프거나 심지어는 모방이었으나마 그때의 노력이 쌓인 결과로 지금의 화려한 한국 게임 업계가 존재하는 것이기 때문이다. 이 책을 밑거름으로 1990년대의 국산 게임들을 더 많은 사람이 활발하게 이야기하고 회고하게 되기를 바랄 따름이다.

프로젝트 리더로서 오랫동안 노력한 장세용 님과 함께 집필하고 조사한 오영욱 님, 그리고 이 내용을 '책'의 형태로 세상에 나올 수 있게 도와준 한빛미디어 관계자 분들에게 깊이 감사드리며, 개인적으로는 게임과 컴퓨터와 함께하는 삶을 용인해주신 부모님께도 감사드리고 싶다.

끝으로 1990년대의 험난한 환경에서 국산 게임 개발이라는 험로를 개척하며 이 책에 실린 게임들을 완성해낸 당시의 모든 개발자 분들과, 그 게임들을 지금도 추억으로 간직한 채 무사히 '어른'이 된 우리 올드 게이머들 모두에게, 찬사를 바치는 바이다.

조기현

저자 소개

장세용 bitmagek@gmail.com

온라인으로 활동하는 닉네임은 '쉘롱'. MSX 컴퓨터를 시작으로 컴퓨터에 입문했다. 아케이드 센터용 게임 제작을 시작으로 업계에 발을 들여놓았다. 16년 동안 비트메이지를 운영하며 다양한 플랫폼에서 게임을 출시한 바 있다. 그 후 엔씨소프트를 거쳐 현재는 언오픈드^{UNOPND} XOCIETY 팀에서 클라이언트 팀장으로 재직 중이다. 국산 PC 게임과 레트로 게임에 관심이 많으며 2021년 네이버 카페 '구닥동'에서 활동하는 NEO 팀과 MSX(재믹스) 게임을 제작하고 판매에 참여했다.

오영욱 krucef@gmail.com

부모님이 재믹스를 사주셨지만 정작 어머니가 열심히 하셨던 유년 생활을 보내고 흑백 XT 컴퓨터로 게임 인생을 시작해 학창 시절을 PC 게임 중심으로 보낸 게이머. 2006년부터 2008년까지 〈던전앤파이터〉 개발에 참여한 후 퇴사 기념으로 산 Xbox 360으로 본격적으로 가정용게임기에 입문하여 지금은 업무를 핑계로 오큘러스 퀘스트부터 PS5까지 기종을 가리지 않고 게임을 하고 있다. 커리어 중심은 게임 프로그래머지만 현재는 대학원에 다니면서 잡다하게 컴퓨터가 읽는 글부터 사람이 읽는 글까지 가리지 않고 쓰고 있다. 『한국 게임의 역사』(북코리아, 2012), 『소셜게임 디자인의 법칙』(비제이퍼블릭, 2013), 『81년생 마리오』(요다, 2017) 집필과 번역에 참여했다.

조기현 kinophio@gamerz.co.kr

초등학교 때 친구 집에서 금성 FC-150과 패미컴을 처음 접했고, 애플 Ⅱ+ 호환 기종으로 컴퓨터에 입문했다. 중고교 시절을 16비트 PC 게이머로 보내다 플레이스테이션을 접하여 가정용 게임기 유저로 전향, 게임으로 영어와 일본어 독해법을 익혔다. 이후 2002년부터 현재까지 게임문화의 월간 『GAMER'Z』 수석 기자로 재직 중이다. 1980~1990년대 한국 게임 초창기의 궤적을 복각해보고 싶어 한다. 『한국 게임의 역사』(북코리아, 2012)를 공저했고 『퍼펙트 카탈로그』 시리즈(삼호미디어, 2019~현재) 등을 번역했다.

이 책에 나온 각종 정보(최소 사양, 권장 사양, 발매일, 가격 등)는 해당 패키지에 기록된 정보를 우선하였다. 발매일의 경우 기록으로 남아 있지 않은 경우가 많기에 해당 게임이 발매되었을 시기의 게임 잡지를 참고했다. 가격 역시 정가제로 판매되는 경우보다 오픈 프라이스로 판매되는 경우가 많았는데 이 역시 해당 게임이 발매되었을 시기의 게임 잡지에 표기된 가격을 우선시했음을 밝힌다.

참고한 자료는 다음과 같다(가나다 순).

「게이머즈」「게임라이프」「게임라인」「게임마니아」「게임매거진」「게임비평」「게임월드」「게임 정보」「게임챔프」「게임 파워」「게임디벨롭퍼 코리아」「게임채널」「게임피아」「넷파워」「마이컴」「온 플레이어」「컴퓨터 게이밍월드」「피씨게임」「피씨 파워진」「피씨 플레이어」「PC GAME MAGAZINE」「PC CHAMP」「V 챔프」

해당 참고 서적의 대부분은 오영욱 저자가 검색 가능하도록 디지털로 아카이빙한 덕분에 수월하게 자료를 찾을 수 있었다. 패키지 사진의 대부분은 저자들이 가지고 있는 소장품을 찍은 것이다. 패키지 안의 내용물까지 기록하면 좋았을 테지만 밀봉 제품이 있었기에 개봉하기 아까워 패키지 겉면만을 촬영했음을 밝힌다.

저자들이 소장하지 않은 패키지의 사진은 다음의 소장자들에게 도움을 받았다(가나다 순, 괄호 안은 아이디).

- 〈극초호권〉: 남영진(페르소나H)
- 〈낚시광〉: 김지훈(크툴루)
- 〈다크사이드 스토리〉: 차승표(tovah)
- 〈라스 더 원더러〉: 최홍정(아케이드 보이)
- 〈스톤엑스〉: 이문영
- 〈신혼일기〉: 문성태(비내리는 여름)
- 〈아마게돈〉, 〈코코룩〉, 〈써니하우스〉, 〈쿠키샵〉, 〈피와 기티〉, 〈코룸〉, 〈거울전쟁〉: 오지영(토마토리움)
- 〈임진록〉: 이정수(1월), 정종필(대마왕)
- 〈파더월드〉: 서창호(Canon)
- 〈피와 기티〉: 김주명
- 〈홍길동전〉: 이시호(Atom)

이 책에 나온 정보에 관하여

책을 쓰면서 도움을 주신 분들은 다음과 같다.

- 조정현: PC 게임 패키지 관리
- 장준용: 책의 교정과 게임 정보 수집
- 조학동: 인터뷰이 컨택 포인트 정보와 패키지 이미지 저작권 확보
- 김남국: 인터뷰이 컨택 포인트 정보, 〈그날이 오면 3〉 관련 이미지 제공
- 전성구: 〈하얀마음 백구〉 증정
- 네이버 카페 '게임 클래식' 회원 여러분
- 네이버 카페 '구닥동' 회원 여러분
- 네이버 카페 '도스 박물관' 회원 여러분
- 네이버 카페 'MSX 천국' 회원 여러분
- 그리고 멋진 프로젝트를 하고 있는 XOCIETY 팀원들

도움 주신 모든 분들께 지면을 빌려 다시 한번 감사의 말씀을 드린다.

사진의 품질이 좋지 않아 마음이 아프지만 해당 패키지 자체가 적어도 20년 이상 된 오래된 물건이고 카메라에 대해선 아마추어인 저자들이 찍거나 소장자들이 직접 패키지에 대한 사랑으로 찍은 것이니 넓은 아량으로 봐주셨으면 한다.

많은 교정 작업을 거쳤지만 책의 내용이 정확하지 않거나 부족할 수 있다는 점이 책의 마무리를 힘들게 한다. 모쪼록 이 책이 마중물이 되어 이보다 더 자세하고 더 많은 자료를 담은 책이 나오길 기대하고 또 기대해본다.

일러두기

- 발매 게임, 방송, 영화는 〈 〉, 책, 잡지, 신문은 『 』, 논문, 보고서, 문서는 「 」로 표기했다.
- 게임 영문 표기는 패키지 타이틀을 우선했으며, 없을 경우 해외 표기에 따랐다.
- 게임 발매일이 나온 것은 참고 자료를 기초로 하여 작성했으나 실제 발매일과 다를 수 있다.

contents

PART 1

게 임 소 개

contents

contents

contents

contents

contents

PART 2

게 임 도 록

contents

contents

contents

contents

PART 1

게임 소개

1992

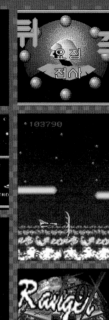

001

폭스 레인저

Fox Ranger

발매시기	1992년 4월 20일
장르	횡스크롤 슈팅
개발사	소프트액션
유통사	SKC 소프트랜드
가격	15,000원
플랫폼	MS-DOS
매체	5.25" 2D 3장
주요사양	IBM PC XT/AT 이상,
	기본 메모리 640KB 이상,
	HDD 필수, 허큘리스,
	VGA, 옥소리, 애드립,
	사운드 블라스터, MIDI
저작권자	남상규

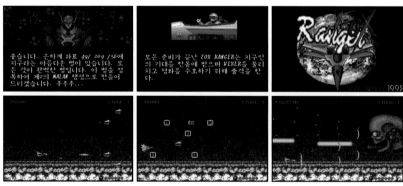

좋습니다. 은하계 좌표 49/ 20/ /56에
지구라는 아름다운 별이 있습니다. 모
든 것이 완벽한 별입니다. 이 별을 정
복하여 제2의 MALAN 행성으로 만들어
드리겠습니다. 후후후...

모든 준비가 끝난 FOX RANGER는 지구인
의 기대를 한몸에 받으며 VEKER를 물리
치고 평화를 수호하기 위해 출격을 한
다.

유의미한 히트를 기록한
사상 최초의 16비트 PC용 국내 개발 게임

1990년 동서게임채널과 SKC 소프트랜드가 IBM PC 호환 기종용 정품 게임 유통을 시작한 이래 전국 각지의 여러 아마추어 게임 개발팀들이 '최초의 정식 발매 국산 게임'을 목표로 경주했고, 1992년을 기점으로 완성에 다다른 몇 종류의 '국산 게임'이 시장에 출시되었다. 이들 중 과연 무엇이 '최초'인지는 현 시점에서 따지기 쉽지 않으나 가장 유의미한 히트와 유명세를 기록한 작품은 소프트액션의 〈폭스 레인저〉이기에 당시의 한국 PC 게이머 사이에서는 일반적으로 이 게임이 '최초의 국산 게임'으로 인식되었다.

당시 오락실과 가정용 게임기로 친숙했던 '횡스크롤 슈팅'이라는 알기 쉬운 장르의 선택, 완성도 측면에서는 아쉬움이 많았으나 '국산 PC 게임'의 등장을 갈망했던 당시의 PC 유저들이 즐기기에는 나름대로 합격점이라 할 수 있었던 만듦새, 대중음악 작·편곡 경력이 있던 남상규 팀장이 작곡한 개성적인 BGM, 〈썬더 포스 Ⅲ Thunder Force III〉(1990) 등 당대의 인기 슈팅 게임의 연출을 적절히 모방한 그래픽 등이 이 작품의 특징. 또한 다중 스크롤 구현, MIDI 모듈 지원, 사운드 블라스터의 PCM 음성 출력 지원 등 국내 최초 기록을 여럿 보유하고 있는 작품이기도 하다.

케텔KETEL을 통해 결성된 팀답게 PC 통신 서비스에 1 스테이지 데모를 과감히 올려 호응을 받기도 해, 남상규 씨의 후일 회고에 의하면 발매 한 달 만에 1만 5천 장, 최종적으로는 2만 5천여 장의 판매고를 올렸다고 한다. 당시의 정품 게임이 2천 장이면 대성공이라 불렸다고 하니 화제성을 업고 대히트를 기록했다고 표현해도 무리는 없을 것이다.

이후 소프트액션은 한동안 '슈팅게임 전문 개발사'로 자리매김하여 〈폭스 레인저〉 시리즈를 꾸준히 내놓게 된다.

002

자유의 투사

Defender of Freedom

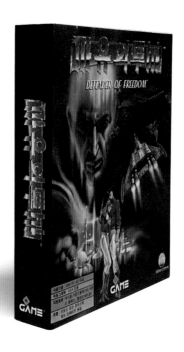

발매시기	1992년 5월
장르	종스크롤 슈팅
개발사	미리내 소프트웨어
유통사	동서게임채널
가격	20,000원
플랫폼	MS-DOS
매체	5.25" 2HD 4장
주요사양	IBM PC AT 이상, HDD 권장, VGA 전용, 애드립, 사운드 블라스터, MT-32

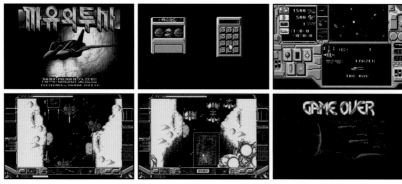

조금만 더 일찍 나왔다면, 어쩌면…

1987년 대구에서 결성되어 MSX2로 〈그날이 오면 Ⅱ〉를 제작하며 경험을 쌓았던 미리내 소프트웨어의 첫 IBM PC 호환 기종용 오리지널 작품. 개발 당초의 타이틀명은 '스트레반: 운명의 결전'이었으나 최종적으로는 현재의 타이틀명으로 바뀌어 출시되었다(후일 〈운명의 결전^{Blur Way}〉이란 타이틀명으로 1990년대 중반 신작 슈팅 게임을 내놓기도 한다).

이 작품의 발매 당시는 소프트액션, 막고야 등의 여러 개발팀들이 '최초의 16비트 PC용 국산 게임 출시'라는 타이틀명을 따내기 위해 치열하게 경쟁하던 시기로, 동서게임채널과 SKC 소프트랜드 등 유통사들 역시 이를 선전에 활용하기 위해 다수의 개발팀들과 계약을 논의하며 물밑 경쟁하고 있었다. 미리내 소프트웨어도 당연히 이를 노리고 있었으나 불과 1개월여라는 간발의 차이로 4월에 먼저 발매된 소프트액션의 〈폭스 레인저〉가 모든 화제를 독점하는 바람에 결국 야심 차게 개발했던 〈자유의 투사〉는 당시 홍보도 제대로 되지 못해 기억해주는 사람이 적은 아쉬운 역작으로 남게 되었다. 이때의 경험을 발판으로 후일 미리내 소프트웨어는 개발 속도를 올려 〈그날이 오면 3〉를 경쟁작 〈폭스 레인저 Ⅱ〉보다 먼저 출시, 준수한 만듦새로 호평을 받아 설욕한다.

게임 자체로는 스테이지 막간에 약간의 전략 시뮬레이션 요소를 가미한 종스크롤 슈팅 장르인데, 개발 경험이 적었던 시기의 초기작이어서인지 슈팅으로도 전략으로도 아쉬움이 남는 만듦새의 작품이다. 슈팅 게임으로서의 완성에 전념하여 그만큼 일찍 냈더라면 조금은 역사가 바뀌지 않았을까.

요정전사 뒤죽

Duijuke

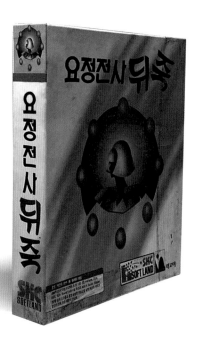

발매시기	1992년 8월
장르	액션 RPG
개발사	막고야
유통사	SKC 소프트랜드
가격	오픈 프라이스
플랫폼	MS-DOS
매체	5.25" 2D 3장
주요사양	IBM XT/AT 이상, 허큘리스, CGA, EGA, VGA, 애드립, 사운드 블라스터

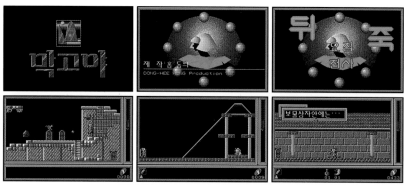

'한글로 메시지가 나오는
첫 국산 액션 RPG'에 도전

1세대 국산 게임 개발자 중 한 명으로 꼽히는 홍동희 씨의 막고야 팀이 내놓은 기록상 두 번째 오리지널 작품으로(첫 번째는 막고야의 대표작이기도 한 〈세균전 Spread Out〉(1992)), 순우리말과 단군 신화의 도입 등 '한국적' 분위기에 역점을 기울인 막고야의 작품답게 스토리와 설정에 전통적인 느낌을 담은 것이 특징이다.

요정전사의 후손 '뒤죽'이 암흑 마왕의 침략으로 뒤죽박죽이 되어버린 요정 세계를 구하기 위해 전설의 보물 '다섯 화염 구슬'을 찾아 모험한다는 것이 기본 줄거리로, 당시 게이머들 사이의 인기작이었던 〈젤리아드Zeliard〉(1990)나 〈원더 보이Wonder Boy〉 시리즈 등에서 영향을 받은 듯한 구성이다. 설정에 충실한 탓인지 탐색형 액션 RPG치고는 무기가 오로지 장거리 발사형인 '화염 구슬'뿐인 것도 특징으로, 아무래도 '초창기의 국산 게임'이라는 의의를 감안해야 하는 작품.

조금 이색적인 요소라면 암호 시스템인데, 당시의 DOS 게임들이 대개 그렇듯이 게임도 불법 복제를 막기 위한 암호 시스템이 들어가 있으나 암호표는 매뉴얼에도 패키지에도 전혀 없다. 대신 매뉴얼에 암호에 대한 설명이 있는데 우리말로 읽으면 숫자를 추측할 수 있는 그림 아이콘('야구공'은 0, '인삼'은 3, '육상선수'는 6이라는 식) 아홉 개를 제시하고 해당하는 숫자를 넣으면 된다고 알려주는 형태다. 복잡한 암호표 없이도 매뉴얼을 읽어두었거나 한국인이라면(?) 암호를 통과할 수 있는 셈이니 꽤나 신선한 패스워드제를 채택했다고나 할까.

박스 레인저

Box Ranger

발매시기	1992년 10월 31일
장르	횡스크롤 슈팅
개발사	소프트액션
유통사	SKC 소프트랜드
가격	19,500원
플랫폼	MS-DOS
매체	5.25" 2HD 4장
주요사양	IBM PC AT 이상, HDD 필수, VGA, 애드립, 사운드 블라스터, MIDI
저작권자	남상규

⟨폭스 레인저⟩의 엔진을 재활용한
국내 최초의 셀프 패러디 게임

괄목할 만한 성공을 거둔 ⟨폭스 레인저⟩의 개발 자원을 재이용하여 제작한 일종의 외전 내지는 팬서비스 격 게임으로, 스토리부터 플레이어 및 적 캐릭터, 그래픽 및 사운드에 이르기까지 ⟨폭스 레인저⟩에 대한 개발진의 셀프 패러디로 점철되어 있는 작품. 자사의 성공작을 셀프 패러디하여 독립적인 작품으로 만든 케이스는 국내 게임계에서는 매우 희귀한 사례에 해당한다.

직접적인 착상은 코나미KONAMI의 ⟨파로디우스Parodius⟩(1988)에서 얻은 것으로 보이며, 특정 스테이지에서는 아예 개발사의 제작진들 얼굴을 흑백 디지털 스캐닝하여 적 캐릭터로 배치하는 등 독특한 센스가 폭발한다. 스토리가 전작에서 아예 그대로 이어진다거나 최종 보스인 악의 도사 '백오자'가 전작의 최종 보스인 '베그저'의 패러디라거나 하는 식으로 의외로 전작과의 연계가 강한 것도 특징. 게임의 패스워드는 패키지 내에 들어가 있는 게임 음악 악보집의 특정 음표를 찾아 입력하는 형식인데, 소프트액션의 게임 내 모든 BGM을 직접 작곡해 삽입한 남상규 씨의 자부심으로도 읽힌다.

여담이지만 당시 게임 잡지 기사에 따르면 이 작품과 함께 '승천대한'이라는 대전 격투 게임도 동시 제작 중이었다고 알려졌으나, 도중에 개발이 중단되는 바람에 결국 미발매로 끝났다.

김성식

Kim SungShik

김성식(오른쪽)과 그의 아내

>> 포항공과대학교 기계공학과를 졸업한 것으로 알고 있습니다. 〈마성전설Knightmare〉(1990)
이 데뷔작으로 많이 알려졌지만 아프로만에서 나온 〈왕의 계곡King's Valley〉(1989)을 더 먼저
만들었죠. 〈왕의 계곡〉을 만든 컴퓨터 동아리 PPUC의 활동이 매우 궁금합니다.

제가 기숙사에서 MSX로 게임을 즐겼던 터라 오락실 역할을 했습니다. 1988년
2학년 때 PPUC 후배로 들어온 박정근 씨가 제가 가지고 있던 코나미KONAMI의
〈왕가의 계곡King's Valley〉(1988)을 재미있게 즐겼습니다. 곧 PC로 만들어보자고
의기투합했죠. 잘 기억나지는 않지만 CGA와, 허큘리스 카드를 지원하는 그래픽
엔진을 만들어줬습니다. 이후 박정근 씨가 거의 혼자서 PC판을 만들었고 아프로
만과 접촉해 판매하게 되었습니다.

>> 〈왕의 계곡〉을 국내 최초의 IBM PC 게임이라고 말하는 사람도 있습니다. 어떻게 생각
하시나요?

1988년에 출시한 것으로 기억하는데 다른 PC용 게임에 대해서는 잘 모르겠습
니다.

>> 어떻게 소프트액션에 합류하게 되었나요?

PC 통신으로 그래픽 작업하는 후배와 원거리로 협업하고 있었습니다. PC 통신으
로 진행 중인 작업 상황을 공개한 후에 소프트액션에서 연락이 왔던 것 같습니다.

>> 〈폭스 레인저〉가 성공한 후 〈폭스 레인저 2〉 제작에도 참여를 했는지요?

〈박스 레인저〉를 만든 후에 다른 친구가 진행하던 〈폭스 레인저 2〉 후반에 참여 했습니다.

>> 단비시스템을 창업한 후 『마이 러브』(1993)를 시작으로 많은 국내 만화 작품을 게임화했습니다. 이전에는 기술의 '단비'였다면 〈마이 러브My Love〉(1995) 출시 이후 대중의 '단비'로 넘어간 것 같습니다. 만화를 게임으로 만들어야겠다고 생각한 계기는 무엇인가요?

당시 기획실장이던 아내 윤정선 씨의 아이디어로 시작했습니다. 평소에 만화를 좋아해서 『아이큐점프』를 즐겨 봤는데, 윤정선 씨가 좋아하는 만화를 게임으로 만들어보자고 제안을 한 것이죠. 기술 위주의 게임으로 생각하던 것을 문화 콘텐츠로서의 게임으로 생각을 전환하게 되었고 더 중요한 가치를 제시해줘서 아내 윤정선 씨에게 고맙게 생각합니다.

>> 〈오피스 여인천하Office Women Power〉(2002)를 시작으로 아케이드 게임에도 진출했습니다. 그 계기는 무엇인지 궁금합니다.

첫 아케이드 게임은 F2 시스템의 개발 보드로 만든 〈뱀프×1/2$^{Vamf×1/2}$〉(1997)입니다. 이 게임 이후 본격적으로 아케이드 게임에 진출했습니다. 당시는 한게임이 네이버와 합병하기 전으로 막 온라인 게임이 태동하는 시기였는데, 쇠퇴하고 있던 아케이드 쪽으로 방향을 잘못 잡았던 것 같습니다.

>> 현재 근황이 매우 궁금합니다. 계속 게임을 제작하고 계시나요?

나우앱nowApp이라는 회사를 창업했습니다. 모바일용 앱을 개발했었고 지금은 AI로 제품 불량을 검출하는 솔루션을 개발하고 있습니다.

>> 단비시스템을 운영하면서 좋았던 점과 후회되는 점은 무엇인가요?

온라인 게임 시대로 넘어가지 못한 점이 아쉽긴 하지만 좋아하는 만화를 게임으로 제작한 것은 매우 행복했습니다.

>> **현재 게임 콘텐츠 산업은 매우 어렵습니다. 경험으로 비춰볼 때 중소 업체는 앞으로 어떤 방향으로 가면 좋을까요?**

이미 대자본의 규모로 게임 시장이 진행되고 있지만 인디 게임 개발자의 참신하고 파격적인 시도는 큰 게임 회사에서 진행하기 어려울 겁니다. 실험적인 게임 시스템이나 독특한 소재로 게임을 만들어야 경쟁력이 있을 것이라고 생각합니다.

>> **마지막으로 하고 싶은 말씀이 있다면 부탁드립니다.**

오래전 일이지만 국산 게임 개발자의 이야기를 모아주는 노력에 경의를 표합니다. 감사합니다.

홍동희

Hong DongHee

>> **1세대 개발자로서의 자기소개 부탁드리겠습니다.**

저는 게임 개발사 막고야의 대표를 지냈던 홍동희입니다. 이후 게임로프트 코리아Gameloft Korea의 CTO와 프로그래밍 리드를 담당했습니다. 현재도 게임을 만들고 있으며 게임 개발자라는 직업은 저의 천직이라고 생각합니다.

게임을 만들게 된 동기는 간단합니다. 1981년부터 프로그래밍을 공부하고 있었습니다. 특히 당시 인기 있던 아케이드 게임의 원리를 파악하고 그 작동을 구현하는 데 관심이 많았습니다. 좋아하는 장르는 슈팅 게임이었는데 그때 기술의 최고봉은 현란한 슈팅 게임이었기 때문인 것 같습니다.

전공은 컴퓨터 프로그래밍으로, C++, C#, 자바Java, 자바스크립트JavaScript 등의 언어를 주로 사용합니다. 원래는 클라이언트 프로그래밍이 주요 업무이나 지금은 서버, DBdatabase 등 게임 개발 전반에 걸친 영역을 다루기 때문에 풀스택 개발자full-stack developer라고 할 수 있습니다. 현재 유니티Unity와 언리얼Unreal 엔진을 주로 사용해 모바일 게임을 개발합니다.

개발자의 최대 덕목은 끊임없는 자기계발이라고 생각합니다.

>> **막고야의 뜻과 설립 배경이 궁금합니다.**

'막고야'의 뜻은 민족 고대사와 관련이 있습니다. 우리 민족의 시조 단군왕검이 아사달에 도읍을 세우기 전 부친인 환웅께서 하늘에서 내려와 신시를 열었습니다.

그때 이름이 '막고야'였다고 합니다. 우리나라 게임의 시작을 연다는 뜻으로 회사 이름을 '막고야'로 했습니다.

>> **개발 초창기 시장 상황과 개발실 분위기를 듣고 싶습니다.**

본격적으로 게임 개발을 시작한 것은 국내에 복귀한 이듬해인 1992년입니다. 당시 국내에는 이렇다 할 게임 회사가 없어 게임 회사를 직접 설립했고, 대학원생일 때 만든 게임인 〈세균전〉을 출시하는 것으로 활동을 시작했습니다.

시장 상황은 지금과 완전히 달라 한국에서 개발이 가능한 분야는 오직 PC 게임뿐이었습니다. 모든 것이 열악한 시기라 모뎀을 이용한 PC 통신조차 없었고 게임은 디스켓에 복사해 출시하던 시절이었습니다. 30여년 가까이 지난 지금은 모든 것이 많이 발전하여 개발에 필요한 모든 기술 및 정보가 넘쳐납니다. 기술이나 정보는 부족했지만 초창기 게임 업계는 게임 개발에 대한 순수한 열정이 뜨거웠음은 물론 게임 내의 작은 시도조차 소중하게 생각되던 시대였습니다.

당시 가장 어려웠던 일은 시장이 존재하지 않았기 때문에 제작한 타이틀을 유통하는 것이 큰 문제였습니다. 개발 인력 또한 절대적으로 부족했습니다.

▶ 미국에 거주하는 홍동희 대표 고모부님이 소장 중인 〈세균전〉 초기 패키지 버전과 〈원시소년 토시〉 패키지

>> '막고야'라고 하면 〈세균전〉이 제일 먼저 떠오를 정도로 대표 타이틀입니다. 많은 버전이 나온 것으로 압니다. 〈세균전〉 시리즈의 버전별 히스토리와 제작 에피소드가 있다면 말씀해주세요.

원본 〈세균전〉은 1992년 1월 디스켓으로 발매한 것이 첫 번째 판본입니다. 따라서 이 제품이 최초의 국산 VGA 게임이라는 의미도 됩니다. 640×480 해상도에 무려 16컬러를 지원합니다. 아마도 현재 전국에 열 장도 남지 않았을 것입니다. 1990년 미국에서 공부할 무렵 만든 습작 게임을 조금 고쳐서 시판한 것이라고 보면 됩니다.

두 번째는 SKC 소프트랜드에서 발매한 〈슈퍼 세균전〉, 세 번째는 〈생방송 게임천국〉 버전인 〈세균전 95〉, 네 번째는 윈도우 버전인 〈세균전 X〉(1997), 다섯 번째는 모바일 버전인 〈세균전 2013〉(2013년)입니다. 이외에도 위피WIPI 라이선스된 것, 온라인 게임 버전 등이 존재하며 어쩌면 2022년에 30주년 기념작이 출시될지도 모릅니다.

게임의 기본 룰은 오락실용 게임이었던 〈Ataxx〉(1988)에서 따온 것입니다. 대학원 재학 당시 학생 식당에 이 게임이 비치돼 있었는데, 소위 머리 좋은 학생들 사이에서 상당한 인기가 있었습니다. 오델로에서 파생된 것으로 보이는 이 게임은, 사실 인공지능의 기본적인 알고리즘 중 하나인 재귀적인 '깊이 우선 탐색Depth First Search'에 최적화된 룰을 가지고 있었습니다. 당시 제가 사용하던 PC(XT급)에서 터보-CTurbo-C를 이용해 이틀 동안 동일한 내용을 구현할 수 있었습니다. 이것이 나중에 한국으로 돌아와 처음 내놓게 된 타이틀이 되었습니다.

>> 〈전륜기병 자카토〉가 처음 공개됐던 이미지와 다르게 발매가 된 이유가 궁금합니다.

〈전륜기병 자카토〉는 아직도 메카닉물을 좋아하는 제가 나름 새로운 시도를 해본 게임입니다. 당시에는 생소하던 실사 촬영과 3D 그래픽을 이용한 배경 및 스프라이트의 구현을 추구한 작품입니다. 처음 공개된 이미지는 이런 의도를 가지고 제작 중인 과정이 기사화된 것입니다. 실제 작업 중 발생한 많은 기술적 문제점(동영상 처리 장비 및 기기 성능 부족)으로 인해 렌더링 스프라이트만으로 작업이 완료됐습니다. 가장 영향을 받았던 작품은 메사이어^{MASAYA}의 〈중장기병 발켄^{Assault Suits Valken}〉(1992)입니다. 〈전륜기병 자카토〉는 원래 제작하고 싶던 규모의 80% 정도로 마무리가 됐던 아쉬움이 있습니다.

>> **만든 게임 중 제일 애착이 가는 프로젝트가 있다면 무엇인지 궁금하고 그 이유가 알고 싶습니다.**

가장 애착이 가는 프로젝트는 '코스믹 블래스트'라는 RTS 게임입니다. 이 작품은 케이브독^{Cavedog}의 〈토탈 어나이얼레이션^{Total Annihilation}〉(1997)과 비슷한 3D 기반의 RTS 게임으로 개발했었으나 최종적으로는 발매되지 못했습니다. 개발비가 너무 많이 들어가 중간에 접을 수밖에 없었습니다. 만일 발매됐다면 막고야의 대표작이 됐을 것입니다. MMORPG인 〈루넨시아^{Lunentia}〉(2003) 역시 아쉬움이 많이 남는 프로젝트입니다. 〈세균전〉 시리즈는 늘 애착이 가는 프로젝트이며 〈전륜기병 자카토〉와 외전 격인 〈자카토 만〉 역시 늘 미련이 남습니다. 이들 게임들은 시간을 두고 새롭게 재출시를 검토하고 있습니다.

>> **막고야를 운영하면서 좋았던 점과 후회되는 점은 무엇이 있나요?**

좋았던 점은 당시 게임 개발 1세대 분들과 교류하며 게임에 대한 열정을 발휘할 수 있었던 점입니다. 비록 모든 여건은 어려웠지만 모든 것이 희망으로 보이던 시대가 아니었나 생각해봅니다. 후회되는 점은 자금력이 많이 부족했었다는 점, 그리고 전략적인 변화(특히 온라인 게임)에 대처가 늦었다는 점입니다. 결과적으로 막고야는 17년의 역사를 마지막으로 청산했습니다. 돌이켜보면 좀 더 잘 운영할 수 있었을 텐데 하는 아쉬움은 늘 남아 있습니다.

>> **국산 게임의 미래를 어떻게 생각하는지 듣고 싶습니다.**

이제 한국에도 세계적인 규모의 게임 개발사가 상당수 존재하고 시장 규모 및 개발 여건도 많이 좋아졌습니다. 게임만 좋다면 바로 세계 시장으로 진출할 수 있기 때문에 과거에 비해 모든 가능성은 더 커졌고 반대로 시장에서의 경쟁 및 사업 위험성 또한 더 커졌습니다. 따라서 한국 게임의 미래는 크게 두 가지에서 찾아야 할 것입니다.

첫 번째는 인디 게임, 소규모 개발에서 출발해 건실한 매출이 발생하는 허리 역할을 할 수 있는 중견 업체가 많이 생기는 것입니다. 이를 위해서는 인디 게임, 작은 규모의 개발팀에 대한 제도적인 지원이 많아져야 할 것입니다.

두 번째는 삼성이나 LG 같은 대기업 또는 산학연 컨소시엄이 닌텐도 스위치 같은 콘솔 게임기 또는 게임 특화 기기를 개발하면 어떨까 하는 생각입니다. 한국은 이제 역량이 충분하기 때문에 이를 통해 또 한번 게임 시장에 새 바람을 불러왔으면 하는 바람이 있습니다.

제가 이야기한 두 가지 모두 결국은 '한국 게임 산업이 조금이라도 더 발전적인 생태계를 만들고 세계 시장을 선도할 창의적인 작품이 지속적으로 탄생하길 바람'으로 요약할 수 있겠습니다.

〈폭스 레인저〉 이전의
국산 게임들

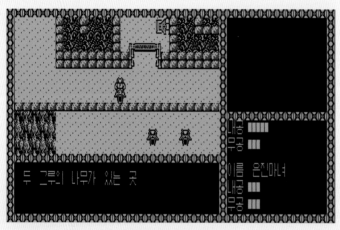

▶ 〈풍류협객〉 이미지. 발매 사실과 광고, 기사만 남아 있었을 뿐 30년 넘게 실제 발매 여부가 베일에 싸여 있었으나,
  2017년경 실제 소장자에 의해 실물 패키지가 공개되어 디지털화로 실존이 증명되었다. 월간 『게임챔프』 1993
  년 1월호 기사에 의하면 이정호 씨의 1인 개발 작품이라고 한다.

　본서에서는 편의상 '최초의 국산 게임'을 1992년의 〈폭스 레인저〉로 잡았다. 다만 기록을 엄밀히 따지고 들어가다 보면 당연히 그 이전에도 사례가 있으며, '공개 소프트웨어'나 '8비트 컴퓨터' '국산 아케이드 게임' 등으로 범위를 넓혀 '최초'를 따지기 시작하면 한층 더 복잡해진다. 하지만 이 단계로 넘어가면 실물이나 디지털 데이터 등의 물증이 존재하지 않거나 아예 발매 기록 자체가 불분명한 게임도 있어 더 많은 발굴과 연구가 필요하다. 일단 본 지면에서는 〈폭스 레인저〉 이전의 국산 게임들에 대해 간단히 언급해둔다.

16비트 PC(IBM PC 호환 기종)로 한정하면 사실 1992년이라는 동 시기에 막 고야의 〈세균전〉이 있었으며[1], 이보다 앞선 1989년경 아프로만이 코나미의 〈왕가의 계곡King's Valley〉(1988)을 이식한 액션 퍼즐 게임 〈왕의 계곡〉을, 토피아가 RPG 〈풍류협객〉을 발매한 적이 있다. 〈풍류협객〉은 기록상 첫 16비트 PC용 국산 RPG(실질적으로는 액션 게임에 가깝지만)라는 의의가 있다.

8비트 PC 쪽에서는 애플 Ⅱ로 발매된 〈신검의 전설〉(아프로만, 1987), 〈우주전사 둘리〉(아프로만, 1988), 〈혹성대탈출〉(토피아, 1988), 〈미스 애플Miss APPLE〉(SKC 소프트랜드, 1988), MSX로 발매된 〈형제의 모험〉(재미나, 1987)과 〈대마성〉(토피아, 1988) 등 여러 사례가 있다. 특히 〈신검의 전설〉은 상업적으로 판매된 국내 최초의 컴퓨터 게임이자 국내 최초의 컴퓨터 RPG, 한글 입력기를 자체 개발한 최초의 게임 등 여러 기념비적인 기록을 보유하고 있는 작품이다.

그 외에 아케이드 게임[2]도 간과해서는 안 되는 데다, 1970년대부터 1980년대 초반까지 세계를 풍미했던 가정용 '퐁' 콘솔 중 상당수가 한국 제조품으로서 대부분은 해외 수출용이었으나 그중 일부가 내수 시판되었다는 광고 기록 등도 남아 있기 때문에 분야별로 '최초'를 찾기 위한 자료의 발굴과 노력이 필요하나 아직은 많은 부분이 미답의 영역이다. ◉조기현

1 월간 『마이컴』 1994년 5월호의 개발사 탐방 특집 기사 언급에 따르면 1992년 3월로 발매시기가 특정되어 있는데, 사실이라면 〈폭스 레인저〉보다 빠르다. 하지만 극소량만 유통되었던데다 당시 사정상 발매시기 증명은 이제는 사실상 어렵게 되었다. 또한 게임 자체도 1년 뒤 발매된 〈슈퍼 세균전〉 쪽이 더욱 인기를 끌어 전작의 존재가 그다지 알려지지 않았다.

2 아케이드(오락실) 게임 쪽은 특성상 자료와 기록이 제대로 남지 않아 국산 게임의 계보를 찾기가 매우 어려운 편이나, 에뮬레이터emulator인 MAME의 롬셋에 1980~1990년대 국산 게임 상당수가 디지털화되어 보존되어 있는 것은 불행 중 다행이다. 일례로 선아전자의 1987년작 〈고인돌Goindol〉이 있는데, 이 작품은 같은 해 컴퓨터프로그램보호법 시행 후 과학기술처(현 과학기술정보통신부)에 등록한 최초의 국산 아케이드 게임이자, 해외 수출 기록이 남아 있는 최초의 국산 게임 중 하나이기도 하다.

'국산 PC 게임' 여명기가
열리기까지

＊ 폭스레인저

은하계 멀리 저편에 자리잡고 있는 흑성 멜런(Malan)은 공해와 인구 증가로 인해 폭발 지경에 이르렀다. 이에 총독 파시스는 우주 청부업자 배그저로 하여금 새로운 흑성을 찾도록 명령했다.

배그저는 탐색 결과 지구가 가장 알맞다고 판단, 지구에 항복을 요구했다. 하지만 지구가 항복을 거부하자 배그저는 본보기로 지구의 한 도시를 파괴했다.

이 때 신세대 에너지원을 개발 중에 있던 지구는 이 에너지를 이용해 초강력 전투기 폭스레인저(Fox Ranger)를 개발했다. 이제 지

구를 지키기 위한 폭스레인저와 배그저의 일대 격전은 시작되었다.

장르 : 아케이드
스크롤 : 가로
스테이지 수 : 6
그래픽 카드 : 허큘리스~VGA(256컬러)
사운드 : IBM Internal Speaker, 애드립, 사운드 블래스터, 미디
제작 : 소프트액션

＊ 화랑소공

언제나 평화로웠던 새별의 사람들. 그러나 영원한 평화는 없는 듯 세상은 어두워지면서 악의 무리들이 뒤덮기 시작했다.

이에 나라가 위기에 처해지면 항상 목숨을 걸고 막아내는 화랑인들 중 한 명인 화랑소공(花郞小公)이 악을 물리치고 공주를 구하기 위해 길을 떠난다.

장르 : 아케이드형 롤플레잉
스크롤 : 가로
그래픽 카드 : 허큘리스, EGA
사운드 : IBM Internal Speaker
제작 : CWS

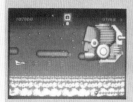  

▶ 월간 『마이컴』의 1992년 2월호에 소개된 개발 도중의 〈폭스 레인저〉와 '화랑소공'에 대한 소개문. 결국 미발매작으로 끝난 '화랑소공'의 경우 당시 선풍적인 인기였던 게임 〈젤리아드〉를 어느 정도 참고한 디자인이 아니었나 추측된다.

　　1989년 6월에 초중고교에서의 컴퓨터 교육 정식 교과목화에 따라 기종이 16비트 PC (즉 IBM PC XT/AT 호환 기종)로 일원화 확정되면서 당시까지만 해도 어느 정도의 입지를 확보하고 있었던 애플 Ⅱ, MSX 등의 8비트 컴퓨터 업계 전체가 급속하게 몰락하고, 대신 각급 학교와 가정을 필두로 한 대규모 시장이 활짝 열리

게 되어 유수의 대기업들을 비롯한 수많은 기업이 16비트 PC 양산에 뛰어들었다. 이에 따라 1990년을 전후해 전국에서 여러 개발팀과 회사들이 해외의 PC 게임에 뒤지지 않는 '국산 게임'을 개발하기 위해 물밑 준비를 시작했다. 학생층에 16비트 PC가 서서히 보급되어 저변이 넓어졌고 동서게임채널, SKC 소프트랜드 등의 정규 유통 업체들도 불법 복제의 그늘에서 벗어나 '정품 게임' 판매를 국내에 정착시키기 위해 발 빠르게 뛰고 있었다. 이제 다음 목표는 누가 '최초의 국산 PC 게임 개발 출시'의 영예를 차지하느냐였다.

이를 목표로 삼아 1990~1991년 경부터 전국 각지에서 소규모 개발사와 개발팀이 결성되어 경쟁 아닌 경쟁을 시작했다. 퍼즐 게임 〈세균전〉을 개발한 홍동희 씨의 막고야, PC 통신을 매개로 결성되어 남상규 씨의 주도 하에 슈팅 게임 〈폭스 레인저〉를 개발하고 있던 소프트액션, 앞서 MSX2로 〈그날이 오면 Ⅱ〉를 내놓은 후 대구에서 서울로 회사를 옮겨 슈팅 게임 〈자유의 투사〉[1]를 개발하던 미리내 소프트웨어, 공개 소프트웨어 게임 〈초롱이의 모험〉(1991)을 발표해 준수한 완성도로 화제를 낳았던 최완섭 씨가 주도해 개발하던 횡스크롤 RPG 〈화랑소공〉[2] 등이 당시 개발 중으로 알려져 있던 국산 게임들이었다.

최종적으로는 이중 1992년 4월에 SKC 소프트랜드를 통해 발매된 〈폭스 레인저〉 쪽이 큰 화제와 호응을 일으켜 결국 '최초의 국산 PC 게임'으로 인식되는 영예를 가져갔고, 간발의 차로 동서게임채널을 통해 뒤늦게 발매된 〈자유의 투사〉는 스포트라이트를 받지 못해 파묻히는 비운을 겪고 만다. 하지만 두 회사는 후일 〈그날이 오면 3〉와 〈폭스 레인저 Ⅱ〉로 평가가 뒤집히게 되니 이 또한 흥미로운 전개였다 하겠다. ◉조기현

---

1 당초에는 '스트레반: 운명의 결전'이라는 타이틀명으로 개발 중이었다.

2 1991년 말 당시 잡지 등에서 개발이 공표되었으나 최종적으로는 미발매로 끝났다.

1993

005

그날이 오면 3

The Day: Dragon Force

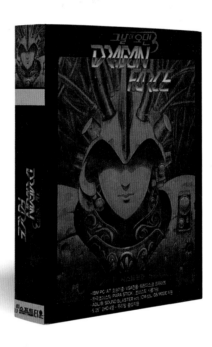

발매시기	1993년 3월
장르	횡스크롤 슈팅
개발사	미리내 소프트웨어
유통사	소프트타운
가격	25,000원
플랫폼	MS-DOS
매체	5.25" 2HD 4장
주요사양	IBM PC AT 호환 기종, VGA 전용, 조이스틱 지원, 애드립, 사운드 블라스터, CM-32L, GS MODE 지원

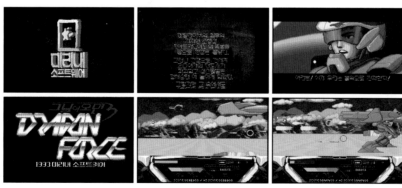

각성하기 시작한 미리내 소프트웨어의 회심작

1987년 설립된 미리내 소프트웨어는 MSX2 전용(8비트) 슈팅 게임인 〈그날이 오면〉을 개발한다. 1989년 5월 『컴퓨터학습』 등의 컴퓨터 잡지에 광고하는 것을 시작으로 〈그날이 오면〉은 세상에 이름을 알리지만 자체적으로 실시한 퀄리티 체크 허들을 넘지 못하고 제작이 중지된 탓에 광고만 남은 비운의 게임이다.

1991년 미리내 소프트웨어는 퀄리티를 업그레이드해 〈그날이 오면 II〉를 출시한다. 하지만 1989년 정부가 교육용 PC로 16비트 PC를 지정해 많은 게이머가 16비트 PC로 이동한 후였다. 결국 MSX2 전용으로 만들어진 〈그날이 오면 II〉는 서서히 잊히기 시작한다.

정부의 교육용 컴퓨터 지정 사업으로 일어난 16비트로의 플랫폼 전환 후 모든 사업이 그렇듯 초기 시장을 선점하려는 많은 개발사의 도전이 있었다. 성공이라는 달콤한 열매는 신생 개발사인 소프트액션이 1992년 4월 발매한 〈폭스 레인저〉가 차지한다. 〈폭스 레인저〉가 한참 개발 진행 중이었을 때 미리내 소프트웨어에서도 〈운명의 결전(출시명 '자유의 투사')〉이라는 슈팅 게임을 개발 중이었다. 언론에서는 같은 장르를 개발하는 두 회사를 라이벌로 비교했고 두 라이벌의 1차전은 소프트액션의 승리로 싱겁게 끝난다. 미리내 소프트웨어의 16비트 첫 출시작인 〈자유의 투사〉 역시 소프트액션의 화려한 성공 뒤에 가려지고 만다.

다음 해인 1993년 3월, 통신망에 미리내 소프트웨어사의 최신작 〈그날이 오면 3〉의 데모 버전이 공개된다. "메탈레이버의 최후의 기지인 소행성 '아르카디아'의 폭발을 끝으로 전쟁은 끝났다"라는 음성으로 시작되는 게임은 많은 이에게 충격을 안겨준다. 시원한 고속 스크롤, 확대 및 축소를 적절히 활용한 연출, 그동안 미리내 소프트웨어의 발목을 잡고 있던 사운드의 괄목할 만한 성장 등 아케이드 센터의 슈팅 게임을 PC로 옮겨놓은 듯한 퀄리티로 흥행이 점쳐졌다. 출시 후 〈그날이 오면 3〉는 큰 성공을 거두고 성공에 목말랐던 미리내 소프트웨어도 울분을 한꺼번에 날려버린다. 3편의 성공에 힘입어 〈그날이 오면〉 시리즈는 4(1994), 5(1995)까지 개발되었고 그후 2014년 〈그날이 오면: 드래곤 포스 2 for Kakao^For The Day: Dragon Force 2 for Kakao〉가 모바일 버전으로 출시되었다.

006

폭스 레인저 Ⅱ : 복수의 외침

Fox Ranger II: Second Mission

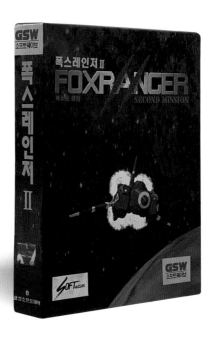

발매시기	1993년 4월 20일
장르	슈팅
개발사	소프트액션
유통사	GSW 소프트웨이브
가격	33,000원
플랫폼	MS-DOS
매체	5.25" 2HD 7장
주요사양	IBM PC AT 호환 기종, HDD 필수, VGA, 애드립, 사운드 블라스터, MIDI
저작권자	남상규

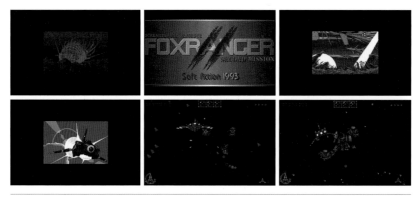

시리즈 최대의 대작을 목표로 했지만
아쉬움이 남는 작품

〈폭스 레인저〉와 〈박스 레인저〉의 성공으로 당시 가장 활동이 왕성한 국산 게임 제작사로 발돋움했던 소프트액션이 신규 개발진과 개발력을 확충하여 '대작'을 만들어 내놓겠다고 선언한 야심적인 작품. 당시 국산 PC 게임계에서 이름이 알려져 있던 개발자들 상당수가 참여한 것으로 알려져 있으며, 발매 시점에선 상당한 고퀄리티였던 오프닝 애니메이션 데모와 음성 출력 기술을 비롯해 횡스크롤, 종스크롤, 유사 3D 등 장면별로 장르가 달라지는 호화로운 구성, 다중 스크롤과 다관절 연출 등 다양한 기교를 총동원한 그래픽까지, 기술적으로는 상당한 볼거리가 있었던 타이틀이다.

하지만 기술적인 성취를 제외한 게임의 구성 자체로는 빈구석이 상당히 많았던 작품으로, 심지어 초회 발매판에서 다수의 버그가 발생하여 PC 통신을 중심으로 논란이 많아져 패치 디스크를 배포해야 했고 게임 곳곳에 미완성으로 추측되는 부분이 쉽게 발견되는 등 출시 당시에도 유저 사이에서 논란이 격심했던 작품이기도 하다. 결국 그 해의 히트작이라는 명예는 비슷한 시기에 발매된 미리내 소프트웨어의 경쟁작 〈그날이 오면 3〉가 가져갔고 이 작품은 논란 속에 잊혀져 개발사인 소프트액션 역시 서서히 역사의 뒤안길로 밀려나게 된다.

007

슈퍼 세균전

Super Spread Out

발매시기	1993년 5월
장르	보드형 아케이드(퍼즐)
개발사	막고야
유통사	SKC 소프트랜드
가격	15,000원
플랫폼	MS-DOS
매체	5.25" 2D 3장
주요사양	IBM PC AT 이상, 기본 메모리 640KB 이상, 허큘리스, CGA, EGA, VGA, 옥소리, 애드립, 사운드 블라스터, MPU-401, 사운드 캔버스 및 호환 MIDI 모듈

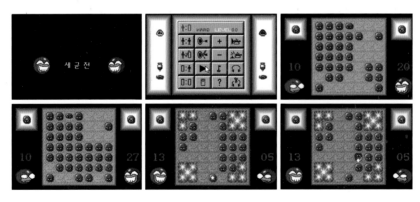

국산 퍼즐 장르를 대표하는
막고야의 게임

국내 게임 개발 1세대 회사로 알려진 막고야MAKKOYA를 대표하는 게임이다.

게임의 룰은 간단하다. 자신을 둘러싼 적 캐릭터를 오염시켜 자신과 같은 종류의 세균으로 만들면 된다. 단순하지만 머리를 써야 하는 요소 덕분에 회사를 대표하는 장수 게임이 됐다. 국내 게임을 통틀어 아직까지 〈세균전〉을 대신할 만한 대표 퍼즐 게임이 없다는 것은 좀 아쉬운 부분이다.

〈세균전〉(1992), 〈슈퍼 세균전〉, 〈세균전 95Spread Out 95〉(1995), 〈세균전 XSpread Out X〉(1997) 순으로 시리즈가 출시됐다. 〈슈퍼 세균전〉과 〈세균전 95〉 사이에 '세균전 2'가 나올 예정이었지만 발매되지 않았다. 〈슈퍼 세균전〉은 KBS의 〈생방송 게임천국〉에서도 소개돼 많은 사랑을 받았다.

국산 패키지 게임을 수집할 때 막고야 게임을 수집하려면 이것만 알아두자. 막고야에서 제작한 게임은 당시 게임 잡지에 짧게 소개됐어도 반드시 출시됐다. 막고야 게임을 수집하다 보면 '이 게임이 출시가 됐었구나'라고 되뇌이는 경우가 많다. 그림으로 소개된 패키지는 〈세균전〉이라고 알려진 〈슈퍼 세균전〉이며 〈세균전〉의 그래픽 업그레이드 버전이다. 〈세균전〉의 패키지는 따로 발매됐으며, 소프트라인과 한국 소프트웨어 유통센터를 통해 200개만 배포됐다.

008

홍길동전

Hong Gildong-jeon

발매시기	1993년 7월
장르	RPG
개발사	에이플러스
유통사	SKC 소프트랜드
가격	30,000원
플랫폼	MS-DOS
매체	5.25" 2HD 6장
주요사양	IBM PC AT 이상, 기본 메모리 640KB 이상, HDD 필수, VGA, MCGA, 애드립, 옥소리, MIDI MT-32

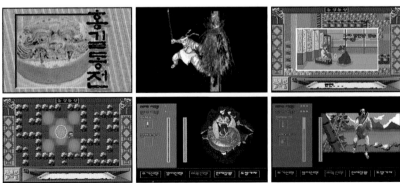

국내 최초의 상용 컬러
RPG로 알려진 게임

1980년대부터 애플 II 호환 기종 등의 컴퓨터와 소프트웨어를 취급하는 매장을 운영하며 회보를 창간하는 등으로 컴퓨터 유저에게 알려졌던 에이플러스$^{A+}$가 제작한 국산 RPG이다. 게임 잡지 등을 통해 IBM PC용으로 제작된 국내 최초의 RPG로 알려지기도 했으나 토피아^{Topia}의 〈풍류협객^{風流俠客}〉(1989)이 국내 최초 IBM PC용 게임으로 확인되면서 최초는 아니게 되었다.

서양 RPG보다는 일본식 RPG에 가까워 서양 RPG 마니아에게 혹평을 받기도 했다. 그러나 당시 기준으로 오프닝 데모가 들어가고 256색을 이용한 게임 내 이벤트 컷 신을 사용하는 등 좋은 그래픽을 보여주었으며, 그 시기 드물었던 RPG 장르가 신선하게 받아들여져 6천 장이라는 판매고로 좋은 반응을 받았다고 평가하고 있다. 그래픽을 하나하나 도트로 표현하는 작업을 피하기 위해 직접 그림을 그려 스캔한 것을 바로 게임으로 사용하려고 했으나, 256색의 한계로 그림의 색상이 완벽하게 나타나지 않아 이로 인한 수정으로 도트 작업보다 두 배가 넘는 시간을 썼다는 웃지 못할 사연도 있다.

홍길동전은 국내에서 한국 전통 콘텐츠를 이용하여 RPG를 만들었다는 시도로 의미가 있으며 에이플러스는 이후 〈오성과 한음$^{Osung and Hanum}$〉(1993), 〈홍길동전 2$^{Hong Gildong-jeon 2}$〉(1995)를 제작하며 한국 전통 콘텐츠를 이용하여 게임을 제작했다.

009

작은 마녀

Little Witch

발매시기	1993년 12월
장르	액션 RPG
개발사	아블렉스
유통사	동서게임채널
가격	35,000원
플랫폼	MS-DOS
매체	5.25" 2HD 7장
주요사양	IBM PC AT 이상, HDD 30MB 이상, VGA, 애드립, 사운드 블라스터, 옥소리, MIDI

실은 독일 아동 소설이 기반인
독특한 스타일의 액션 RPG

1990년대 중반의 국산 게임 중에서는 매우 드물게도 아동층을 타깃으로 놓고 제작한 동화적인 스타일의 RPG+어드벤처 결합형 게임. 후일 〈하데스Hades〉(1995), 3DO판 〈아마게돈〉(1996) 등을 개발하게 되는 아블렉스Ablex의 처녀작으로서, 1992년 중앙대학교 컴퓨터공학과의 학회 '제로페이지' 출신 인물들이 주축이 된 '작은마녀 팀'이 회사의 원점이라고 한다. 학생들이 결성한 팀의 개발작이라서인지 상업용 게임답지 않은 꾸밈 없고 소박한 그래픽과 잔잔하고 동화적인 시나리오가 최대의 특징.

매뉴얼 등에서 밝히지는 않으나 사실 이 작품의 스토리 및 설정은 독일 소설가 오트프리트 프로이슬러Otfried Preußler의 연작 아동 소설인 『호첸플로츠』 시리즈 중 『꼬마마녀』(길벗어린이, 2005)의 내용을 거의 그대로 가져온 것이다. 사실상 원작이 있는 시나리오이나 정규 판권작은 아닌 셈(저작권 의식이 희박했던 1990년대 초의 시대상을 감안하면 이해할 여지는 있다). 그런 만큼 스토리의 완성도가 높고, 등장 인물들의 대사나 게임의 분위기, 그래픽도 동화적인 전개를 해치지 않고 잔잔하게 전개되는데, 해외 인기작의 모방이나 기술적인 성취에만 주력하다 정작 게임 자체의 완성도가 문제가 되는 경우가 많았던 당시 국산 게임들의 일반적인 흐름을 생각하면 분명히 일선을 긋는 장점이 있으며 재평가를 받을 만한 가치가 있는 작품이다. 게임 자체의 시스템 디자인은 아케이드 게임 〈원더 보이〉 시리즈에서 강하게 영향을 받은 것으로 보인다. 정품 매뉴얼의 스토리 설명을 단아한 글씨의 손편지로 넣는 등 여러 면에서 독특하고 신선한 시도가 많은 게임.

잔잔한 전개에 맞게 난이도 밸런싱에 더 신경을 썼다면 어쩌면 당대의 숨은 명작이 되었을지도 모르겠다.

010

오성과 한음

Osung and Hanum

발매시기	1993년 12월
장르	퍼즐형 어드벤처
개발사	에이플러스
유통사	GSW 소프트웨이브
가격	33,000원
플랫폼	MS-DOS
매체	5.25" 2HD 3장
주요사양	IBM PC AT 이상, 기본 메모리 640KB 이상, HDD 7MB 이상, MCGA 및 VGA 그래픽 카드, 애드립, 사운드 블라스터, MIDI, 키보드 및 마우스 지원

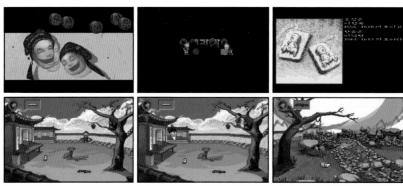

국내에 드문
포인트 앤 클릭 어드벤처

〈오성과 한음〉은 〈홍길동전〉을 제작한 에이플러스의 포인트 앤 클릭 어드벤처 게임이다. 한국의 PC 게임 시장이 제대로 성숙되기 전에 개발된 게임이라 이후에 등장하는 국산 게임에 비해 완성도가 높은 편은 아니다. 당시 인기 있던 프랑스의 게임사 콕텔비전Coktel Vision에서 제작한 〈고블린〉 시리즈와 유사한 게임 플레이를 보였다. 하지만 한국의 인물을 활용했고, 오성과 한음을 번갈아 이용하여 해결해야 하는 퍼즐 역시 한국 분위기에 맞춰 잘 어우러지도록 개발된 게임이다. 〈홍길동전〉처럼 국내 최초의 퍼즐형 어드벤처 게임으로 알려져 있다. 총 20개의 스테이지로 구성되어 있고 각 스테이지는 독립적으로 동작하여 각 스테이지의 고유 암호를 입력하는 식의 저장 방식을 택기도 했다. 앞부분과 뒷부분의 스테이지는 오성과 한음의 일화로부터 제작된 퍼즐이었지만 특이하게도 중간 스테이지는 꿈에서 진행되어 공룡 시대나 미래 시대, 실험실이나 도깨비가 등장했다.

에이플러스는 이후 〈홍길동전 2〉를 개발하여 출시했으며 코리아빅베이스볼이라는 야구 게임을 개발했으나 출시한 흔적은 보이지 않는다. 이후 인터뷰에서 1996년부터 해외 게임의 한국어화에 주력한다고 밝혔다. 그 이유로 국내 개발사들의 롤플레잉 타이틀이 늘어난 점과 게임 하나로는 차기작을 제작할 수 없다고 언급했으며, 이를 보면 반응이 나쁘지 않았지만 매출은 충분하지 않았던 것으로 보인다.

김경수

Kim KyongSoo

>> **자기소개 부탁드리겠습니다.**

고등학교 1학년(1989년) 때부터 아르바이트로 미리내 소프트웨어에서 그래 픽과 기획을 담당했습니다. 〈그날이 오면 2〉, 〈그날이 오면 3〉의 그래픽 및 기 획을 담당했고, 제대 이후에도 〈망국전기: 잊혀진 나라의 이야기〉, 〈으라차차〉 (1996), 격투 게임인 〈작은 신들의 전쟁〉(1997) 등의 제작에 참여했습니다.

미리내 소프트웨어 이후에는 재미시스템개발에서 오락실용으로 시작했던 〈엑 스톰 3D〉와 메카닉 FPS인 〈액시스〉를 개발했습니다. NC소프트NCSOFT, 위메이 드WEMADE, 엔트리브 소프트Ntreev Soft 등에서 온라인 게임의 프로토타입 제작을 진 행하기도 했지만 론칭까지는 하지 못했습니다. 마지막으로 직접 론칭한 게임은 2008년 CJ인터넷에서 참여한 〈프리우스 온라인Prius Online〉와 2016년 위플게임즈 Wiple Games에서 참여한 〈아이언사이트Ironsight〉입니다.

최근에는 엑스엘게임즈XLGAMES의 MMORPG인 〈아키에이지ArcheAge〉(2013)의 라이브를 담당하고 있습니다.

>> **학생 때부터 미리내 소프트웨어에서 일을 시작하게 된 계기가 궁금합니다.**

당시에는 PC 보급률이 그다지 높지 않았습니다. PC를 가진 친구는 몇 명 안 됐 죠. 그 친구들을 중심으로 약간의 네트워크가 형성돼 『컴퓨터학습』에서 주최한 CG 공모전에 지원했습니다. 입상하지는 못했지만 그때 제작했던 CG가 백화점 매장의 PC 전시화면에 노출되고 알음알음 미리내 소프트웨어를 소개받았습니다.

▶ 〈그날이 오면〉 잡지 광고

≫ '그날이 오면 1'이 퀄리티 문제로 론칭하지 못한 것으로 알고 있습니다. 당시 상황은 어땠습니까?

'그날이 오면 1'은 〈그날이 오면 2〉보다 기술적으로 미완성된 부분이 있었습니다. 게다가 제가 개발에 참여한 이후와 이전의 분위기가 너무 달라 1은 중단이 되고 2를 개발하게 되었습니다.

≫ 〈그날이 오면 2〉 출시 후 미리내 소프트웨어의 내부 분위기는 어땠는지 궁금합니다.

〈그날이 오면 2〉 출시 후는 고등학교 3학년이 되는 시기였습니다. 잠시 아르바이트를 접고 학업에 열중했던 터라 상세한 내부 사정은 모르지만 프로그래머 두 분중 한 분이 군에 입대를 하면서 잠시 정체기를 겪은 것 같습니다.

≫ 〈그날이 오면 2〉가 일본에 수출했다고 알려졌는데 실제로도 수출이 되었는지 궁금합니다.

실제 소매점까지 배포되었는지는 모르겠지만 몇몇 퍼블리셔에 샘플이 전달되었다는 이야기는 들었습니다. 일본의 『MSX 매거진ᴹˢˣマガジン』에서 한국 게임 특집 기사로 용산 전자상가와 한국 게임을 소개했는데 〈그날이 오면 2〉의 스크린샷이 소개된 것은 봤습니다.

▶ 〈그날이 오면 2〉 MSX 패키지

≫ 〈운명의 결전(자유의 투사)〉 프로젝트의 개발 진행 과정을 듣고 싶습니다.

고등학교를 졸업한 후 미리내 소프트웨어와 다시 연락이 닿아 새로운 게임을 만들기로 했습니다. 한 번 클리어하면 다시 플레이할 의지가 떨어지는 슈팅 장르보다 좀 더 오래 즐길 수 있는 게임으로 만들기 위해서 전략 시뮬레이션 성격이 섞인 슈팅 게임을 만들어보려고 했죠. 결과적으로는 슈팅 게임으로나 시뮬레이션으로나 완성도가 떨어지고 난해한 게임이 돼 아쉬움이 남습니다.

≫ 〈그날이 오면 3〉의 흥행으로 미리내 소프트웨어에도 많은 변화가 있었을 것이라 짐작이 됩니다.

이때는 군에 입대해 내부적인 사정은 알지 못합니다. 당시는 사운드카드인 옥소리가 히트하고 CD-ROM 보급이 활성화되던 시기였습니다. 〈그날이 오면 3〉의 CD 버전이 옥소리 번들로 제공된 것이 게임이 대중적으로 알려지는 데 큰 기여를 한 것으로 압니다. 〈그날이 오면 3〉로 인지도가 높아지면서 당시 삐삐 제조사였던 팬택과 투자 협약을 맺고 주식회사로 사세를 키웠습니다. 당시 기준으로 국내 최대 규모의 개발진 50명을 거느린 대기업으로 발전했습니다.

>> 〈그날이 오면 3〉의 제작 에피소드를 듣고 싶습니다.

〈자유의 투사〉의 흥행이 만족스럽지 않은 상황에서 슈팅 게임의 기본에 충실한 게임을 만들어야겠다는 생각을 했습니다. 〈그날이 오면 3〉는 화면의 적들이 상하 좌우로만 움직이지 않고 안쪽에서 밖으로 나오거나 바깥에서 안쪽으로 들어오는 연출도 적극적으로 사용하고 팔레트 스크롤로 입체감을 살려보자는 구상으로 시작했습니다.

막바지에는 군에 입대를 해야 했기 때문에 스테이지의 보스와 전체적인 보스 전투의 데이터만 만들어놓고 실제 패턴 완성에 참여하지 못한 점이 아쉬웠습니다.

>> 미리내 소프트웨어에서 만든 게임 중 가장 애착이 가는 게임은 무엇입니까?

군 입대 이전 아르바이트로 만들던 게임 중에는 〈그날이 오면 3〉, 제대 후에는 〈망국전기〉가 가장 애착이 가는 게임입니다.

>> 미리내 소프트웨어에서 일하던 시절 개인적으로 게임을 잘 만든다고 생각한 회사가 있었나요?

〈일루젼 블레이즈〉를 개발한 패밀리 프로덕션과 〈창세기전〉을 개발한 소프트맥스가 게임을 잘 만드는 회사라고 생각했습니다.

>> 〈네크론〉 후로 미리내 소프트웨어가 폐업을 했습니다. 당시 상황은 어땠습니까?

미리내 소프트웨어의 처음 전략은 많은 게임을 만들어 내놓고 하나라도 흥행시킨다는 것이었습니다. 하지만 잘못된 전략이라는 것을 뒤늦게 깨달았죠. 당시로는 가장 많았던 열두 명 이상의 개발진이 참여한 〈네크론〉을 제작했습니다. 한국게임개발사협회(KOGA)에서 출자한 코가유통을 퍼블리셔로 삼아 론칭하려고 했으나 론칭 직전에 코가유통이 부도가 났습니다. 〈네크론〉의 정상적인 유통이 불가능한 상황이 되면서 어려움에 빠지게 되었죠.

≫ 미리내 소프트웨어 이후로 참여하신 PC 게임을 소개해주세요.

PC 게임은 재미시스템개발에서 제작한 〈엑스톰 3D〉와 〈액시스〉가 마지막입니다. 〈엑스톰 3D〉는 원래 오락실용 게임으로 인컴 테스트까지 거쳤습니다. 하지만 당시 리듬 게임이 히트하면서 하드웨어 업체인 안다미로에서 리듬 게임용 하드웨어 제작에 집중하게 되어 오락실 론칭은 무산되었습니다.

≫ 〈엑스톰 3D〉으로 FULL 3D 게임에 처음 참여한 것으로 알고 있습니다. 3D 게임 제작에 어려움은 없으셨나요?

2D 게임과 달리 텍스트데이터나 스크립트만으로는 입체적인 데이터 구성에 한계가 있습니다. 현재 수준의 엔진은 아니지만 어느 정도 툴을 제작해 진행했고 모델 데이터만 만들면 움직임에 따른 프레임을 별도로 제작하지 않아도 돼 제작은 오히려 수월한 편이었습니다.

처음 3D 게임을 만들면서 3D 게임의 장점을 적극 활용하기 위해서 보스 스테이지 등에서 적의 측면이나 정면으로 이동해 시점을 바꾸면서 전투를 하는 패턴을 다양하게 시도했습니다. 다만 어지럽다는 반응이 많아 거의 활용하지 않았던 비하인드가 있습니다.

≫ 〈액시스〉 또한 시장의 반응이 뜨거웠습니다. 개발 과정을 듣고 싶습니다.

〈액시스〉는 미리내 소프트웨어 시절부터 구상했던 부품을 커스터마이징해 전투에 참여하는 FPS 형태의 게임입니다. 미리내 소프트웨어 출신으로 재미시스템개발에서 함께 일하던 프로그래머와 함께 반다이^{BANDAI}의 〈초시공요새 마크로스^{Super Space Fortress Macross}〉(1992)처럼 미사일이 난무하는 로봇 게임을 만들어보자는 아이디어로 시작했습니다. 처음에는 세밀한 세계관과 철학적인 주제로 스토리를 전개해보려는 욕심이 있었습니다. 하지만 회사 내부 사정이나 제작 기한 때문에 봇전 형태의 싱글 플레이와 온라인 플레이를 제공하는 패키지 형태로 만들게 되었습니다.

>> **앞으로 어떤 게임을 만드시고 싶은가요?**

〈액시스〉가 인생 게임이라고 할 만큼 가장 기억에 남고 온라인 게임이라는 개념에 처음 접근할 기회도 얻을 수 있었습니다. 완벽하게 완성시키지 못했던 싱글 플레이와 세계관 완성에 대한 아쉬움도 있습니다. 한국에서는 로봇 게임은 돈이 안된다는 징크스 같은 것이 있어서 〈액시스〉에 대한 아쉬움을 달랠 수 있을지는 모르겠습니다.

>> **개발 지망생에게 하고 싶은 말이 있다면 무엇인가요?**

지금은 교육 과정도 많이 생겼고 인디 개발 환경도 좋아졌습니다. 인디 게임 개발이나 소규모 팀에서의 개발 경험은 꼭 해보라고 말씀드리고 싶습니다.

▶ 〈그날이 오면 3〉 메인 일러스트 by 김남국

동서게임채널과 SKC 소프트랜드, 불법 복제 시장에 정식 발매가 뿌리내리기까지

　1987년 소프트웨어개발촉진법이 발효되기 전까지 한국에서 소프트웨어는 보호받지 못했다. 소프트웨어개발촉진법이 발효되면서 정부에 등록한 소프트웨어들은 보호받게 됐지만, 이후에도 컴퓨터를 사면 자연스럽게 복사된 소프트웨어가 딸려오는 상황이었기 때문에 소비문화가 쉽게 변하지는 않았다.

　동서게임채널의 윤원석 대표는 미국에서 유학 시절 게임을 접한 후 변호사 생활을 하다가 한국에 돌아와 동서게임채널을 창업해, 본격적으로 해외 게임을 정식으로 한국에 들여오기 시작했다. 1990년 6월부터 외국 회사들과 소프트를 계약하기 시작해 1990년 9월 18일 비트오브매직Bits of Magic의 〈센츄리온Centurion〉(1989)을 발매하면서 정품 게임 시장을 열었다. 1993년 6월에 이르러서는 계약업체가 40여 회사, 발매한 게임의 수는 300여 개에 이르렀다. 동서게임채널은 빠르게 다양한 종수로 게임을 확대했고 미니팩 등을 4,500원의 저렴한 가격에 판매함으로써 정품 게임의 소비문화를 안착시키는 데 큰 역할을 했다. 또한 PC 게임 전문지인 『게임채널』을 1993년 4월에 창간해, 일본 비디오게임을 중심으로 게임을 소개하던 여타 국내 게임 잡지와는 다르게 『컴퓨터게이밍월드Computer Gaming World』와 협약해 미국의 게임 기사와 평론을 소개했다.

　SKC 소프트랜드는 1991년 6월 The Software Toolworks의 〈용쟁호투Bruce Lee Lives: The Fall of Hong Kong Palace〉(1989)를 출시하며 동서게임채널의 경쟁자로 등장했다. 다만 동서게임채널이 이미 많은 게임 개발사와 협약을 맺은 상황이라 동서게임채널에 비해 라인업이 아쉽다는 평가가 많았다.

정식 게임 수입으로 불법복제가 점차 음지화되면서 불만을 가진 유저의 불매 운동과 같은 해프닝과 비싼 가격과 매뉴얼 부실 등으로 반발이 일어나기도 했다. 그러나 1992년부터는 정품 게임 시장이 자리를 잡기 시작한다. 이 분위기는 1990년대 초 해외 게임의 한글화와 국산 게임이 자리잡을 수 있는 계기가 됐다.

◉ 오영욱

국산 게임의 강력한 경쟁자, 대만과 일본 게임들

   1992년을 시발점으로 국산 PC 게임들이 유통사를 통해 하나둘씩 정식 발매되며 시장을 열긴 하였으나 경쟁은 결코 녹록치 않았다. 일단 당시의 국산 게임들부터가 젊은이들끼리 열악한 환경에서 바닥부터 시행착오를 겪으면서 해외의 인기 게임들을 곁눈질하며 만든 작품들 일색이었으므로 기획으로나 기술로나 어설프고 부족한 부분이 한둘이 아니었고, 1980년대 8비트 컴퓨터 시대에 형성된 소프트 불법 복제 풍조가 여전했기에 미국, 일본 등 선진국의 인기 게임들이 그대로 한국에 활발히 유입되곤 했기 때문이다. 덕분에 유저들의 눈높이가 높아 해외 게임들과 경쟁 아닌 경쟁을 해야만 했던 힘겨운 상황이었다. 여기에 새로운 변수로 등장한 것이 대만, 일본 PC 게임의 '한글화' 유입이었다.

   첫 충격은 1991년 연말쯤 한국에 불법복제로 유입된 대만 대우자신유한공사 SOFTSTAR의 〈지카의 전설Legend of the Zyca〉이었다. 당시까지만 해도 〈돈 레이더Dawn Raider〉(1990) 등의 초보적인 슈팅, 액션 게임 정도만 국내에 소개되던 대만 PC 게임계가 드디어 말끔한 '오리지널 판타지 RPG'를 배출한 것이다. 이 게임은 아직 국산 게임의 상품화조차 미실현 구호 단계였던 국내 게이머와 개발자들에게 큰 충격을 주어 '대만이 이 정도인데 국산 게임은 언제?'라는 식의 기사가 당시의 컴퓨터 잡지에 오르내리기도 했다.

   두 번째 충격이 1992년 연말 출시된 한도흥산무역(만트라)의 한글판 〈프린세스 메이커〉 발매였다. 국내 16비트 PC 게임 역사상 최초의 일본 게임 한글판에 해당하는 이 작품은 일본 가이낙스의 PC-9801판 원작을 훌륭하게 이식 및 한국어화하여 예상을 뒤엎는 호응을 이끌어내 발매 수개월 만에 15,000장 돌파를 선언하는 광고를 싣는 위력을 발휘했다.

국산 게임의 저변이 크지 않았던 당시인 만큼 비교적 이식과 현지화가 쉬운 대만, 일본 PC 게임의 한국어화 발매는 유통사들에 매력적인 선택지였다. 따라서 이내 비스코, KCT 등 일본 게임의 이식, 현지화를 전담하는 업체나 유통사가 나타나는가 하면, 지관(유)처럼 아예 대만 게임 업체가 한국지사를 설립하여 전문 배급하는 경우도 등장했다. 마침 당시의 일본은 PC-9801과 DOS/V가 보급되면서 명작과 수작이 연이어 배출되는 등 16비트 PC 게임 황금기를 구가하고 있고, 대만은 인기 무협지를 RPG 등으로 게임화한 작품을 양산해내 무협지 문화에 친숙했던 당시의 한국 게이머층과 잘 융합했다. 국산 게임 개발사들은 이리하여 대만, 일본 게임의 한글판들과도 한 시장에서 싸우는 처지가 되어 1990년대 중후반까지 치열하게 경쟁해야 했다. ●조기현

▶ 월간 『마이컴』의 별책 부록인 『게임컴』의 1993년 1월호 뒷표지에 실린 〈프린세스 메이커〉 광고. 재판(V 1.2) 발매와 판매량 1만 장 돌파를 어필하고 있다.

▶ 지관(유)의 당시 게임 잡지 지면광고. 지관(유)는 한국 역사의 삼국시대를 다룬 오리지널 게임 〈삼국기〉(1993)를 제작 발매하기도 하였다.

1994

수퍼 샘통 Super Samtong

피와 기티 Pee & Gity

어디스: 레볼루션 포스 EARDIS: Revolution Force

파더월드 Father World

리크니스 Lychnis

어스토니시아 스토리 Astonishia Story

이스 2 스페셜 Ys 2 Special

일루전 블레이즈 Illusion Blaze

K-1 탱크 K-1 Tank

낚시광 Nakksigwang

테이크백: 탈환 TAKE BACK: Flight Simulator

전륜기병 자카토 Combat Robo Zakato

011

수퍼 샘통

Super Samtong

발매시기	1994년 3월
장르	액션 RPG
개발사	새론 소프트웨어
유통사	소프트타운
가격	38,000원
플랫폼	MS-DOS
매체	5.25" 2HD 7장
주요사양	IBM PC AT 호환 기종, 램 540KB 이상, VGA 전용, 옥소리, 애드립, 사운드 블라스터, 미디GS

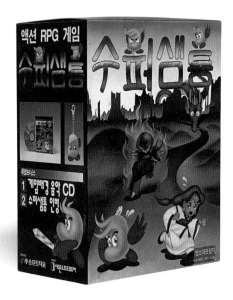

국산 게임의 대RPG 시대를 연 신호탄

1994년 1월 미리내 소프트웨어의 창립 멤버 중 한 명이었던 양재영 씨는 '새롭게 만든다'는 뜻인 새론 소프트웨어를 설립하고, 당시의 미리내 소프트웨어의 게임에 늘 등장했던 회사 마스코트인 샘통 캐릭터를 주인공으로 1994년 3월 액션 RPG를 출시한다. 패키지에 샘통 마스코트 열쇠고리를 포함해 제공했다.

게임은 에메랄드 별의 리프 공주가 '악당 보그에게서 자신의 별을 구해달라'는 메시지를 보내면서 시작된다. 전투 파트는 사이드뷰 횡스크롤 방식으로 진행된다. 필드에서 퀘스트를 진행하고 그 사건을 마무리하기 위해 전투 파트가 진행되는 형식을 취해 전투 피로도가 적다(챕터 1, 챕터 2 느낌으로 진행되고 챕터 마무리가 전투 파트).

세 시간 정도 게임을 하면 엔딩을 볼 수 있을 정도로 총 플레이 타임이 길지 않아서 가벼운 마음으로 즐길 수 있다. 1994년은 〈수퍼 샘통〉을 시작으로 국산 PC 패키지 게임 역사에서 RPG 장르를 논할 때 꼭 등장하는 손노리의 〈어스토니시아 스토리〉와 만트라의 〈이스 2 스페셜〉이 출시된 해이다. 국산 RPG에 목말랐던 유저의 갈증이 비로소 해소된 해라고 볼 수 있다. 이후 새론 소프트웨어는 〈캡틴캉Captain Kang〉(1995), 〈장미의 기사Rose Knight〉(1996), 〈미션Mission〉(1996), 〈언더리언Underlien〉(1997) 등을 출시한다.

012

피와 기티

Pee & Gity

발매시기	1994년 4월
장르	액션
개발사	패밀리 프로덕션
유통사	SKC 소프트랜드
가격	20,000원
플랫폼	MS-DOS
매체	5.25" 2HD 3장
주요사양	IBM PC AT 이상, 램 1MB 이상, HDD 12MB 이상, VGA, 옥소리, 애드립, 사운드 블라스터

패밀리 프로덕션의 이름을 알린 첫 작품

1993년 액션 게임 〈복수무정Boksu Mujeong〉으로 데뷔한 개발사 패밀리 프로덕션(1990년대 후반까지 다수의 작품을 발매하면서 활발히 활동했으며, 이후 〈EZ2DJ〉(1999)로 유명해지는 어뮤즈월드Amuse World의 전신이 되는 회사)의 개발작이며, '패밀리 프로덕션'이라는 이름을 게이머들에게 알린 첫 작품이기도 하다.

비교적 폭력성이 낮은 아동용 액션 게임의 영역을 선구적으로 개척한 국산 게임으로도 꼽히며, 지금 시점에서 봐도 캐릭터 디자인의 완성도가 높은 '피'와 '기티'라는 두 주인공 캐릭터와 애니메이션풍의 수준 높은 그래픽 및 사운드 등으로 호평을 받아 패밀리 프로덕션의 초기 대표작이 되었다. 다만 초기 작품이라는 한계도 있었던 데다 말끔한 그래픽에 비해 액션 게임으로의 완성도는 아쉬운 점이 많은 편. 외형적으로는 아케이드용 벨트스크롤 액션 게임과 매우 유사하나 실은 스테이지가 다수의 에리어로 나뉘어 화면 안에서 갇혀 싸우는 형식이라는 점도 아쉬움을 더한다.

실질적으로는 1편의 단점을 보완해 제대로 된 벨트스크롤 액션 게임으로 개량한 1995년의 〈피와 기티 스페셜Pee & Gity Special〉 쪽이 훨씬 크게 히트했고 이쪽이 사실상 1편 대우를 받으며, 1996년 〈피와 기티 2Pee & Gity 2〉가 나오기도 하고 후일 〈올망졸망 파라다이스Olmang Jolmang Paradise〉(1995)에도 피와 기티가 플레이어블playable 캐릭터로 등장하는 등 패밀리 프로덕션의 간판 작품 중 하나로 사랑받았다.

013

어디스: 레볼루션 포스

EARDIS: Revolution Force

발매시기	1994년 5월 3일
장르	종스크롤 슈팅
개발사	소프트액션
유통사	보고 월드
가격	39,000원
플랫폼	MS-DOS
매체	5.25" 2HD 8장
주요사양	IBM PC 386 이상, HDD 필수, VGA, 애드립, 사운드 블라스터, MIDI
저작권자	남상규

소프트액션의
마지막 슈팅 게임 중 하나

〈폭스 레인저 Ⅱ〉의 저조한 반응을 딛고 1년여 만에 출시한 신작으로, 기획 자체는 이미 〈폭스 레인저〉 완성 당시부터 진행되고 있었던 것으로 보인다(상당히 이른 시기부터 당시의 게임 잡지 등에 개발 중인 게임으로 타이틀명이 거론되었다). 오프닝 영상에 프리 렌더링pre-rendering CG를 사용하고, 2인 동시 플레이와 다관절 표현, 거대 보스는 물론 종스크롤 슈팅 게임으로는 드물게 화면 여러 개 분량을 차지하는 초거대 함선이 등장하는 등 역시 기술적으로는 두드러진 시도를 다수 한 작품. 일부 스테이지에서는 당시 슈퍼 패미컴Super Famicom용 슈팅 게임 〈액슬레이Axelay〉(1992)를 모방한 것으로 보이는 변칙적인 유사 3D 그래픽 연출도 시도했다.

〈폭스 레인저 Ⅱ〉만큼 버그 문제가 두드러지진 않았으나 가혹한 고난이도가 아쉬웠던 작품으로, 플레이어는 지나치게 약하고 적들은 지나치게 튼튼한 편이라 난이도 디자인이 그리 적절하지 못했다. 또한 이미 이 작품이 나왔던 시기는 소프트액션의 유명세가 크게 약해진 시점이기도 해 최종적으로는 그리 많은 판매량을 기록하진 못했던 것으로 보인다.

참고로 이 작품의 초회판 박스 안에는 1993년 소프트액션이 제작하고 서울음반이 발매했던 국내 최초의 국산 게임 음악 음반 〈NF43〉이 어나더재킷 버전으로 동봉되어 있다. 일반 판매판의 부클릿에선 누락된 'Dark Rhythm'의 설명이 유일하게 게재돼 있어 나름의 가치가 있다.

014

파더월드

Father World

발매시기	1994년 5월
장르	액션 어드벤처
개발사	트윔
유통사	트윔
가격	35,000원
플랫폼	MS-DOS
매체	5.25" 2HD 6장
주요사양	IBM PC AT 이상, VGA, 기본 메모리 570KB, 애드립, 사운드 블라스터(프로), MT-32, 사운드 캔버스, MIDI(MPU-401 호환)

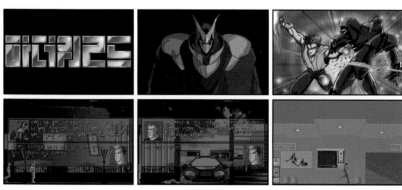

트윔의 첫 PC 패키지 게임

〈파더월드〉는 〈통코〉 시리즈로 잘 알려진 트윔TWIM, The World Is Mine의 IBM PC 게임 데뷔작이다. 게임 개발 전에는 인터페이스, 화상 데이터베이스, 고해상도 한글 라이브러리 등을 만드는 용역을 주로 하는 업체였다.

게임 잡지에 광고로 나온 〈파더월드〉의 이미지는 지금 봐도 강렬하다. 그래픽 디자이너가 광고 기획 및 제작을 전문으로 했었던 적이 있기 때문인지 동시대 게임 광고와 다른 강렬한 색의 극화체 스타일의 일러스트를 선보여 많은 이를 설레게 했다.

서기 2222년 악의 세력인 자이누스가 블랙홀의 힘으로 모든 것을 빨아들인 여의도를 중심으로 이야기는 펼쳐진다. 주인공인 조양민은 여의도를 탐험하며 자이누스와 맞서 싸워야 한다. 게임 형식은 델핀 소프트웨어Delphine Software의 〈어나더 월드Another World〉(1991)에 브로더번드 소프트웨어Brøderbund Software의 〈페르시아의 왕자Prince of Persia〉(1989)의 전투 방식을 더했다고 생각하면 편하다. 유려한 디자인에 어울리지 않는 유치한 몇몇 대사가 있어 스크립트에 좀 더 신경을 썼다면 더 좋은 작품이 되지 않았을까 하는 아쉬움이 남는다.

패키지를 구입하면 당시 유명 가수인 자유시간의 박재성 씨가 만든 BGM 카세트 테이프도 동봉돼 있어 소장 가치가 높다. 트윔은 〈파더월드〉의 후속작인 2편을 기획했지만 내부 사정으로 제작이 무산되었고 트윔의 대표 게임이 되는 〈통코〉 시리즈를 개발하게 된다.

015

리크니스

Lychnis

발매시기	1994년 6월
장르	횡스크롤 액션
개발사	소프트맥스
유통사	소프트타운
가격	15,000원
플랫폼	MS-DOS
매체	5.25" 2HD 2장
주요사양	IBM PC AT 이상, 램 640KB 이상, HDD 필수, 허큘리스, VGA, 옥소리, 애드립, 사운드 블라스터, MIDI
저작권자	LINE Games Corporation

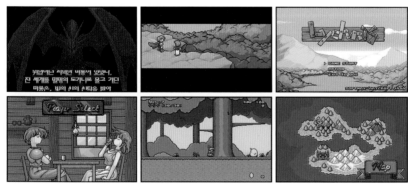

당시의 PC에서 스무드 스크롤과
스프라이트를 완벽하게 구현

기록상 소프트맥스의 첫 발매작으로, 소프트맥스와 그라비티의 뿌리라고 할 수 있는 아트크래프트가 개발하여 소프트맥스 브랜드로 발매한 작품이다. 김학규 씨가 제작한 게임데모로 시작한 프로젝트는 끊김이 없는 스무드 스크롤smoothed scroll과 독자적으로 개발한 스프라이트 엔진으로 상당히 뛰어난 기술을 선보였다.

김학규 씨는 이후 개인적인 사정으로 프로젝트를 하차하여 조영기 씨를 비롯한 이후 소프트맥스의 주요 멤버들이 게임을 마무리하였으며 후일 〈라그나로크 온라인Ragnarok Online〉(2002)의 음악으로 유명해지는 Sound Team TeMP의 BGM도 아기자기한 명곡들뿐이어서 들어볼 가치가 있다.

귀여운 그래픽과는 정반대로 난이도는 극악하게 높은 편으로, 일부 구간은 강제 스크롤까지 있는 데다가 마계촌을 베이스로 한 고정되어 있는 점프궤도와 슈퍼마리오 월드에서 영감을 얻은 레벨디자인까지 합쳐져, 레벨 곳곳에 함정을 파놓는 등 상당히 가혹한 난이도의 게임이었다.

광고와 패키지에 언급된 마지막 다관절 보스는 개발 사정으로 결국 구현되지 못한 채 액션이 완전 배제된 슬롯머신 형식으로 진행되어, 클리어 여부를 완전히 운에 맡겨야 한다는 불합리한 디자인으로 팬들을 좌절케 하기도 했다.

강제 스크롤에 바닥이 없었으며 다른 레벨에 비해 특히 길었던 스테이지 1-3만 잘 넘길 수 있다면, 하늘에서 불꽃이 떨어지며 열차를 타고 이동하는 용암지대라던가 인디아나존스에서 볼 수 있는 거대한 돌을 피해 달려야 했던 성 스테이지 등 다양한 테마의 레벨들을 맛볼수 있었기 때문에 초반의 어려운 난이도에 대한 아쉬움이 컸다. 난이도가 적절히 조절되고 라스트 보스전이 계획대로 개발되었다면 좀 더 높은 평가를 받을 수도 있었을, 여러 모로 아쉬운 수작이다.

016

어스토니시아 스토리

Astonishia Story

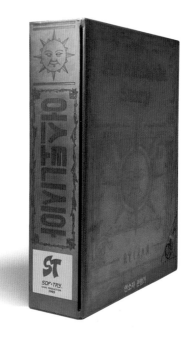

발매시기	1994년 7월
장르	RPG
개발사	손노리
유통사	소프트라이
가격	37,000원
플랫폼	MS-DOS
매체	5.25" 2HD 5장
주요사양	IBM PC 386 이상, 램 1MB 이상, HDD 20MB 이상, VGA, 옥소리, 애드립, 사운드 블라스터, MIDI

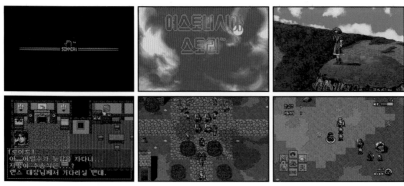

'판매량 10만 장 돌파'와 '첫 국산 롤플레잉 게임'의 영예를 거머쥐다

1995년 이전까지의 모든 국산 게임을 통틀어 가장 큰 상업적 성공을 거둔 작품(정작 개발진들은 그 상업적 성공에 걸맞은 대우를 받지 못했다고 하지만)이자, 간발의 차이로 〈이스 2 스페셜〉보다 앞서 출시되어 '유의미한 히트를 기록한 최초의 국산 RPG'로 널리 인정받은 작품이다. 말끔한 스무드 스크롤과 당대 일본 애니메이션의 영향을 강하게 받은 캐릭터 디자인 등이 특징이며, 디테일 면에서 아쉬운 점은 여럿 있으나 게임 자체로는 깔끔하게 완결되고 연출도 수려하며 곳곳에 개그 테이스트도 있어, 일정 이상의 완성도를 갖춘 국산 게임의 등장을 갈망하던 당시의 국내 게이머들에게 열렬한 지지를 받아 국산 게임 최초로 판매량 10만 장 고지를 돌파(염가판 포함. 공인된 기록은 아니나 사실상 정설로 인정받고 있다)하는 등 시대를 대표하는 작품이 되었다. 인천의 아마추어 개발팀으로 시작했던 손노리Sonnori는 이 작품으로 화려하게 데뷔해 일약 1990년대 중후반의 국산 게임계를 대표하는 개발사 중 하나로 성장했다.

손노리 특유의 토속적인(?) 개그 센스가 배출해낸, 처음엔 도중에 뜬금없이 패스워드를 물어보며 불법 복제를 성토하는 개발자 캐릭터로 시작했다 회사의 간판 캐릭터로까지 성장한 '패스맨' 등 여러 방면에서 당시의 국산 게임계에 다수의 성과를 남긴 기념비적인 게임이기도 하다. 국산 게임계가 드디어 슈팅·액션 게임을 넘어 개발 규모가 크고 제작이 어려운 RPG도 배출할 수 있을 만큼 경험이 쌓였음을 증명하여, 여전히 열악한 환경이지만 한 단계 성장했음을 보여준 중요한 마일스톤이기도 하다. 이후 GP32와 PSP^{PlayStation Portable} 등으로 리메이크되었다는, 국산 게임으로는 드문 선례도 남겼다.

017

이스 2 스페셜

Ys 2 Special

발매시기   1994년 8월 10일
장르   액션 RPG
개발사   만트라
유통사   아프로만 소프트밸리
가격   39,000원
플랫폼   MS-DOS
매체   5.25" 2HD 7장
주요사양   IBM PC 386 이상,
       HDD 필수, VGA, 옥소리,
       애드립, 사운드 블라스터

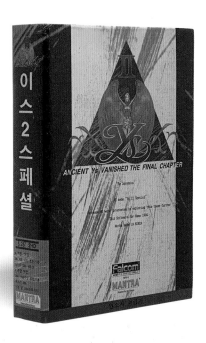

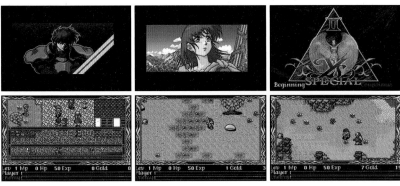

<이스 Ⅱ>를 대담하게 어레인지한
독특한 포지션의 국산 게임

1990년대 초반의 국산 PC 게임계에서 〈어스토니시아 스토리〉와 앞서거니 뒤서거니 경쟁하며 '국산 게임 최초의 RPG' 자리를 놓고 다투었던 전설적인 작품. 당시 강남 등에서 게임 소프트 판매점 '소프트하우스 만트라'를 경영하던 한도홍산무역(후일의 만트라)이 게임 유통업에 뛰어들어 가이낙스GAINAX의 〈프린세스 메이커Princess Maker〉(1991)를 성공시키며 게임 자체 개발도 시도하는데, 이 과정에서 니혼 팔콤Nihon Falcom의 〈이스 Ⅱ Ys Ⅱ〉(1988)를 라이선스하고(팔콤 입장에서도 최초의 해외 라이선스였다고 한다) 〈이스 Ⅱ〉를 PC로 이식해 발매하는 프로젝트로 발전하게 된다. 다만 팔콤은 라이선스만 허가하고 소스나 개발 자료 등은 그리 제공하지 않았다고 하며, 만트라 측은 자체 개발력 확충을 위해 당시 PC 통신 동호회 등에서 활약하던 아마추어 개발자들을 대거 영입해 프로젝트 팀을 구성했다.

그 결과 이 작품은 당시 MSX2 등으로 유명했던 〈이스 Ⅱ〉의 한글화 이식으로 선전되었으나 실제로 나온 작품은 원작과 크게 동떨어져, 사실상 원작의 설정과 스토리를 독자적으로 재해석한 오리지널 신작에 가까웠다. 게다가 당시 국산 게임 개발력으로는 버거웠을 대규모 프로젝트로 불어난 탓에 수차례의 연기 끝에 간신히 출시되었고, 그나마도 내부적으로는 사실상 미완성품이었던 바람에 후일 두 차례의 커다란 사후 패치가 완료되어서야 간신히 '완성'될 수 있었다.

뛰어난 스프라이트 엔진과 훌륭하게 원작을 재구성한 Sound TeMP의 BGM, 당대 국산 PC 게임 중에서는 차원이 다른 스케일 등 꼽을 만한 장점도 많으나, 결국 〈이스〉 시리즈로는 인정받지 못하게 된 작품이라고나 할까. 참고로 당초엔 확장팩인 미디팩과 스피치팩의 출시도 예정되었으나 결국 미발매로 끝났다.

018

일루젼 블레이즈

Illusion Blaze

발매시기	1994년 11월 18일
장르	횡스크롤 슈팅
개발사	패밀리 프로덕션
유통사	SKC 소프트랜드
가격	33,000원
플랫폼	MS-DOS
매체	5.25" 2HD 8장
주요사양	IBM PC XT/AT 이상, HDD 필수, VGA, 애드립, 사운드 블라스터, MIDI

국산 게임계를 슈팅 게임이 지배하던 시대의
마지막 편린

초기 한국 PC 게임계에서 비교적 안정된 개발력으로 두드러진 활약을 보여준 회사 중 하나인 패밀리 프로덕션Family Production의 작품으로, 액션 게임이 주종인 이 회사의 역대 발매작들 중 몇 안 되는 슈팅 게임이기도 하다(이후의 〈올망졸망 파라다이스Olmang Jolmang Paradise〉(1995)와 함께 딱 두 작품뿐).

게임 전체에 걸쳐 메가 드라이브용 게임 〈썬더 포스 IVThunder Force IV〉(1992)의 영향이 짙게 묻어나는데, 초기의 PC용 국산 슈팅 게임 상당수가 〈썬더 포스〉 시리즈의 영향권에 있었음을 감안하면 이 작품이 당시의 국산 게임 개발진 사이에서 얼마나 영향력이 컸는지를 가늠할 수 있다. 〈알타입R-TYPE〉(1987)의 포스 시스템이나 〈라스트 리조트Last Resort〉(1992)의 배경 연출 등을 모방한 흔적도 있다.

이 작품 역시 난이도 세팅이 제법 불합리하긴 하나 적어도 기술이나 미술적 측면에선 당대의 국산 슈팅 게임들중 수위권으로 꼽을 만한 작품이며, PC로 16비트 게임기에 가까운 표현 능력을 구현하는 데 일정 정도 성공한 것은 호평할 가치가 있다.

배경 음악 역시 눈여겨볼 만한데, 당시의 표준 사운드 카드인 애드립 및 사운드 블라스터의 내장 FM 음원 칩만으로 제법 헤비한 하드락 사운드를 뽑아내 후일 해외의 DOS 게임 팬들에게까지 높은 평가를 받기도 했다.

019

K-1 탱크

K-1 Tank

발매시기	1994년 11월 말
장르	시뮬레이션
개발사	타프 시스템
유통사	네스코
가격	25,000원
플랫폼	MS-DOS
매체	5.25" 2HD 2장
주요사양	IBM PC 386SX 이상, 기본 메모리 600KB 및 확장 메모리 1MB 이상, VGA, 사운드 블라스터

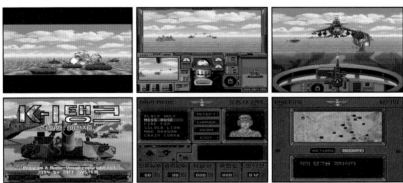

국산 게임 최초이자 유일의
군사 장비 시뮬레이션 게임

타프 시스템^{Taff System}이 개발한 국산 게임 역사상 최초이자 유일의 실존 군사 장비 시뮬레이션 게임이다. 미국이나 일본 등 게임 역사가 오래된 국가에서도 결코 작품 수가 많다고는 할 수 없는 장르이며, 국산 게임으로는 사반세기가 지난 지금까지도 기록상으로 유일한 전인미답의 기념비작이 아닐 수 없다.

현재까지도 대표적인 국산 주력 전차로 꼽히고 있는 K-1 탱크, 일명 88 전차를 소재로 삼은 작품으로, 걸프 전쟁에서 착안한 듯 '북한 및 소련제 무기를 보유하고 있는 이라크의 기갑부대와 우리의 K-1 탱크가 사막에서 호쾌한 지상전을 벌인다'라는 설정으로 진행된다. 플레이어는 전차장 시점으로 진행하며, 사막을 배경으로 전차 운행부터 사수, 기총수 등 다양한 역할도 즐길 수 있다. 총 20개 임무가 제공되며, 1995년 1월 중 PC 통신을 통해 신규 미션을 제공한다고 패키지에 기재하기도 했다(실제 제공 여부는 불명). 타프 시스템은 이후 〈못말리는 탈옥범^{Monmallineun Tarokbeom}〉(1996) 등의 발매를 거쳐 후일 〈낚시광〉 시리즈로 일약 발돋움하게 되며, 이 게임을 만든 인연 때문인지 3D 영상 시뮬레이터로도 활동 분야를 넓혀 육군 방산 분야로 진출, 군수 장비 시뮬레이터를 개발하기도 하였다.

국산 PC 게임으로는 최초로 해외 수출 실적을 올린 작품 중 하나이기도 한데, 1994년 12월 대만 한락합사와 수출 계약을 체결하여 1995년 초 중문판이 발매되었다는 기록이 남아 있다.

020

낙시광

Nakksigwang

발매시기	1994년 11월
장르	스포츠
개발사	타프 시스템
유통사	네스코
가격	15,000원
플랫폼	MS-DOS
매체	5.25" 2HD 1장
주요사양	IBM PC AT 이상, 램 580KB 이상, HDD 3MB 이상, DOS 버전 3.30 이상, 프린터 설정 KSSM 모드, 조작 마우스 및 키보드, EGA, VGA, 사운드 블라스터

마우스의 손맛을 극한까지 끌어내
인기 시리즈로 자리 잡은 국산 낚시 게임

〈낚시광〉은 타프 시스템에서 〈K-1 탱크〉와 함께 출시한 게임 중 하나. '나는 낚시가 좋아'라는 타이틀명으로 개발됐으나 당시 일반적으로 받아들여지던 게임과는 차이가 있어 출시를 보류하다 1994년 11월에 〈K-1 탱크〉와 함께 출시됐다.

사전 배포된 데모 게임의 인기가 매우 좋았다. 상용 버전에서는 콘텐츠를 추가하고 프린터로 어탁을 찍을 수 있는 기능을 추가했으며, 회사나 학교에서 게임을 하다가 다른 화면으로 넘어갈 수 있는 보스키boss key라고 불리는 단축키도 넣었다. 타프 시스템의 정재영 대표가 낚시를 좋아했던 탓에 〈낚시광〉에는 각종 낚시대와 미끼, 다양한 민물 낚시터가 충실히 재현됐다. 마우스만으로도 게임을 진행할 수 있을 만큼 편하게 즐길 수 있었는데, 사람들은 마우스를 휘둘러 미끼를 던지고 물고기를 낚는 것에 볼 마우스의 볼이 닳을 정도로 집중했다. 1995년에는 PC 통신 하이텔HiTEL에서 다른 사람과 경쟁할 수도 있었으며 정기적으로 좋은 성적을 낸 게이머에게 상품을 주기도 했다.

〈낚시광〉 시리즈는 게임 시장뿐만 아니라 낚시 박람회 등에 소개되며 성인에게 큰 인기를 끌었다. 1995년 『소프콤』 7월호에 따르면 1995년 7월에 1만 7천 장이 팔렸고 인기에 힘입어 〈낚시광 2Nakksigwang 2〉(1995), 〈낚시광 스페셜Nakksigwang Special〉(1996), 〈대물 낚시광Virtual Deep Sea Fishing〉(1998)으로 후속작이 이어져 나왔다.

〈대물 낚시광〉은 미국에 수출까지 성공하여 1998년 국내 게임 수출액 1,500만 달러 중 절반인 700만 달러가 〈대물 낚시광〉의 로열티였다고까지 한다. 게임의 인기만큼 회사가 수익을 얻지는 못했는데 그 이유는 불법 복제 문제였다. 특히 불법으로 정품 프로그램 공유가 가능한 와레즈warez가 대중화됐던 1998년에는 정재영 대표가 〈대물 낚시광〉이 북미에서 80만 장이 팔렸지만 국내는 10만 장밖에 안 된다며 와레즈를 성토하는 인터뷰를 했다.

〈낚시광〉은 당시 생소했던 낚시를 게임으로 녹여낸 훌륭한 시도였다. 다만 당시의 국내 게임계가 불법 복제 등의 문제가 없는 성숙한 시장이었더라면 더 좋은 성과를 낼 수 있었을지도 모르는 일이다.

021

테이크백: 탈환

TAKE BACK: Flight Simulator

발매시기	1994년 12월 16일
장르	3D 슈팅
개발사	엑스터시
유통사	LG소프트웨어
가격	37,000원
플랫폼	MS-DOS
매체	CD-ROM 1장
주요사양	IBM PC 486DX 이상, 램 4MB 이상, HDD 20MB 이상, CD-ROM 드라이브 및 마우스/조이스틱 필수, 애드립, 사운드 블라스터, MIDI

한국의 〈윙 커맨더〉를 지향했던
최초의 CD-ROM 국산 게임

후일 〈신검의 전설 II^{Liar: Legend of the Sword II}〉(1995), 〈신혼일기^{Newly Weds}〉(1997) 등을 내놓게 되는 엑스터시 엔터테인먼트^{Ecstasy Entertainment}의 첫 출시작으로, 기록상 국내 최초의 CD-ROM 미디어 발매작이기도 하다. 게임의 기본 시스템은 오리진 시스템^{Origin Systems}의 〈윙 커맨더^{Wing Commander}〉(1990)를 강하게 의식한 것으로 보이는데, 당시 동시 개발하던 〈신검의 전설 II〉가 같은 회사의 〈울티마 VII^{UltimaVII}〉(1992)을 의식한 작품임을 생각하면 묘한 공통점이다.

당시의 게임 잡지에 실린 개발진 칼럼을 보면 1992년부터 기획이 시작되어 1993년경 기본적인 골격이 거의 완성되었으나, 마침 미국의 한 CD-ROM 게임을 보고 화려한 그래픽과 동영상 삽입의 필요성을 느껴 1년간 3D 그래픽 및 사운드를 보강하는 형태로 최종 완성되었다고 한다. 그 결과 게임 용량이 300MB를 넘겼기에, 당시가 아직 CD 드라이브 보급이 저조하던 플로피 디스크 시대였음에도 불구하고 모험적으로 CD-ROM 매체로의 발매를 시도했다고.

국산 PC 게임으로서는 선구적으로 3D 동영상 비주얼과 성우 녹음, CD-ROM 채택, 3D 플라이트 슈터 장르 도전 등 다양한 시도를 행했다는 점에서 큰 의의가 있는 작품이나, 게임 자체의 퀄리티 측면에서는 당시의 의욕작들이 대부분 그랬듯 아쉬움 역시 큰 작품이기도 하다. 기본 메모리를 600KB 이상 확보해야 하는 등 상당히 빡빡한 메모리 관리를 요구하는 게임이기도 했다.

당시 국산 게임 중에선 드물게 대만에 정규 수출되었기에 중문화된 대만판이 별도 존재한다고 한다.

022

전륜기병 자카토

Combat Robo Zakato

발매시기 1994년 12월

장르 횡스크롤 슈팅

개발사 막고야

유통사 네스코

가격 29,000원

플랫폼 MS-DOS

매체 5.25" 2HD 4장

주요사양 IBM PC 386 이상,
램 1MB 이상, VGA,
옥소리, 애드립,
사운드 블라스터

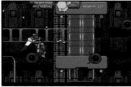

국산 로봇 액션 게임의
시작을 알리는 작품

국산 PC 게임의 역사를 통틀어 로봇을 주제로 한 게임은 그리 많지 않다. 국내 로봇 게임의 시대는 막고야의 〈전륜기병 자카토〉가 발매되면서 열린다.

아무 생각 없이 게임을 플레이하기 시작하면 1 스테이지도 깨기 힘들다. 무기의 탄약 수 제한이 있고 게임 플레이 중 탄약을 보충해주는 아이템도 등장하지 않는다. 본격적으로 게임을 시작하기 전에 무기를 커스텀해야 한다. 스테이지별 무기 커스텀 조합으로 공략의 재미를 느낄 수 있다.

〈전륜기병 자카토〉의 첫 홍보는 실제 메카닉 프라모델과 실사 배우가 등장해 대화를 나누고 있는 듯한 상황을 연출한 것이었다. 홍보 이미지를 보고 출시를 기대하는 게이머들이 상당했다. 하지만, 게임이 실제 발매되고 보니 해당 콘셉트는 온데간데 없어 많은 아쉬움을 남겼다. 당시 홍동희 대표는 게임에 등장하는 모든 오브젝트를 프라모델로 제작해서 렌더링하려고 기획했으나 자금이 부족해 콘셉트로만 끝낼 수밖에 없었다고 언급했다.

이후 1995년 11월 〈자카토 만^{Zakato: Maan}〉이라는 타이틀명의 RPG가 막고야에서 출시됐지만 이름만 비슷할 뿐 〈전륜기병 자카토〉와는 관련이 없다.

슈팅 게임에서 RPG로

　1990년대 초반부터 말기까지의 국산 PC 게임 타이틀들을 주마간산으로 훑다 보면 일정한 장르적 유행의 경향성이 얼핏 얼핏 보이게 된다.

　1992년의 〈폭스 레인저〉를 필두로 하여 1~2년간은 '슈팅의 시대'로서 슈팅 게임을 필두로 간단한 액션 아케이드 장르가 주류를 이룬다. 아직 개발력과 기획력이 부족해 해외의 인기 게임을 곁눈질해야 했던 산업 초창기의 어쩔 수 없는 선택지가 아니었을까 추측된다.

　1994년 중순의 〈어스토니시아 스토리〉와 〈이스 2 스페셜〉부터는 개발 규모가 큰 RPG에 과감히 도전해 결실을 보는 케이스가 등장하기 시작해 이후 수년간 여러 개발사들이 RPG에 대거 도전하게 된다. 흥미로운 지점이라면 이 시기에 한국에서 유의미한 히트를 기록한 인기 국산 RPG 중 적지 않은 수가 전투 시스템에 전술 시뮬레이션 요소를 가미한 작품이었다는 것인데, 〈어스토니시아 스토리〉부터가 전투 시스템이 턴제 시뮬레이션 스타일이었고 후일의 〈창세기전〉 1, 2편은 더 말할 나위가 없다. 이 시기는 유독 한국에서 인기가 높았던 일본 TGL 사의 〈파랜드 스토리〉 시리즈의 활약기와도 겹치기 때문에 흥미롭게 관찰해볼 여지가 있다고 할 수 있다.

　윈도우 95와 DirectX가 정착하는 1990년대 중후반부터는 한국에서도 히트한 〈디아블로〉를 모방한 핵 앤드 슬래시 스타일의 액션 RPG가 국산 게임계에 범람하기도 했고, 〈워크래프트 II〉와 〈커맨드 앤 컨커〉가 히트하자 RTS 장르가 붐을 이루기도 하는 등 블리자드의 히트작들이 당시의 국산 게임계에 막강한 영향을 끼쳤다. 한편 아케이드 게임 쪽은 1999년의 〈EZ2DJ〉와 〈펌프잇업Pump It Up〉이 공전의 히트를 거두면서 음악게임 붐의 초석에 해당하는 일본 코나미의 〈비트매니아beatmania〉(1997)와 〈댄스 댄스 레볼루션Dance Dance Revolution〉(1998)을 오히려 압도하여 짧지만 강렬한 호황을 구가하게 된다. ●조기현

1995

023

YS는 잘 맞춰

Hello Mr. President

발매시기	1995년 1월
장르	액션, 퍼즐
개발사	열림기획
유통사	열림기획
가격	34,000원
플랫폼	MS-DOS
매체	5.25" 2HD 4장
주요사양	IBM PC AT 이상, 기본 메모리 580KB 및 확장 메모리 1MB 이상, HDD 20MB 이상, VGA, PC 스피커, 코복스, 애드립, 사운드 블라스터

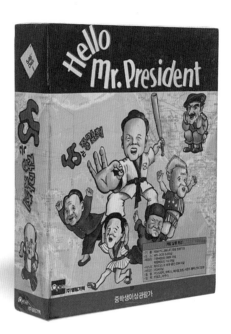

실존 정치인을 희화화한 첫 국산 게임

정치인을 희화화하여 국민에게 재미를 선사하는 매체는 많이 있다. 다만 게임만큼은 금단의 영역인 것처럼 정치 희화화 콘텐츠가 없었으나, 열림기획Open Production의 〈YS는 잘 맞춰〉가 출시되면서 금단을 깨부수는 선구자적 역할을 했다. 열림기획은 오랫동안 8비트 게임기 중심의 콘솔 게임 제작에 잔뼈가 굵은 개발진이 포진했던 업체다. 잘 알려진 콘솔 게임은 〈코코 어드벤처Koko Adventure〉(1993)와 〈장풍〉 시리즈이다.

게임 잡지에 주로 격투 대전 파트만 부각돼 광고가 나오는 바람에 대전 격투 게임이라고 알려졌다. 실제로는 열 종의 미니 게임과 대전 격투 게임이 잘 버무려진 게임이다. 한국의 김영삼, 프랑스의 프랑수아 미테랑François Mitterrand, 중국의 덩샤오핑鄧小平, 이라크의 사담 후세인, 미국의 빌 클린턴Bill Clinton, 일본의 호소카와 모리히로細川護熙, 러시아의 보리스 옐친Борис Николаевич Ельцин, 영국의 마거릿 대처Margaret Thatcher 등 총 여덟 명의 정상이 나오며 대전 격투 시 해당 인물의 특징을 필살기로 쓸 수 있어 코믹한 재미를 선사한다. YS의 필살기는 장풍처럼 나가는 '03파'이다.

문민정부를 표방하면서 찾아온 민주화의 바람으로 나올 수 있던 게임으로 보인다. 하지만 1994년 12월에 출간된 『게임매거진 2호』를 보면 김영삼 대통령을 주인공으로 한 시뮬레이션 게임을 구상했지만 외압이 있어 게임의 방식을 바꾸었다는 글귀가 실려 있어 궁금증을 자아낸다.

024

인터럽트: 블러디 시그널

Interrupt: Bloody Signal

발매시기	1995년 1월
장르	액션
개발사	패밀리 프로덕션
유통사	네스코
가격	33,000원
플랫폼	MS-DOS
매체	5.25" 2HD 4장(디스켓 버전), CD-ROM(CD 버전)
주요사양	IBM PC 386 이상, 램 2MB 이상, VGA, 애드립, 사운드 블라스터

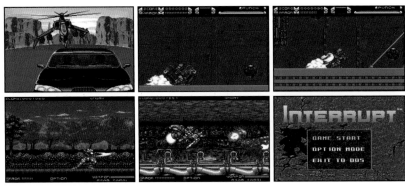

강력한 무게감을 줬던
2D 로봇 액션 게임

〈피와 기티〉, 〈일루전 블레이즈〉 등을 개발한 패밀리 프로덕션의 메카닉 액션 게임이다. '시그널'이란 제목으로 개발이 시작됐으나 최종적으로는 〈인터럽트〉라는 제목으로 출시됐다.

사이버 트롤과 리플이라는 두 로봇 중 하나를 골라 게임을 진행할 수 있었던 인터럽트는 국내에서 드문 메카닉 액션 게임으로 무게감 있는 액션과 화려한 효과가 특징인 게임이었다. 초기 2인용으로 개발되었던 흔적은 플레이가 가능했던 2개의 로봇으로 남아 붉은색 로봇인 사이버 트롤은 덩치와는 달리 원거리 공격이 중심이고, 푸른색 로봇인 리플은 가벼워 보이는 몸체였지만 근접 공격이 중심이라 서로 다른 플레이를 제공했다.

1995년 3월 대만에 수출, 1995년 11월은 '아이언 블러드Iron Blood'란 타이틀명으로 미국과 유럽에 수출됐다. KBS 〈생방송 게임천국〉에서 시청자가 참여하는 게임으로 사용되기도 했다. 인터럽트 발매 이후 패밀리 프로덕션은 법인을 설립했으며 당시 개발에 참여했던 개발자가 기획을 충분히 구현하지 못하여 아쉬운 작품이라 후술하기도 했다.

사이버 트롤과 리플은 이후 패밀리 프로덕션에서 캐릭터들이 총 출동하는 슈팅 게임인 〈올망졸망 파라다이스〉에서 등장했다. 패밀리 프로덕션은 이후에도 활발히 게임을 내며 활동하다가 어뮤즈월드에 인수되었고 〈EZ2DJ〉 개발의 주축이 되었다.

025

하프

HARP

발매시기	1995년 2월
장르	어드벤처
개발사	스튜디오 아둑시니,
	노리 MEArts
유통사	지관(유)
가격	28,000원
플랫폼	MS-DOS
매체	5.25" 2HD 6장
주요사양	IBM PC 386 이상,
	HDD 필수, VGA, 애드립,
	사운드 블라스터

국산 게임 역사에 보기 드문,
순수한 스토리 지향 어드벤처 게임

　이 작품의 원점은 1993년 12월경 하이텔 등의 PC 통신 서비스에 공개 소프트웨어로 올라온 무료 게임 〈하프HARP〉다. '이야기 읽개'라는 독특한 장르명을 표방한 이 작품은 흑백 허큘리스 카드만 지원했던 간단한 소품이지만, '하프'라는 주인공 캐릭터를 플레이어가 움직여 여러 인물과 만나고 스토리를 진행하면서 '나비족과 말벌족의 숙명적인 대립'과 '자신의 목숨을 스스로 희생해 평화를 만드는 나비족 주인공 하프'라는 감동적인 스토리를 전달해 알음알음으로 당시의 여러 게이머들의 기억에 남으며 숨겨진 명작으로 소소하게 인구에 회자되었다.

　허큘리스판 〈하프〉의 개발자인 스튜디오 아둑시니Studio Aduksini 박영우 씨의 설정 및 스토리를 바탕으로 하여 조용환 씨가 'NoRI MEArts'라는 팀명으로 별도로 개발하던 VGA판 〈하프〉는 이후 그의 단독 작품으로서 완성되어 대만 지관과기유한공사의 한국 현지법인이었던 지관(유)를 통해 상품화되어 판매된다. 기본적으로는 원작의 틀을 대부분 유지하고 있으나 게임 진행엔 거의 영향이 없는 전투 시스템이 추가돼 있는데, 후일 개발자의 술회에 따르면 '전투가 반드시 있어야 한다'는 유통사 측의 강권에 의해 억지로 전투 시스템을 넣을 수밖에 없었다고 한다.

　국산 게임의 역사에서 극히 드문 순수한 스토리 기반 어드벤처 게임으로 큰 의의를 지닌 작품이지만 이러한 게임의 가치를 알아주는 회사가 없어 유통사를 잡는 것조차 난관이었다고 하며, 상업적으로도 부진하여 패키지엔 'Vol.1'이라고 적혀 있고 당초엔 후속작도 염두에 두었다고 하나 결국 단편으로 끝나버렸다.

026

하데스

HADES

발매시기	1995년 5월
장르	3D FPS
개발사	아블렉스
유통사	LG소프트웨어
가격	38,500원
플랫폼	MS-DOS
매체	CD-ROM
주요사양	IBM PC 486/
	펜티엄 호환 기종, 램 4MB
	이상, 조이스틱 지원, VGA,
	애드립, 사운드 블라스터, MIDI

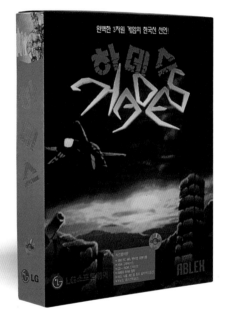

국내 최초 FPS 게임

〈작은 마녀〉를 만든 아블렉스Ablex의 두 번째 제작 게임이다. 당시 국내 게임업계에서 기술적으로 구현한 일이 드물었던 3D FPS3D first person shooter 게임을 출시하며 눈에 띄는 행보를 보여준다. 복셀 스페이스voxel space, 텍스처 매핑texture mapping 등 다양한 3D 기술이 게임에 적용됐다.

당시 인기 있던 이드 소프트웨어id Software의 〈둠DOOM〉(1993)과 기술적인 차이점을 보여주려고 했는지 회전할 때마다 화면이 기울어져 걷는 것이 아니라 비행기를 탄 느낌을 받을 수 있다. 〈하데스〉와 다른 FPS 게임의 차이점이라면 호버크래프트에 탑승해 공중에서 전투를 벌일 수 있다는 점이다. 다만 실제로 게임을 해보면 차이점을 제대로 살리지는 못한 듯하다.

세계적으로 유명한 〈둠〉 시리즈라는 거대한 끝판왕이 존재했지만 자신들만의 기술을 축적해 나간 결과물임에 큰 점수를 주고 싶다. 아블렉스는 〈하데스〉 출시 이후 실력을 인정받아 LG소프트웨어LG Software 개발팀과 함께 3DO 게임 타이틀 〈아마게돈Armageddon〉(1996)을 공동 개발한다.

027

대혈전

The Great Fighter

발매시기	1995년 5월
장르	대전 격투
개발사	시그마텍 엔터테인먼트
유통사	삼성전자
가격	33,000원
플랫폼	MS-DOS
매체	5.25" 2HD 7장(디스켓 버전), CD-ROM(CD 버전)
주요사양	IBM PC 386 이상, 램 4MB 이상, HDD 20MB 이상, VGA 애드립, 사운드 블라스터

국내 최초의 2인 통신 플레이가 가능한
대전 격투 게임

시그마텍 엔터테인먼트(이후 시엔아트)가 제작한 두 번째 작품이다. 1994년 1월 설립 후 같은 해 10월 〈이아스IAS〉를 시작으로 1996년 〈멘티사이드Menticide〉까지 해당 기간 중 총 여덟 개의 게임을 출시했다(〈인투더선Into the Sun〉, 〈비치발리볼Beach Volleyball〉, 〈메카닉 워Mechanic War〉, 〈티피의 모험The Adventure of Tipi〉, 〈바바리안Barbarian〉). 동시대의 다른 개발사보다 몇 박자 이상 빠른 개발 속도를 선보였는데 어느 정도 기술력이 받쳐주지 않으면 불가능한 일이다.

하지만 빠른 개발 속도 때문인지 퀄리티 논란이 따라다녔다. 〈대혈전〉 역시 모뎀을 통한 2인 통신 플레이가 된다는 기술적 우위를 제외하면 격투 게임으로서의 게임성은 아쉬움이 남는다.

통신 플레이가 된다는 장점 덕에 KBS에서 쌍방향 소통 형식으로 진행됐던 〈생방송 게임천국〉에서 '대결 격투기'라는 제목으로 방영돼 인기를 끌었다. 총 여덟 명이 등장하는 게임이지만 방송에서는 네 명(강혁, 실비아, 이스라함 핫산, 차오즈)만 선택해 플레이할 수 있었다.

028

라스 더 원더러

Lars the Wanderer

발매시기	1995년 7월
장르	횡스크롤 액션
개발사	S&T 온라인(그라비티)
유통사	삼성전자
가격	29,700원
플랫폼	MS-DOS
매체	3.5" 2HD 3장
주요사양	IBM PC 386 이상, 램 4MB 이상, HDD 20MB 이상, 키보드 필수, VGA, 사운드 블라스터

\<리크니스\>의 뒤를 잇는
판타지 액션 게임이자 그라비티의 첫 게임

소프트맥스에서 발매된 〈리크니스〉는 김학규 씨가 초기 프로그래밍과 주인공 리크니스의 도트 등 초기 개발에 참여했으나 개발의 끝까지 참여하지는 않았다. 군 문제 등으로 '학규굴'에서 소프트맥스 팀이 분리되어 나와 〈리크니스〉가 따로 출시되었고 이때 마무리를 하지 못한 아쉬움 탓인지, 그는 산업기능요원으로 복무 중 그라비티의 전신이 되는 개발팀을 꾸려 자신의 집 지하실에서 게임 제작에 돌입한다. 그렇게 출시된 게임이 바로 〈라스 더 원더러〉이다. 〈리크니스〉보다 더 화려한 그래픽과 부드러운 액션을 보여주어 〈리크니스〉의 정신적인 후계자라는 느낌의 게임이다.

〈리크니스〉처럼 남자 주인공 라스와 여자 주인공 미미가 따로 등장했지만 〈리크니스〉의 아이리스처럼 여주인공인 미미만으로 플레이할 수는 없었다. 대신 한 명이 라스, 다른 한 명이 미미를 조종하는 2인플레이가 가능했다는 것이 〈리크니스〉와의 가장 큰 차이점이다. 판타지 게임이지만 여주인공인 미미가 미래에서 왔다는 설정으로 적들도 메카닉을 사용하는 등 독특한 느낌을 주었다. 초기 게임 소개에는 〈리크니스〉에 나오는 아이리스 캐릭터가 숨겨져 있다는 정보도 있었지만 실제 게임에는 들어가지 않았다.

게임 실행 명령어 뒤에 붙일 수 있는, 보통 치트로 불리는 옵션이 존재하기도 했는데, 게임을 무적으로 할 수 있는 옵션뿐만 아니라 더 어렵게 하거나 피가 더 많이 튀는 옵션도 존재했다. 이 옵션명은 대부분 개발자인 김학규 씨가 좋아하는 메탈밴드의 이름과 일치하며 크레딧에서도 확인 가능하다.

029

신검의 전설 Ⅱ: 라이어

Liar: Legend of the Sword II

발매시기	1995년 8월
장르	RPG
개발사	엑스터시
유통사	LG소프트웨어
가격	38,500원
플랫폼	MS-DOS
매체	5.25" 2HD 8장, CD-ROM
주요사양	IBM PC 386 이상, 램 4MB 이상, VGA, 애드립, 사운드 블라스터, MIDI

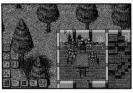

국내 최초 RPG
<신검의 전설>의 후속작

당시 고등학생이었던 남인환 씨가 애플 II^{Apple II}로 만든 〈신검의 전설^{Legend of the Sword}〉(1987)이 한국에서 개발된 최초의 RPG이자 상업용 게임이었다. 〈신검의 전설 II〉는 〈신검의 전설〉이 발매된 후 8년만에 만들어진 후속작이다.

〈신검의 전설 II〉의 주인공 가웰은 신을 죽일 수 있는 신검을 얻기 위해 모험을 한다. 신검을 얻으려면 '희망의 구슬' '암흑의 구슬' '진실의 구슬' '증오의 구슬' '영혼의 구슬'인 총 다섯 개의 구슬이 필요하다. 구슬을 다 모으고 신을 죽일 수 있는 마지막 순간이 왔을 때 가웰은 깊은 고민에 빠지게 된다는 종교적인 색채와 철학이 가득 담겼다. 신을 죽일 것인지 아닌지는 유저가 결정한다. 참고로 〈신검의 전설〉의 최종 보스인 데스그린은 신검으로만 죽일 수 있는데, 이 신검을 얻으려면 '친구의 구슬' '사랑의 구슬' '인정의 구슬' '용기의 구슬' '우정의 구슬'이 필요하다. 〈신검의 전설 II〉 출시 이전의 국산 게임이 판타지 또는 SF 장르를 바탕으로 이야기를 풀어갔다면, 〈신검의 전설 II〉는 종교적이고 철학적인 내용을 다루며 국산 게임에서 다루는 이야기 장르의 스펙트럼을 확장했다. 출시 당시 불법 복제 장치를 하지 않아 소위 말하는 '복돌이(복사+돌이)'의 타깃이 돼 인기에 비해 판매량은 저조했다.

월드맵의 어디로든 갈 수 있으며(일본식 RPG처럼 의도적으로 이동 범위를 제한하는 일이 없다) 다양한 시나리오로 높은 자유도를 자랑한다. 2010년 휴대용 게임기 GP2X용으로 이식된 버전은 일본식 RPG처럼 맵의 이동에 제한을 두고 액션을 강화하는 쪽으로 좀 더 대중에게 어필했다. 해당 버전은 원작자가 관여하지 않았다.

〈신검의 전설 II〉 이후 개발자 남인환 씨는 엑스터시에서 〈에일리언 슬레이어^{Alien Slayer}〉(1998), 〈아케인^{Arcane}〉(2000), 〈프리프^{Flyff}〉(2004) 등 다양하고 개성 넘치는 작품을 개발했다.

030

다크사이드 스토리

Darkside Story

발매시기	1995년 8월
장르	횡스크롤 액션
개발사	손노리(데니암 제작2팀)
유통사	SKC 소프트랜드
가격	33,000원
플랫폼	MS-DOS
매체	3.5" 2HD FD 4장
주요사양	IBM PC 386DX/33 이상 (권장 486 이상), 램 4MB 이상, HDD 필수, VGA, 애드립, 사운드 블라스터

손노리가 탄생시킨
비운의 명작 액션 게임

첫 게임이었던 〈어스토니시아 스토리〉가 크게 인기를 끌며 자리를 잡은 손노리가 두 번째로 출시한 게임이다. 손노리 팀은 〈어스토니시아 스토리〉 출시 이후 소프트라이와의 불화로 독립하게 된다. 이후 팀원들의 병역 문제를 해결하기 위해 데니암Deniam에 입사해 〈다크사이드 스토리〉를 출시했다. 당시 기획자였던 이원술 대표는 결핵을 치료하느라 팀에는 뒤늦게 합류했다.

〈다크사이드 스토리〉는 〈어스토니시아 스토리〉와는 달리 액션이 중심인 액션 RPG였다. RPG라고는 하지만 레벨이나 경험치가 들어간 모델은 아니었으며, 마을 주변을 탐험하며 NPC와 만나 단서를 얻고 문제를 해결하며 이동을 위해 적과 벨트스크롤 맵에서 대결하는 파트가 섞인 형식을 취했다. 손노리는 이때부터 게임 진행에 어느 정도의 자유도를 도입하는 프리 시나리오 형태를 도입했다. 〈다크사이드 스토리〉 역시 전체적인 흐름은 정해져 있었지만 적과의 대결 순서를 플레이어가 정할 수 있었고 숨겨진 이벤트도 있었다.

그러나 발매하자마자 불법 복제에 시달린 데니암은 3개월 만에 PC 게임 시장을 포기한다. 손노리 역시 산업 기능 요원이었던 한 명을 제외한 모두가 데니암을 나온 후 새 둥지를 찾아 〈포가튼 사가Forgotten Saga〉(1997)를 개발한다. 리메이크작으로는 지팡Gpang이라는 게임폰 전용으로 나온 〈다크사이드 스토리 RDarkside Story R〉(2005)과 피처폰 전용으로 나온 〈다크사이드 스토리 MDarkside Story M〉(2007)이 존재하며 '다크사이드 스토리 2'가 개발 중이라는 소식이 기사로 나왔지만 완성되지는 않았다.

주인공 수희는 이후 엄마를 찾던 게임 엔딩에서 이어져 〈포가튼 사가〉에서 엄마를 찾고 있는 카메오 캐릭터로 출연하기도 했다.

031

광개토대왕

The Forgotten Land

발매시기	1995년 8월
장르	RTS
개발사	동서산업개발
유통사	한글과컴퓨터
가격	40,000원
플랫폼	MS-DOS
매체	CD-ROM
주요사양	IBM PC 486SX 이상, HDD와 마우스 및 2배속 CD-ROM 드라이브 필수, VGA

최초의 국산 리얼타임
전략 시뮬레이션 게임 중 하나

당시 국내 최대급의 PC 게임 유통사였던 동서게임채널의 모회사인 동서산업개발이 직접 내부 개발한 첫 국산 게임 타이틀로(이후 〈삼국지 천명Three Kingdoms Divine Destiny〉(1998) 등 RTSreal-time strategy 몇 작품을 더 배출한다), 기록상 최초의 국산 RTS 게임 중 하나로도 알려져 있다. 광복 50주년 기념작이라는 상징성도 있다.

〈워크래프트 II: 타이드 오브 다크니스Warcraft II: Tides of Darkness〉(1995)가 한국에서도 대히트한 뒤부터는 국내에서도 RTS 장르를 시도하는 모방작들이 여럿 나타나기 시작하지만 이 〈광개토대왕〉은 상당히 이른 시점부터 RTS에 도전한 의욕작으로, 주요 참고작을 웨스트우드Westwood의 〈듄 IIDune II〉(1992)로 삼은 흔적이 보인다. 따라서 아직 RTS에 멀티 플레이어 대전 개념이 도입되기 전에 제작된 작품이라 멀티 플레이어 모드는 없다.

광개토대왕이 연나라의 고구려 침공을 계기로 만주를 되찾으러 북벌한다는 설정으로 시작하여, 총 9장 구성이며 최종장을 제외하고는 각 장이 세 개의 전장 중 무작위 선택되므로 총 25개 전장이라는 당시로서는 상당한 볼륨을 자랑했다. CG 애니메이션 동영상과 오리지널 BGM, 성우 네 명 기용과 2년의 개발 기간 등 당시로서는 야심 찬 도전이었다 할 만하다.

이 작품은 자체 유통 채널을 보유했던 동서산업개발의 개발작임에도 불구하고 특이하게 외부 유통사인 한글과컴퓨터('한컴 홈' 브랜드로 공급)를 통해 발매되었는데, 당시 게임 잡지 보도 중 "한글과컴퓨터가 4억 원이란 거액의 판권료를 지불하고 독점 공급"이라는 서술이 있고, 당시의 동서게임채널이 해외 게임 유통에서 자체 개발로 방향 전환을 모색하던 시기이기도 해 외부 투자를 받고 유통권을 넘겨주는 형태를 취하지 않았나 추측된다.

032

바리온

Baryon

발매시기	1995년 9월
장르	종스크롤 슈팅
개발사	아크로 스튜디오
유통사	삼성전자
가격	33,000원
플랫폼	MS-DOS
매체	CD-ROM
주요사양	IBM PC 386 이상, HDD 2MB 이상, 조이스틱 지원, VGA, 사운드 블라스터

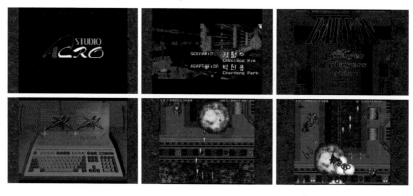

국내보다 해외에서 더 높이 평가받았던
비운의 작품

당시의 국산 PC 게임 중에서는 무척 준수한 만듦새의 슈팅 게임이었음에도 불구하고, 정작 국내에서는 그리 화제가 되지 못하고 오히려 해외에서 나름대로의 인정을 받았던 아쉬운 수작.

기본적으로는 〈라이덴〉 시리즈의 영향을 강하게 받은 것으로 보이는 비교적 전통적인 스타일의 종스크롤 슈팅 게임으로, 기본적으로 2인 동시 플레이를 지원하며 왓콤 C^Watcom C로 32비트 프로그래밍하여 스프라이트sprite 처리나 그래픽, 사운드가 안정적으로 구동되는 등 당시의 국산 게임으로는 상당한 완성도를 자랑했던 작품이었다. 독창성에는 아쉬움이 있으나 완성도는 좋았다고 평할 수 있겠다.

PC 통신에 올린 데모 버전이 화제가 되기도 했고, 셰어웨어 형태로 미국에 전파되어 다운로드 순위 9위를 기록해 화제가 되었다고 당시 게임 잡지에 언급되었다. 이후 대만, 미국, 독일, 동남아시아 등에 수출되어 현지에서 상품화되었다는 기록이 남아 있으나, 정작 국내에서는 PC 통신의 호평을 제외하고는 판매량 면에서 괄목할 만한 성과를 내지 못한 비운의 작품으로 끝났다.

이후 해당 작품의 프로그래머였던 김철수 씨가 이 게임의 엔진을 재활용해 의도적으로 대충 만든 그래픽과 사운드를 붙인 일종의 패러디 슈팅 게임 〈초썰렁〉을 PC 통신에 공개 소프트웨어로 올리기도 했으며, 세미콤Semicom에 의해 아케이드 게임으로 업그레이드 이식되어 1997년 〈바리온: 퓨처 어설트Baryon: Future Assault〉라는 타이틀로 출시되기도 하였다.

033

풀 메탈 자켓: 그 겨울의 시작

Full Metal Jacket

발매시기	1995년 11월
장르	액션 시뮬레이션
개발사	미리내 소프트웨어
유통사	팬텍
가격	38,000원
플랫폼	MS-DOS
매체	CD-ROM
주요사양	IBM PC 386DX 이상, 램 4MB 이상, HDD 16MB 이상, VGA, 사운드 블라스터

미리내 소프트웨어가 제작한
탑뷰 슈팅 게임

　화면 전체가 주인공의 기체를 중심으로 회전하는 독특한 느낌의 탑뷰 슈팅^{top} view shooting 게임이다. 게이머를 중심으로 회전하는 2D 슈팅 게임^{shooting game}이 없지 않았지만 대부분 배경이 우주였고 지상을 배경으로 하는 게임은 특히 드물었다.

　미리내에서 〈이즈미르〉 개발에 참여한 김성완 개발이사가 주축이 되어 8개월에 걸쳐 개발한 이 게임은 캐릭터가 방향 전환을 했을 때 오는 혼란스러움을 해결하기 위해 배경을 회전하면 어떨까라는 아이디어에서 시작했다. 당시 환경에서 배경의 회전은 기술적으로 쉽지 않은 도전이었기 때문에 무리하지 않고 안정적으로 완성시키는 데 집중했다고 후에 인터뷰에서 밝혔다. 그 외에도 FM 음원 대신 실제 샘플링된 음원을 사용하기도 했으며 출시 당시에는 12개의 미션만으로 출시했지만, 성과가 좋아 개발자들의 아쉬움을 담아 더 많은 미션과 더 많은 무기가 담긴 후속작인 〈풀 메탈 자켓 2^{Full Metal Jacket 2}〉(1996)도 출시됐다. 2019년에는 당시 개발에 참여했던 김성완 씨가 소스코드를 깃허브^{github}에 공개했다.

034

망국전기: 잊혀진 나라의 이야기

The Romance of Forgotten Kingdom

발매시기	1995년 12월
장르	RPG
개발사	미리내 소프트웨어
유통사	팬텍
가격	40,000원
플랫폼	MS-DOS
매체	5.25" 2HD 4장
주요사양	IBM PC 386DX 이상, 램 4MB, HDD 20MB 이상, VGA, 사운드 블라스터, MIDI

미리내 소프트웨어의 첫 RPG

1993년 한국정보문화센터(현 한국지능정보사회진흥원)에서 실시한 제1회 게임 시나리오 공모전 장려상을 받은 류재용(당시 중학교 2학년) 씨의 시나리오를 바탕으로 만든 RPG이다. 〈수퍼 샘통〉의 주요 개발진은 미리내 소프트웨어와 동일했지만 회사가 분사하면서 〈수퍼 샘통〉은 새론 소프트웨어의 이름으로 발매되었기 때문에 공식적으로 〈망국전기〉가 미리내 소프트웨어의 첫 RPG이다.

〈망국전기〉는 가상의 국가 율도국을 배경으로 한 홍길동의 후손 홍세영의 이야기이다. 게임을 즐겼던 이들은 시나리오를 중학생이 썼다는 사실에 놀랄 정도로 완성도 높은 시나리오였다. 지극히 한국적인 소재로 게임을 풀어나가며 곳곳에 숨겨놓은 재미있는 설정이 눈에 띈다. 캐릭터의 직업으로 무당, 도사, 선비 등이 포함된 것이 재미 요소 중 하나이다. 시나리오 분기가 있어서 멀티 엔딩을 볼 수 있었다. 다만 후반에 등장하는 몇몇 아이템 탓에 난이도가 급격히 낮아져 아쉬움이 남는다.

한국적인 소재로 콘텐츠를 만들면 의도치 않게 독창성 관련 평가가 엄격해지는 경향이 있다. 〈망국전기〉 역시 소재는 한국적이지만 진행 방식은 해외 게임과 크게 다르지 않다는 평가를 받곤 했다. '과연 한국적인 게임이란 무엇인가?'에 대한 질문을 남긴 게임이다.

035

운명의 길

The Tour of Duty

발매시기	1995년 12월
장르	RPG
개발사	드래곤플라이
유통사	SO System
가격	39,000원
플랫폼	MS-DOS
매체	FD, CD-ROM
주요사양	IBM PC 486 이상, 램 4MB 이상, HDD 40MB 이상, 사운드 블라스터, MIDI

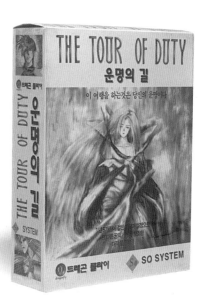

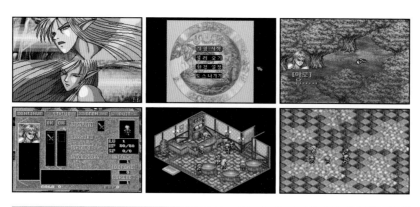

드래곤플라이의 첫 번째 RPG

게임스쿨Game School 수료생을 중심으로 창업된 회사 드래곤플라이Dragonfly가 제작한 첫 번째 게임이자 정통 RPG이다. 강사와 프로젝트 프로그래머, 그래픽 디자이너가 의기투합해서 제작한 이 게임은 회사의 첫 작품이었지만 당시 일반적으로 사용하지 않던 쿼터뷰quarter view를 사용하였으며 3차원 효과를 각 캐릭터의 특수 기술에 사용했다. 또한 배의 이동에는 복셀 스페이스 기법을 사용하고 새로운 음원 기술을 사용하는 등 여러 가지 새로운 시도를 했다. 쿼터뷰 그래픽을 사용하며 주인공들 역시 4 방향이 아닌 8 방향으로 움직이며 이에 따른 애니메이션들이 따로 준비됐다. 주인공이 8명이라는 다른 게임에 비해 많은 편의 숫자인 것도 특징이었는데, 이 중 대부분이 사망하는 충격을 안겨주었다.

다만 상업적인 성과를 얻는 데는 실패하여 5명의 개발자 중 2명이 그만두었지만 이후 적극적으로 3D를 사용한 RPG인 〈카르마Karma〉(1997)를 출시하며 재기에 성공하여 〈운명의 길〉 후속작인 〈벨퍼어기스 나이트Walpurgis Night〉(1999)를 제작했다. 초기에는 '운명의 길 2' '운명의 길 3D'로 소개된 〈벨퍼어기스 나이트〉에는 만화가 황미나가 캐릭터 디자인으로 참여했다. 이후 드래곤플라이는 온라인 게임인 〈스페셜포스Special Force〉(2004)로 크게 알려졌다.

036

지클런트

Zyclunt

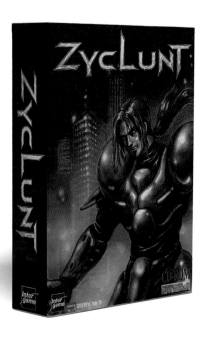

발매시기	1995년 12월 26일
장르	횡스크롤 액션
개발사	판타그램
유통사	미원정보기술
가격	39,000원
플랫폼	MS-DOS
매체	CD-ROM
주요사양	IBM PC 386 이상, 램 4MB 이상, HDD 25MB 이상, 조이스틱 지원, 사운드 블라스터

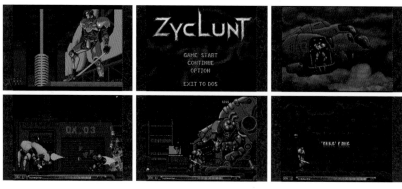

일본에 수출된 첫 국산 PC 게임

지클런트의 개발을 맡은 판타그램^{Phantagram}의 이상윤 대표와 주요 멤버는 1989년 정부가 교육용 PC로 16비트 컴퓨터를 지정하기 전인 8비트 컴퓨터 시절부터 게임을 만들어온 실력파로서 고등학생 신분으로 MSX 게임 〈대마성^{Legendly Knight}〉(1988)을 개발한 바 있는 '뉴에이지 팀'이 그 원점이다.

타이틀명인 '지클런트'는 퇴역한 베테랑으로 구성된 용병 단체 이름이다. 주인공인 소우^{SOU}가 첫 번째 임무를 맡으면서 게임은 시작된다. 출시했을 때 게임의 내용보다는 기술력에 대한 홍보가 더 많았다. 판타그램뿐만 아니라 동시대에 게임을 출시했던 게임의 홍보 방식이기도 했는데, 프로그래머 중심으로 게임계가 돌아가고 있었음을 보여준 단면이다. 당시 자료를 찾아보면 '스프라이트 한계 극복!' '다중 스크롤!' 등의 문구를 많이 볼 수 있다. 〈지클런트〉는 PC에서 구현한 콘솔 게임 급의 액션 게임이라고 평가할 만큼 미려한 모습을 보여준다. 다만 높은 난이도와 단순한 주인공의 액션이 단점으로 꼽힌다.

1995년 12월 국내 출시를 시작으로 1996년 9월 일본과 서양에 게임을 수출했고 국내는 DOS용이었지만 서양 버전은 윈도우용으로 출시했다. 일부 해외 팬은 DOS 버전이 일본에서 만들어진 것이라고 오해하기도 한다. 윈도우 버전에서 초기 오프닝 영상이 변경되고 스테이지가 추가됐기 때문에 사실상 윈도우 버전이 게임의 결정판이 됐다. DOS 버전이 총 6 스테이지, 윈도우 95 버전이 총 7 스테이지이며, DOS 버전의 2 스테이지가 3 스테이지로 바뀌었고, 2 스테이지로는 'JUNK YARD' 스테이지를 추가했다.

〈지클런트〉의 성공을 발판으로 판타그램은 〈킹덤 언더 파이어〉 시리즈를 제작하면서 한국 게임의 역사에 한 획을 긋는다.

PC 통신과 아마추어 게임

▶ 〈스트리트 파이터 2〉(좌), 〈또다른 지식의 성전〉(중), 〈호랑이의 분노 2〉(우)

　전화를 이용하여 모뎀을 통해 텍스트로만 이루어진 터미널에 접속하던 PC 통신을 언급하기 전에 PC 통신이 없었던 시절을 회상해보자. 전국에 있는 많은 아마추어 S/W 클럽은 당시 유행하던 컴퓨터 관련 잡지를 통해 회원을 모집했다. 그렇게 모인 회원끼리 가지고 있는 정보와 개발에 관한 노하우를 공유하고 있었다. 점조직 형태처럼 존재했고 지금처럼 핸드폰이나 인터넷이라는 네트워크망이 발달해 있지 않았기 때문에 기술 공유 속도는 거북이처럼 더디기만 했다. 하지만 모뎀의 등장과 함께 VT 서비스(하이텔(케텔), 나우누리, 천리안)가 시작되면서 정보의 대량 유통이 가능해졌고 기술 공유 속도가 비약적으로 빨라졌다. 그동안 음지에서 활동하던 고수들은 수많은 갤러리(구경꾼)들이 존재하는 가상의 터미널에서 자신의 실력을 뽐내며 주목받기 시작했다.

　당시 하이텔 내에서 동호회 형태로 존재하던 '게제동(게임제작자동호회)'에서는 많은 스타 개발자들을 배출했다. 데브캣의 김동건 씨, 펄어비스의 김대일 씨, IMC게임즈의 김학규 씨, 웹젠 전 CTO 조기용 씨, 넷마블 몬스터의 김건 씨, 엔트리브 전 대표 서관희 씨 등이 아마추어 시절 '게제동'에서 활동하던 회원이었다. 게제동에서 활동하던 많은 아마추어 개발자들은 초기 한국 게임 산업을 지탱해주는 대들보 같은 역할을 했다.

당시 만들어진 아마추어 게임 중에는 상업적인 게임 못지 않게 많은 유저의 사랑을 받은 게임이 존재했다. 별바람 김광삼 씨의 〈호랑이의 분노〉(1991), 정영덕 씨의 〈스트리트 파이터 2 Street Fighter 2 JYD Version〉(1992), 안영기 씨의 〈또다른 지식의 성전〉(1993) 등을 들 수 있다. 그중 정영덕 씨의 〈스트리트 파이터 2〉는 캡콤의 유명 게임 〈스트리트 파이터 2 Street Fighter 2〉(1991)를 모방한 게임이었지만 소스코드를 모두 공개함으로써 초창기 국내 게임 산업의 기술적 성숙도를 한 단계 업그레이드 시켜주는 지대한 공을 세웠다.

국산 게임의 밑바탕에는 아마추어 개발자들의 헌신과 노력이 있었고, 그것이 오늘날 전 세계 게임 산업을 호령하는 대한민국을 만들어주는 계기가 됐다. ●장세용

1996

아마게돈: 혼돈 속으로 Armageddon

불기둥 크레센츠 Astrocounter of Crescents

프로토코스: 신들의 예언서 Protocoss

야화 Yahwa

극초호권 The Eye of Typhoon

창세기전 II The War of Genesis II

달려라 코바 Coba on the Run

037

아마게돈: 혼돈 속으로

Armageddon

발매시기	1996년 1월
장르	3D 액션 시뮬레이션
개발사	미리내 소프트웨어
유통사	팬텍
가격	40,000원
플랫폼	MS-DOS
매체	CD-ROM
주요사양	IBM PC 486SX 이상, 확장 메모리 4MB 이상, HDD 150MB 이상, 마우스 또는 스탠다드 조이스틱, 사운드 블라스터

이현세 작가의
『아마게돈』의 게임화

　1996년 1월에 개봉한 이현세 작가 원작의『아마게돈』애니메이션을 게임화한 것이 〈아마게돈〉이다. 자체 제작한 3D 엔진인 Realspace 3D ver 1.0을 기반으로 만들어졌다. 해당 게임의 메인 프로그래머는 2000년에 설립된 게임 업체인 웹젠Webzen의 부사장으로 잘 알려진 조기용 씨이다.

　게임은 엘카군 1-2함대의 사령관이 돼 외계인군 이드를 물리치는 과정(총 12미션)을 그렸다. 적의 함대와 격전의 준비를 하는 시뮬레이션 모드와 실제로 전투기를 컨트롤하며 적과 전투를 벌이는 플라이트 모드로 나뉘어졌다. 오리진 시스템의 〈윙 커맨더〉 스타일의 게임에 3D 폴리곤3D polygon을 더해 자유도를 높였다고 볼 수 있다.

　당시 미리내 소프트웨어는 2D에서 3D로 넘어가는 과도기 형태의 게임을 많이 선보여 동시대의 다른 업체보다 한 단계 높은 기술력을 과시했다.

038

불기둥 크레센츠

Astrocounter of Crescents

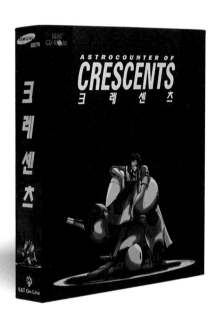

발매시기	1996년 6월
장르	횡스크롤 액션
개발사	S&T 온라인(오브젝트 스퀘어)
유통사	삼성전자
가격	44,000원
플랫폼	MS–DOS
매체	CD–ROM
주요사양	IBM 486DX 이상, 램 4MB 이상, 2배속 이상 CD–ROM 드라이브, SVGA 대응 컬러 모니터, 사운드 블라스터

8비트 키드들이 제대로 만든 로봇 액션 게임

〈불기둥 크레센츠〉는 데브캣 스튜디오devCAT studio의 개발본부 본부장으로 더 많이 알려진 김동건 씨가 개발한 첫 상업용 게임이다. 고등학생 때부터 사용한 touken이라는 ID로 PC 통신에 직접 만든 VGA용 게임 라이브러리를 공개하기도 했다. 게임으로 이름을 알리기 시작한 것은 아마추어 제작자 시절인 1994년 MSX 게임인 코나미의 〈파로디우스다!Parodius Da!〉(1990)를 패러디해 제작한 슈팅 게임 〈85되었수다!〉가 화제가 되면서부터다. 이때 이미 직접 자작한 '비주얼 쇼커Visual shocker'라는 이름의 게임 엔진을 활용했다고 한다. 이를 수정을 거듭해 버전 2.0이 돼서야 〈불기둥 크레센츠〉를 완성할 수 있었다. 참고로 〈85되었수다!〉는 버전 0.8일 때 완성했다고 한다.

〈불기둥 크레센츠〉가 기존의 국산 게임과 다른 점은 제한된 컬러 수로 상당히 세련된 이미지를 보여준다는 점이다. 8비트나 16비트로 만든 해외 게임들이 한정된 기기의 성능 안에서 한계를 뛰어넘기 위해 선보이는 세련된(또는 계산된) 디자인과 그 맥을 같이 한다. 몇몇 적의 경우 동작 하나에 4 프레임 미만으로 액션을 구현하기도 했는데, 게임을 하다 보면 적은 프레임이지만 재미있는 액션과 타격감을 보여줘 제작자의 센스가 돋보인다.

게임 난이도는 1 스테이지 보스부터 상당수의 유저가 포기하지 않을까 생각될 정도로 친절하지 못한 편이다. 하지만 '가지고 논다'는 게임의 기본 개념을 제일 잘 지킨 게임 중 하나이다. 보스가 아닌 일반 적과의 액션 호흡이 놀랄 만큼 재미있어 시나리오 진행 없이 적과의 싸움만으로도 재미를 느낄 수 있다.

판매량은 3천장 정도로 알려졌다. 첫 발매 후 장난으로 집어넣은 욕설 음성 데이터가 제품판 초판에까지 실려 발견됨으로써 논란이 돼, 국내 게임 최초의 리콜 사례가 된 점도 판매량에 어느 정도 영향을 끼친 듯하다. 욕설 음성은 게임을 하던 중 CD를 추출하면 출력되나 리콜 이전의 초판에서만 들어볼 수 있다.

주요 개발 스태프 김동건, 이은석, 이원은 〈가이스터즈Geisters〉(1998) 개발에 참여했으며, 그중 이은석 씨는 손노리에 입사해 〈화이트데이: 학교라는 이름의 미궁White day: A labyrinth named school〉(2001) 디렉터로도 참여했다. 이후 그들은 넥슨 NEXON의 대표 게임 〈마비노기Mabinogi〉(2004)를 개발하는 핵심 멤버가 된다.

039

프로토코스: 신들의 예언서

Protocoss

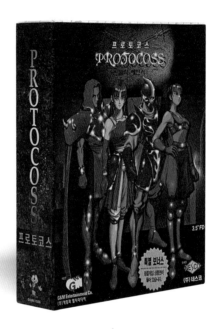

발매시기	1996년 7월
장르	RPG
개발사	게임과 멀티미디어
유통사	네스코
가격	44,000원
플랫폼	MS-DOS
매체	3.5" 10장(디스켓 버전), CD-ROM(CD 버전)
주요사양	IBM PC 386 이상, 램 4MB 이상, VGA, 사운드 블라스터

그래픽과 사운드가 뛰어났던 국산 RPG

　네오 아트Neo Art라는 팀으로 〈트윈스Twins〉(1995)를 출시했던 개발자들이 아모스AMOS라는 이름으로 팀명을 바꿔 게임과 멀티미디어에서 제작한 RPG이다. 좋은 그래픽과 사운드로 발매 전부터 기대를 모았다. 프로토코스는 히브리어 방언으로 장자長子를 뜻한다고 소개되었지만 실제로는 히브리어 장자의 그리스어 번역으로 추정된다. 여러 사물과 주인공이 대화가 가능했고, 일본 인기 게임 〈파이널 판타지Final Fantasy〉(1987)를 연상케 했던 사이드뷰의 실시간 전투도 반응이 좋았다. 단순히 마법만 존재했던 여타 RPG와 달리 신법, 인법, 마법 등 여러 가지 기술이 존재할 뿐 아니라 다양한 소환수들이 등장했으며, 이러한 소환수들은 게임 진행에 필수적이지는 않아 파고들기 요소로 작용했다.

　게임 중간에 등장하는 기계 도시 자렘같이 만화 『총몽』(문학동네, 2020)의 영향을 직접적으로 받은 배경도 등장했으며 자렘에서는 〈버추어 파이터〉에서 등장하는 아키라를 소환수로 얻을 수 있는 방법이 숨겨져 있었다. 이뿐만 아니라 리타이어하는 동료 등 당시 각종 콘텐츠나 시대상의 영향이 있는 콘텐츠도 숨어 있는 등 다른 국내 RPG와 차별화된 요소가 많았다. 하지만 이 이후 게임과 멀티미디어는 개발팀을 해체하고 게임 영업에 주력했다.

040

야화

Yahwa

발매시기	1996년 8월
장르	전략 아케이드
개발사	FEW
유통사	멀티시티
가격	41,000원
플랫폼	MS-DOS, 윈도우 95(야화 플러스)
매체	CD-ROM
주요사양	IBM PC 486 이상, 램 8BM 이상, 640x480모드 VESA 지원 그래픽 카드, 2배속 이상 CD-ROM 필수, 애드립, 사운드 블라스터, MIDI

일제 강점기를 무대로 한
복합 장르의 액션 게임

〈야화〉는 〈장군將軍〉(1996), 〈천상소마영웅전天上小魔英雄傳〉(1996) 등을 제작한 FEWFuture Entertainment World에서 내놓은, 국내에 몇 안 되는 우리나라 역사를 다룬 액션 게임이다.

'장군의 아들'로 유명한 김두한과 당시 유명했던 깡패들이 등장한다. 게이머는 김두한과 시라소니 중 하나를 선택해 1930년대 경성을 차지했던 일본 깡패를 몰아낸다는 스토리이다. 단순히 액션 요소만 있는 게임이 아니다. 조직 관리라는 요소가 들어가면서 부하의 충성도 관리부터 가게를 보호하는 것까지 신경 써야 할 게 많은 본격적인 전략 게임이기도 하다. 전투는 벨트스크롤 액션으로 이루어졌지만 캐릭터의 성장이나 아이템은 전략 파트의 결과물에 달려 있어 쉽다는 의견과 어렵다는 의견이 공존한다.

3D로 렌더링된 캐릭터를 스프라이트로 활용한 2D 캐릭터로 게임 그래픽을 구성했다. 2D 게임에 비해 좋은 그래픽은 아니었지만 데포르메한 캐릭터와 배경이 좋은 평가를 받았다. 난이도를 낮추고 콘텐츠를 수정한 확장 버전 〈야화 플러스Yahwa Plus〉(1997)가 발매됐고 후속작인 〈도쿄야화〉 시리즈로 이어졌다.

041

극초호권

The Eye of Typhoon

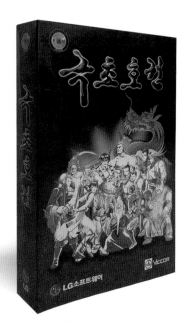

발매시기	1996년 12월
장르	대전 격투
개발사	빅콤
유통사	LG소프트웨어
가격	39,000원
플랫폼	MS-DOS
매체	CD-ROM
주요사양	IBM PC 486 이상, 램 8MB 이상, HDD 45MB 이상, VGA, 사운드 블라스터

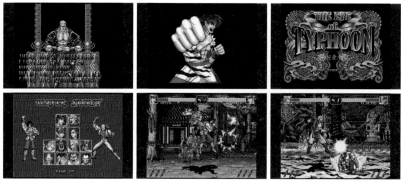

너무 늦게 세상에 선보인
국산 대전 격투 게임의 수작

　1990년대 당시 일본 SNK의 한국 공식 판매 대행사로 가정용 게임기 네오지오
Neo Geo의 국내 유통 및 SNK의 업소용 게임 시스템 MVS와 SNK의 인기 대전 격
투 게임들을 국내에 공급하여 국내 아케이드 업계에서 큰 영향력을 행사했던 빅
콤Viccom 사의 오리지널 개발작. 빅콤은 SNK의 기술 제휴 하에 일찍부터 자체 개
발팀을 두고 국산 대전 격투 게임 개발을 시도해, 1994년 〈왕중왕Fight Fever〉을 개
발 완료하여 출시한 실적이 있다. 〈왕중왕〉은 당시 국내 기술로는 크게 노력한 게
임이었으나, 자체 개발 첫 작품답게 당대의 일본 대전 격투 게임들과 견주기엔 무
리가 있었다. 반면 〈극초호권〉은 훨씬 원숙해진 퀄리티와 기본적인 것에 충실한
완성도를 보여주어 실제로 즐긴 사람 사이에서는 호평을 받았다.

　원래 〈왕중왕〉과 마찬가지로 MVS 시스템으로 개발 중이었고 인컴 테스트 단
계까지 도달했을 정도의 완성도였다고 하나, 어떤 이유에서인지 아케이드 출시가
백지화되고 곧바로 이식으로 넘어가 최종적으로는 1996년 PC와 3DO로만 국내
에 발매되었다. 이마저도 게임의 발매가 널리 홍보되지 못했고 유저들의 기대도
도 낮아 판매량은 적었던 것으로 보이나 후일 제대로 즐겨본 게이머들에 의해 숨
겨진 수작으로 재평가를 받았다. 좀 더 일찍 세상에 나왔다면 더 좋은 실적을 거
뒀을지도 모르는 아쉬운 작품이다.

042

창세기전 Ⅱ

The War of Genesis II

발매시기	1996년 12월 10일
장르	SRPG
개발사	소프트맥스
유통사	하이콤
가격	44,000원
플랫폼	MS–DOS
매체	3.5" 2HD 10장 / CD–ROM
주요사양	IBM PC 486DX 이상, 램 8MB 이상, 2배속 이상 CD–ROM, HDD 70MB 이상, VGA
저작권자	LINE Games Corporation

한국 PC 패키지 게임 시장의
확장을 가져온 RPG

〈탄생Debut〉(1993), 〈요정전설Mercurius Pretty〉(1994) 등을 한국어화하고, 〈리크니스〉, 〈스카이&리카Sky&Rica〉(1995) 등을 개발한 소프트맥스에서 처음으로 본격적인 RPG에 도전하여 1995년 12월 출시했던 〈창세기전The War of Genesis〉의 정식 후속작이다. 〈창세기전〉은 발매 당시 '제네시스'라는 이름으로 소개됐지만 최종적으로 '창세기전'이라는 타이틀로 발매됐다.

게임 초반에 버그가 많았지만 플레이할 수 있는 다양한 인물과 함께 국가 간 전쟁을 보여주는 이야기는 많은 사람에게 인기를 끌어 이후 '창세기전' 브랜드가 한국 게임을 대표하는 브랜드로 자리잡았다. 〈창세기전〉이 개발 도중 분량으로 인해 1, 2편으로 나누어 내기로 결정되면서 이야기의 절반만을 담고 후속으로 이어지는 엔딩이었기 때문에 원래 〈창세기전 II〉는 〈창세기전〉에서 이어지는 후속편이어야 했으나 〈창세기전〉의 스페셜판 개발이 중단되고 〈창세기전 II〉에 통합되면서 〈창세기전〉의 스토리가 〈창세기전 II〉에 포함되어 〈창세기전 II〉를 하나의 작품으로 보는 경우가 많다.

〈창세기전 II〉도 각종 버그에서 자유로울 수는 없었다. 하지만 CD에 배경음악을 직접 수록해 뛰어난 음질의 배경음악을 즐길 수 있었으며, 패키지에 룬 문자를 조합하는 마법 시스템인 마법일람표를 제공했고 원하는 캐릭터를 자유롭게 전직시킬 수 있는 전직 시스템, 게임에서 압도적인 힘과 크기를 자랑하는 마장기 등 게이머를 사로잡는 요소가 매우 많았다. 『바람의 나라』 등으로 유명한 만화가 김진이 캐릭터 디자인에 참여했으며 작가가 직접 『V 챔프』에서 만화로 연재해 단행본 2권으로 출간됐다.

043

달려라 코바

Coba on the Run

발매시기	1996년
장르	아케이드
개발사	동서산업개발
유통사	동서게임채널
가격	오픈 프라이스
플랫폼	윈도우 95, 윈도우 98
매체	CD-ROM
주요사양	IBM PC 펜티엄 75 이상, 램 16MB 이상, HDD 15MB 이상, 4배속 이상 CD-ROM, DirectX 6.0 이상

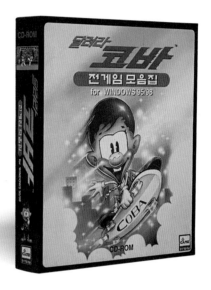

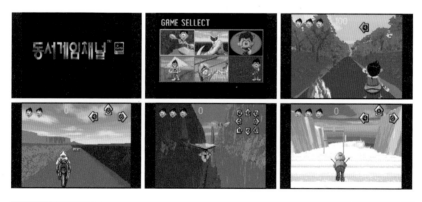

한때 지상파 TV에서
'게임 방송'을 다투어 하던 시대가 있었다

1990년대 중반은 윈도우 95라는 날개를 단 펜티엄 멀티미디어 PC의 보급률이 하늘을 치솟고 PC 소프트웨어 산업이 전반적으로 크게 활성화된 시기로, PC 게임도 급속도로 대중화되어 국산 PC 게임 업계도 활발하게 움직였던 약동기였다. 이런 시대 분위기에 부응하듯 공중파 TV 방송국들도 다투어 국내 게임사와 협업하여 저녁 황금시간대에 생방송 게임 쇼를 진행했다는 진기한 사례를 남겼다.

당시의 양대 경쟁 프로가 KBS의 〈생방송 게임천국〉과 SBS의 〈달려라 코바〉로, 전자가 패밀리 프로덕션 등 당시의 유력 개발 업체와 연계하는 형식을 취한 반면 후자는 동서게임채널과 전면 협업하여 코바 캐릭터의 디자인부터 방송용 게임 제작까지 동서게임채널에서 모두 맡는 형식을 취했다. 이 방송을 위해 제작되었던 아케이드 게임 12종(카누, 모터사이클, 행글라이더, 스키, 우주선, 마법의 동굴, 지하터널, 황소, 태권도, 스케이트보드, 롤러코스터, 부메랑)을 합본해 단독 구동 패키지화하여 프로 종료 후 판매한 상품이 이 소프트다.

방송에 사용된 게임은 전화로 시청자 참여를 받아 연결된 시청자가 전화기 버튼으로 생방송 화면을 보며 조작하는 플레이를 상정해 제작했으므로 모두 키보드의 키패드만으로 조작할 수 있도록 디자인한 초보적인 액션 게임 수준이다. 하지만 당시의 어린이 사이에선 제법 인기를 끌었으니 게임의 재미를 방송으로나마 알려주는 데 일정 정도 공헌했다는 의의가 있다 하겠다.

김동건

Kim DongGun

>> **컴퓨터를 시작한 계기가 궁금합니다.**

컴퓨터를 처음 본 건 같은 아파트의 중학교 선생님 댁이었어요. 컴퓨터가 처음 보급되었던 때였는데 학생들에게 가르쳐야 했죠. 그래서 방학 동안 공부하시려고 컴퓨터를 집에 두셨습니다. 금성 패미콤 FC-80이었어요. 너무 신기해서 매일 선생님 댁에 갔습니다. 심지어 선생님께서 휴가를 갈 때도 선생님 댁에 가서 컴퓨터를 했습니다. 집안 형편이 그리 좋은 편은 아니었는데 어머니께서 저의 그런 모습을 보고 너무 미안하다고 생각해 컴퓨터를 사주셨어요. 첫 컴퓨터는 로얄컴퓨터에서 나온 애플 II 호환 기종이었습니다.

>> **만든 게임 중에 MSX 게임을 패러디한 것들이 있어서 막연하게 MSX 컴퓨터를 가지고 있었을 것이라고 생각했는데 의외네요.**

MSX 게임은 재미있어서 친구 집에서 많이 했습니다. 저는 애플 컴퓨터를 가지고 있으니 오히려 많은 자극이 되었습니다. 애플로 MSX에서 돌아가는 것처럼 구현을 해봤던 게 많은 도움이 되었죠. 애플에서 뭔가를 구현하려면 어셈블리어^{assembly} _{language}로 다 만들어야 하다 보니 오히려 컴퓨터를 더 잘 알게 되었습니다.

>> **애플 컴퓨터에서 IBM PC로 넘어가게 된 계기는 무엇인가요?**

중학교 2학년때 컴퓨터 경진 대회를 나가게 되었습니다. 당시에는 본인의 컴퓨터를 직접 들고 와서 문제를 풀었어요. 다들 16비트 컴퓨터를 들고 왔고 저만 애플 컴퓨터를 들고 갔죠. 제 실력이 부족해서 경진 대회에서 상은 못 탔는데 어머니는 컴퓨터 때문에 떨어졌다고 여기서서 가슴 아프셨던 것 같더라고요. 이 사건 이후로 IBM PC로 넘어갔고 고등학교 1학년 때 다시 컴퓨터 경진 대회를 나가 대상을 타고 이 상 때문에 카이스트KAIST에 진학을 하게 되었습니다.

>> 〈불기둥 크레센츠〉의 스태프였던 이원 씨와 이은석 씨를 처음 만난 과정이 궁금합니다.

카이스트의 산업디자인학과 신입생 오리엔테이션에서 선배들이 자기소개를 시켰습니다. 제 차례가 돼 게임을 만들기 위해 왔다고 소개했는데, 옆에서 이은석 씨가 자기도 게임을 만들고 싶어서 왔다고 하더군요. 그렇게 처음 만났습니다. 이원 씨는 이은석 씨와 어렸을 때부터 알던 사이라 이은석 씨 소개로 만났습니다.

▶ 아마추어 시절 이은석 씨와 함께 제작한 게임 〈삭제되었수다〉

>> 〈불기둥 크레센츠〉는 어떻게 시작이 된 프로젝트인가요?

하이텔 '게제동'에서 게임을 만들자는 프로젝트를 진행했었습니다. 그때 멤버가 김학규 씨, 이현기 씨, 김세용 씨, 권구희 씨였습니다. 당시에 줌Zoom의 〈제노사이드Genocide〉(1989)가 굉장히 좋아 보여서 비슷한 게임을 만들려고 했습니다. 통신상으로 협업을 하기로 하고 시작한 프로젝트였지만 한 명씩 빠지더니 결국 저만 남아서 혼자 만들게 되었습니다.

　학교 기숙사에서 만드는 걸 이은석 씨가 보고 같이 하자고 해서 합류했습니다.

이렇게 한참을 만들다가 어느 정도 돌아가게 만들었지만 완성은 어려워 보였습니다. 그때 카이스트 선배인 S&T 온라인의 윤석민 씨가 자금을 댈 테니 게임을 계속 만들어보자고 했고 게임을 완성할 수 있었습니다.

>> 개인적으로 〈불기둥 크레센츠〉를 국산 게임 중 몇 안 되는 완성도 있는 게임으로 평가하고 싶은데요. 게임을 완성한 후 함께 게임을 만들어보자는 오퍼는 없었나요?

저는 게임을 매끄럽게 완성했다는 느낌은 없었어요. 그리고 그때 당시 많이 지쳤던 것 같습니다. 개발에 오랜 시간이 걸리고 만드는 환경도 썩 좋지 않았던 신촌 반지하 사무실에서 먹고 자면서 만들어 건강도 나빠졌고요. 따로 오퍼가 온 건 없었습니다.

>> 리콜 사태가 판매량에 영향을 끼쳤나요?

영향을 끼쳤을 겁니다. 돈을 많이 물어줬다고 알고 있어요. 저도 얼마 받지 않은 돈을 도로 내놔야 했었습니다.

>> 〈불기둥 크레센츠〉의 공개되지 않은 에피소드가 있을까요?

〈불기둥 크레센츠〉로 만든 미공개 대전 게임이 있습니다. 매일 이은석 씨랑 두 시간 정도 플레이 한 후에 일을 시작하곤 했습니다. 상당히 통쾌한 게임이었어요. 때릴 때마다 보이스로 '빠샤 빠샤 빠샤' 하는 효과음이 나왔고 죽을 타이밍에는 슬로우로 '빠~~~ 샤~~~' 하는 연출이 일품이었습니다.

>> 〈가이스터즈〉를 시작한 배경이 궁금합니다.

〈가이스터즈〉는 우리가 시작한 게 아닙니다. 제가 만들었다고 하기도 민망한 작품이에요. 채널4라는 광고용 CG 제작 회사에서 영화 같은 게임을 만들고 싶다고 외주 제의가 왔습니다. 그래서 학교를 다니며 작업했고 한 달에 한 번 올라가서 작업들을 프레젠테이션했습니다. 그런데 하다 보니 프로젝트가 커졌고 변경되기도 했었습니다.

처음에는 데이터 이스트Data East의 〈로드 블라스터Road Blaster〉(1985)처럼 동영상이 분기되는 간단한 게임으로 시작했는데, 어느새 〈바이오하자드〉 같은 걸 만들자는 프로젝트가 되고 말았습니다. 이은석 씨와 제가 프로그래밍 아르바이트를 하는 수준의 프로젝트였고 게임 디자인이나 기획은 관여하지 못했습니다.

≫ 〈가이스터즈〉 때 처음 3D 프로그래밍을 한 것으로 알고 있습니다.

Direct3D가 초창기일 때였습니다. 자신의 정체성을 한참 확립하려고 할 때였는데 당시 Direct3D에는 IM 모드와 RM 모드가 있었습니다. 〈가이스터즈〉가 RM 모드로 출시된 유일한 게임인 것으로 알고 있습니다.

≫ 두 게임 외에도 직접 만든 패키지 게임이 있으신가요?

공개하지 않은 습작이 몇 개 있으나 출시한 게임은 두 개 외에는 없습니다. 〈가이스터즈〉가 끝난 후 졸업하고 연구원으로 1년 정도 있다가 2000년 1월 1일에 넥슨에 입사했습니다.

≫ 넥슨에 입사한 계기가 궁금합니다.

김정주 사장님과 넥슨 초창기 멤버였던 김상범 선배님이 찾아오셔서 입사를 권유했습니다. 당시 MMORPG를 만들고 싶었고, 〈바람의 나라〉(1996)가 실제로 동작하는 것을 보니 서버 기술이 궁금해졌습니다. 또 배워보고 싶은 것도 있어 입사하게 됐습니다.

그런데 막상 입사하니 일을 주지 않았습니다. 당시 넥슨 안에서는 제안서나 기획서가 존재하지 않던 시절이었습니다. 제대로 된 포맷으로 〈마비노기〉(2004) 기획서를 만들어서 제안했고 통과돼 〈마비노기〉를 만들 수 있었습니다.

▶ 마비노기

≫ PC에서 온라인으로 넘어간 계기가 궁금합니다.

온라인 게임이 굉장히 재미있었습니다. 제일 처음 접해본 온라인 게임은 카이스트 전산실에 깔려 있던 〈둠〉이었습니다. IPX로 연결돼 있었는데 데스매치 deathmatch 플레이가 아주아주 재미있었죠. 이때 온라인 게임 플레이에 상당히 충격을 받았습니다. 또 학교의 대형 컴퓨터에서는 MUD multi user dungeon 게임이 항상 실행되고 있었습니다. 터미널에서 항상 누군가가 MUD 게임을 하고 있었던 것을 보면서 텍스트 MUD 게임을 그래픽으로 만들면 대박 날 수 있겠다는 생각을 했습니다.

≫ 싱글 게임이나 콘솔 게임을 만드실 생각은 없나요?

현재 몸담고 있는 데브캣 안에서는 온라인 게임을 계속 만들 것 같습니다. 먼 미래에 퇴직을 한다면 비로소 제게 재미가 있었던 게임을 만들 것 같아요. 지금도 취미로는 애플과 MSX 프로그래밍을 하고 있습니다. 언젠가 유튜브에서 술을 같이 마셔주는 로봇을 보고 제작자 사이트에 방문한 적이 있습니다. '세상을 행복하게 만들어주는 물건을 만들고 싶다'는 문구를 읽고 감동을 받았습니다. 퇴직해서 게임을 만든다면 아무도 투자를 할 것 같지는 않지만 그때 제가 감동받았던 문구처럼 따뜻한 이야기가 있는 게임을 만들어보고 싶다는 생각을 막연하게 하고 있습니다.

≫ 게임 제작을 꿈꾸는 지망생에게 한 말씀 부탁드리겠습니다.

게임 제작은 즐거움을 대량 생산할 수 있는 일입니다. 한 명이 알고 있는 즐거움을 수많은 사람이 느낄 수 있게 만드는 일, 그것이 게임을 만드는 의미가 아닐까 합니다. 게임 개발자의 길이 때로 힘들기도 하고 늘 순탄치는 않습니다. 그러나 그때 어딘가 내가 전하고 싶은 즐거움을 같이 느낄 사람이 있을 것이라는 믿음을 등불 삼아 잘 헤쳐 나가길 바랍니다. 게임 개발이 너무 쉬워져도 재미가 없으니까요.

〈달려라 코바〉와
〈생방송 게임천국〉

　국내에서 지상파에서 본격적으로 컴퓨터 게임이 등장한 정규 TV 프로그램은 SBS의 〈달려라 코바〉와 KBS의 〈생방송 게임천국〉이다. 비슷한 시기에 시험 방송을 한 후 〈달려라 코바〉는 1994년 10월 24일부터, KBS의 〈생방송 게임천국〉은 10월 15일부터 방송을 시작했다.

　미스코리아 출신 탤런트였던 김예분 씨가 진행했던 〈달려라 코바〉는 동서게임채널에서 제작한 게임들을 생방송으로 진행했다. 전화로 연결한 시청자가 직접 전화기의 키패드로 게임을 진행하는 식이었으며 매일 짧은 시간 동안 게임을 생중계하는 방송이었다. 〈생방송 게임천국〉은 아나운서 출신의 인기 MC였던 손범수 씨가 다양한 게스트와 함께 미리내 소프트웨어가 제공한 다양한 게임을 50분에 걸쳐 생중계로 연결한 시청자와 함께 진행하는 형태를 취했다.

　〈달려라 코바〉는 동서게임채널에서 처음부터 TV 프로그램을 목적으로 제작되었기 때문에 간단한 조작으로 진행이 가능했다. 별도로 2만 5천 원에 판매했고, 동서게임채널이 만든 잡지 『게임채널』에서 게임 CD를 부록으로 제공하기도 했다. 실제로 생방송이 아니었다는 증언도 있으나 확인된 바는 없다. 〈생방송 게임천국〉은 손범수 씨가 실제 전화 연결이 되지 않아 당황하는 모습을 유튜브에서 확인할 수 있기도 하다.

두 프로그램 모두 1996년 3월 방송을 종영했다. 〈달려라 코바〉는 종영한 후 한겨레정보통신에서 만든 〈날아라 호킹〉(1996)을 사용해 게임 방송의 바통을 이어 받았다. 1990년대 중반은 컴퓨터에 대한 대중의 관심을 보여주던 시기였으며 게임 방송의 가능성을 보여줬던 사례라고 할 수 있다. ◉오영욱

1997

아트리아 대륙전기 The Story of ATRIA Land

귀천도 The Gate of Destiny

컴백 태지 보이스 COME BACK TaijiBoys

네크론 The Necrons

신혼일기 Newly Weds

코룸 Corum

디어사이드 3 Deicide 3

캠퍼스 러브 스토리 Campus Love Story

스톤엑스 Stone Axe

마법의 향수 Nostalgia of Magic

임진록 Imjinrok

도쿄야화 Tokyo Yahwa

카르마: 불멸의 분노 Karma: Immortal Wrath

포가튼 사가 Forgotten Saga

드로이얀 Droiyan

044

아트리아 대륙전기

The Story of ATRIA Land

발매시기	1997년 1월
장르	액션 RPG
개발사	재미시스템개발
유통사	코가유통
가격	44,000원
플랫폼	MS-DOS
매체	CD-ROM 2장
주요사양	IBM PC 486DX-66 이상 (권장 펜티엄 90), 램 8MB 이상(권장 16MB), HDD 81MB 이상(최대 194MB), VESA 1.2, 2배속 이상 CD-ROM, 사운드 블라스터

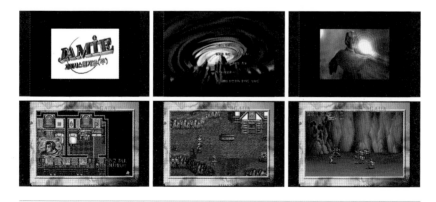

재미시스템개발의 첫 번째 게임이자
인기 있던 액션 RPG

〈액시스^{AXIS}〉(2001) 등을 개발한 재미시스템개발의 첫 번째 게임이다. 액션 RPG^{action role-playing game}이면서도 필드에서 이동과 전투가 한곳에서 이루어지는 것이 아니라 필드 화면에서 적과 만나면 사이드 뷰의 액션 게임으로 전환되는 것이 특징이었다. 필드 화면의 캐릭터와 액션 게임의 캐릭터와의 등신대 차이가 커서 느낌의 차이가 있었지만 필드 화면의 3등신 캐릭터들의 개그 섞인 이벤트들의 반응이 나쁘지 않았으며, 여러 플레이어 캐릭터들을 돌아가며 사용할 수 있고 각 캐릭터마다 개성 있는 기술을 사용할 수 있어 액션 파트의 완성도도 높고 반응 역시 좋았다.

일반적으로 액션 RPG라면 기술이 단순하고 경험치를 올리는 것에 중점을 두는 데 비해 〈아트리아 대륙전기〉는 컨트롤만으로 적들의 강함을 극복할 수 있었다. 또한 게임에는 한국어 성우가 기용되어 한국어 음성 역시 제공되었다. 여러 가지 장점으로 게임은 인기가 좋았으며 이후 잡지 번들로 나와 많은 사람들이 플레이했다.

인기에 힘입어 이후 〈아트리아 II: 부활^{ATRIA II: The Ressurection}〉(1998)이 개발됐다.

045

귀천도

The Gate of Destiny

발매시기	1997년 2월
장르	3D 대전 격투
개발사	아이 투 앤터프라이즈
유통사	게임과 멀티미디어
가격	49,500원
플랫폼	MS-DOS, 윈도우 95
매체	CD-ROM
주요사양	IBM PC 586/75MHZ 이상, 램 8MB 이상, HDD 50MB 이상, 마우스 필수, 4배속 CD-ROM 이상, VGA, 사운드 블라스터

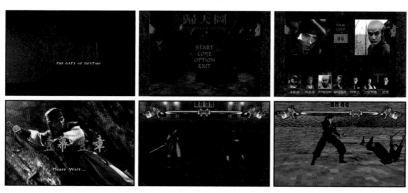

국내 영화를 기반으로 한
몇 안 되는 국산 3D 격투 게임

　1996년 10월 개봉한 김민종 주연의 영화 〈귀천도〉를 기반으로 한 게임이다. 〈귀천도〉 이전에도 〈아마게돈〉, 〈홍길동전〉, 〈아기공룡 둘리〉 등 만화영화를 기반으로 한 게임이 꽤 있었다. 영화와 게임은 이야기를 풀어나가는 방식에 차이가 명확한 탓에 영화를 게임화했을 때 흥행하는 경우는 국내외를 통틀어 흔하지 않기에 국내 영화를 기반으로 만든 국내 게임은 손에 꼽을 정도이다.

　〈귀천도〉는 신생 개발사였던 아이 투 앤터프라이즈에서 맡았다. 주요 멤버는 〈신검의 전설 II〉 등을 만든 엑스터시 출신이었다. 유현수 대표가 하이텔 '게제동'에 올린 글을 보면 당초에는 3D 어드벤처와 대전 격투를 합친 복합 장르의 게임을 구상했던 것으로 보이지만 최종적으로는 3D 대전 격투 장르로 발매됐다. 1993년에 발매된 세가^{SEGA}의 3D 액션 게임 〈버추어 파이터^{Virtua Fighter}〉에 비해 많은 아쉬움이 있는 게임이지만 당시 국내에서는 보기 힘든 3D 자체 엔진인 TDM 엔진으로 격투 대전 게임을 개발한 점만큼은 크게 평가할 만하다.

　〈귀천도〉 제작은 라온 프로덕션으로 이관돼 라온 프로덕션에서 마무리했다. 앞서 소개했던 〈하프〉의 개발자 조용환 씨도 제작에 참여했다.

컴백 태지 보이스

COME BACK TaijiBoys

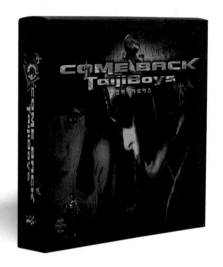

발매시기	1997년 2월
장르	액션 아케이드
개발사	아담소프트
유통사	BMG
가격	38,000원
플랫폼	윈도우 95 전용
매체	CD-ROM
주요사양	IBM PC 486DX2 이상 (권장 펜티엄), 램 16MB 이상

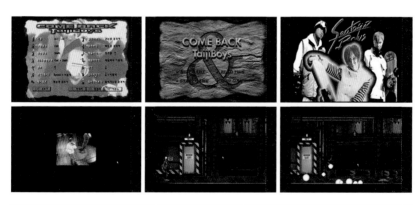

서태지와 아이들이 주인공인
액션 아케이드

　사이버 가수 '아담'의 제작사이기도 한 아담소프트가 제작한 게임이다. 국산 게임으로는 매우 드물게 실제 인물을 주인공으로 삼았다. 1996년에 은퇴한 서태지와 아이들이 돌아와 싸운다는 내용이며 로열티 비용 1억 원을 포함해 개발비 3억 원이 투자됐다. 당시 엄청난 인기 가수이자 은퇴로 큰 이슈를 모았던 서태지와 아이들로 게임을 만든다는 뉴스만으로도 큰 이슈가 되었다.

　실제 인물을 모델로 한 만큼 모델링 후 사진을 실제로 찍어 게임에 사용하여 다른 액션 게임과는 비주얼에서 차이점을 보인다. 플레이어가 적들을 물리쳐 나간다는 평범한 게임 디자인의 횡스크롤 액션 아케이드 게임이지만 스토리는 천상계와 신과 악마가 나오고 각 스테이지는 스테이지에 맞춰 서태지와 아이들의 음악이 쓰이는 것만으로도 개성적인 모양새가 나왔다.

　게임이 음반 제작사인 BMG에서 유통되면서 일반 게임 소매상이 아닌 음반 판매점에서 게임이 판매되었다는 점 역시 특징이다. 서태지와 아이들 동영상이 수록된 CD 등이 포함되어 게이머가 아닌 이들에게도 호응을 받아 3만 장 넘게 판매됐으며 미국에도 수출했다. 게임 잡지에서는 일반적으로 호평을 받았으나 실제 게임에 대한 평은 그렇게 좋지는 못했다.

047

네크론

The Necrons

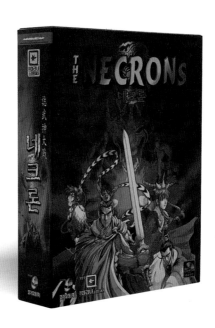

발매시기	1997년 3월
장르	3D RTS
개발사	미리내 소프트웨어
유통사	코가유통
가격	44,000원
플랫폼	MS-DOS
매체	CD-ROM
주요사양	IBM 486 DX2 이상, 램 8MB 이상, 2배속 이상 CD-ROM, 사운드 블라스터

미리내 소프트웨어의 마지막을 함께한
3D RTS 게임

'네크론necron'의 의미는 게임에서 귀장(귀신 장수)의 영어식 이름으로서 게임을 위해 만든 조어이다.

유저는 평범한 무장에서 시작해 전란과 혼란에 휩싸인 대륙을 통일해야 한다. 캐릭터는 3차원 스프라이트, 지형은 격자 방식 폴리곤으로 구현했다. 도스용 게임이었기에 자체적으로 만든 3D 렌더링 엔진을 사용했다. 3D 지형에서 펼쳐지는 2D 캐릭터의 대규모 전투는 웅장하고 다이내믹한 화면을 보여줬으며, 만화 『레드 블러드』로 유명했던 만화가 김태형 씨가 캐릭터 디자인에 참여해 많은 사랑을 받았다. 대규모 부대를 컨트롤해 게임을 클리어한다는 개념은 신선한 충격을 주었다. 다만 전략 시뮬레이션이라는 장르로는 약간 아쉬운 부분이 있다.

당시 유통을 맡은 코가유통이 IMF 사태의 여파로 부도를 맞았기에 대금을 회수하지 못한 미리내 소프트웨어는 〈네크론〉을 마지막으로 경영을 중단한다. 미리내 소프트웨어의 초창기 멤버였던 정재성 씨, 양재영 씨, 정철화 씨는 2001년에 온라인 게임 업체인 미리내 엔터테인먼트Mirinae Entertainment를 설립해 MMORPG 〈칸Khan〉으로 다시 한번 화려하게 부활한다.

048

신혼일기

Newly Weds

발매시기	1997년 3월
장르	육성 시뮬레이션
개발사	엑스터시
유통사	인포미디어
가격	39,600원
플랫폼	윈도우 95, 윈도우 NT 4.0
매체	CD-ROM
주요사양	윈도우 95, 윈도우 NT 4.0 (권장 펜티엄 100), 램 16MB 이상 권장, HDD 65MB 이상, 2배속 이상 CD-ROM (권장 4배속 이상)

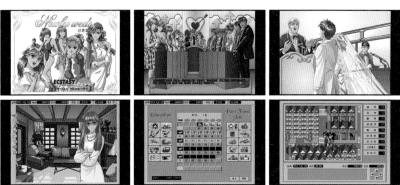

엑스터시의 신혼 육성 시뮬레이션

〈테이크백〉과 〈신검의 전설 II〉를 출시했던 엑스터시의 세 번째 게임이다. 본격 성인용 육성을 표방하며 신혼을 즐기는 게임처럼 보이지만 사실은 육성 시뮬레이션으로 당시 유행했던 가이낙스의 〈프린세스 메이커〉의 영향을 강하게 받아 아내를 교육시키고 아르바이트를 하게 해 자산을 관리하는 등의 방식으로 진행된다.

게임의 목표는 아내를 성장시켜 아내의 꿈을 이루어주는 것인데, 신혼생활을 다루는 성인용 게임이다 보니 약한 수위나마 야한 장면이 있었다. 캐릭터 디자인을 당시 만화가로 활동하던 서정인 작가가 작업해 호평을 받았는데, 초기 게임 소개 일러스트와 서정인 작가가 작업한 것으로 보이는 캐릭터 디자인을 보면 큰 차이점을 느낄 정도다. 다만 캐릭터 디자인이 게임 개발 중반에 도착하였는지 실제 게임에 등장하는 캐릭터 이미지들은 캐릭터 디자인과는 다소 차이점이 느껴진다.

게임은 육성뿐만 아니라 데이트 등을 통해 진행되는 미니 게임들도 제공했으며 많은 시나리오 대사를 준비하고 전문 성우를 기용해 더빙하는 등 게임 시나리오나 시스템적으로도 많이 신경 썼다. 하지만 자잘한 페널티 등으로 게임 플레이가 힘들다는 평가가 많다.

049

코룸

Corum

발매시기	1997년 4월
장르	액션 RPG
개발사	하이콤
유통사	하이콤
가격	49,500원
플랫폼	윈도우 95 전용
매체	CD-ROM
주요사양	IBM PC 486DX 66 이상, 램 8MB 이상, 윈도우 95를 지원하는 사운드 카드, DirectX가 지원되는 그래픽 카드

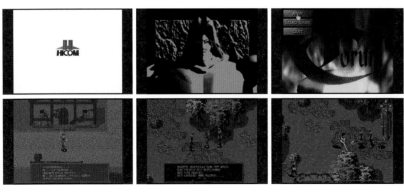

하이콤의 대표 IP가 만들어지다

1988년 게임기용 게임 제작 및 유통사로 설립된 하이콤HiCom은 1994년부터 PC 게임 제작에도 참여한다. 〈코룸〉은 〈푸쉬푸쉬Pushe Pushe〉(1996), 〈스틸헌트Still Hunt〉(1996) 후로 하이콤이 도전한 세 번째 PC 게임이다.

『레드 블러드』를 그린 만화가 김태형 씨의 멋진 일러스트로 게임이 더 돋보인다. 멋진 일러스트 때문인지 마치 김태형 만화가의 만화를 기반으로 만든 작품인 듯한 오해를 살 수도 있지만 하이콤의 자체 IPintellectual property(지적 재산)이다.

〈코룸〉은 마왕 마그슬레이엄에게 복수하려는 주인공 비트의 모험담을 다룬다. 진행 방식은 JRPG 형식이다. 상당히 단순한 진행이지만 사랑을 받았던 이유는 게임의 액션에 있다. 단순한 액션에 두 가지 요소인 파워 게이지 및 무기 전환을 첨가해 자칫 단순할 수 있었던 액션을 지루하지 않게 해줬다. 게임을 즐겼던 많은 이에게 '〈코룸〉 하면 액션'이라는 공식이 만들어졌다.

인기에 힘입어 〈코룸 II: 암흑군주Corum II: Dark Lord〉(1998), 〈코룸 III: 혼돈의 마법 쥬마리온Corum III: Chaotic Magic〉(1999) 등을 출시하며 〈코룸〉 시리즈는 하이콤의 대표 간판 IP로 자리매김한다. 〈코룸 III〉는 1999년 대한민국 게임대상에서 우수상을 수상하기도 했다.

050

디어사이드 3

Deicide 3

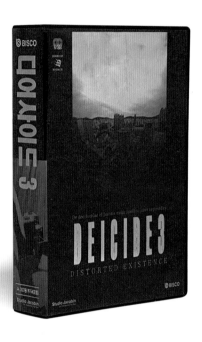

발매시기	1997년 5월
장르	어드벤처
개발사	스튜디오 자코뱅
유통사	비스코
가격	44,000원
플랫폼	윈도우 95
매체	CD-ROM
주요사양	IBM PC 팬티엄, 램 8MB 이상, HDD 80MB 이상, 4배속 이상의 CD-ROM, VGA 1MB 이상, 사운드 블라스터

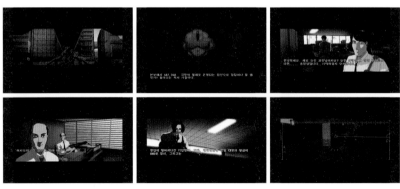

대한민국 게임 역사에 전무후무한
작가주의 성인 어드벤처 게임

Xbox용 〈킹덤 언더 파이어〉 시리즈의 메인 디렉터로 더 많이 알려진 이현기 씨의 작품이다. 이현기 씨는 학생 때 〈폭스 레인저 II〉의 오프닝 애니메이션 작업 대부분을 담당하기도 했다. 〈디어사이드 3〉는 기획 2년, 제작 7개월이 걸렸다. 제작 스태프 중 음악을 맡은 Deadpan이라는 인물은 이현기 씨 본인이며, 결과적으로 프로그래밍을 제외한 기획, 그래픽, 음악, 대본 등을 모두 혼자 작업해 만든 작품이 되겠다.

〈디어사이드 3〉는 공안3부 특장과장으로 배속받은 김창기의 시점으로 시작돼 7일 동안의 이야기로 구성됐다. 어드벤처 파트와 주인공이 기갑정을 타고 있는 시점에서 진행되는 3D 슈팅 액션 파트로 구성됐다. 당시 프로그램을 담당했던 이창민 씨가 하이텔 '게제동'에 올렸던 글을 보면 3D 슈팅 액션 파트는 실시간 렌더링으로 만들려고 한 흔적이 보이지만 출시된 게임에서는 이미 렌더링된 영상을 출력해주는 식으로 제작돼 있다. 2010년 국산 휴대용 게임기인 GP2X용으로도 이식됐다.

금방이라도 비가 올 것 같은 회색 빛 도시 풍경, 시종일관 냉소적이고 현학적인 대사, 그리고 액션에서 뿜어져 나오는 광기. 이 모든 것이 아름답게 버무려져 있어 〈디어사이드 3〉를 추종하는 많은 마니아를 양산했다. 국산 어드벤처 게임을 논할 때마다 어김없이 등장하여 상위에 이름을 올리는 작품이다. 〈디어사이드 3〉가 아직까지 회자되고 있는 이유는 〈디어사이드 3〉 이상으로 성인 중심의 스토리라인을 세련되게 펼치고 있는 국산 어드벤처 게임이 지금도 없기 때문이 아닐까. 현 시점에서 포스트 〈디어사이드 3〉의 부재가 아쉽기만 하다.

051

캠퍼스 러브 스토리

Campus Love Story

발매시기	1997년 6월
장르	연애 시뮬레이션
개발사	남일소프트
유통사	SKC 소프트랜드
가격	45,000원
플랫폼	MS-DOS
매체	CD-ROM
주요사양	IBM 486 DX 이상,
	램 8MB 이상,
	2배속 이상 CD-ROM

<개미맨>을 제작한 남일소프트의
남성향 연애 시뮬레이션

당시 연애 시뮬레이션이라면 대부분 음지로 들어온 일본의 연애 시뮬레이션 게임뿐인 상황에서 한국을 배경으로 국내 실정에 맞춘 게임이었기 때문에 크게 인기를 끌었다. 단순히 연애나 데이트만 하는 연애 시뮬레이션과 달리 주인공은 4가지 타입 중 하나를 골라 자산을 관리하고 자신을 육성시켜야만 연애 이벤트를 진행할 수 있었기 때문에 육성 시뮬레이션 요소도 강했다. 자기 자신의 능력치를 관리한다는 점에서 앞서 언급한 <신혼일기>가 <프린세스 메이커>와 같은 형태라면, <캠퍼스 러브 스토리>는 <도키메키 메모리얼>과 비슷한 형태였으며 플레이어가 도시를 돌아다니며 여성들과 만나는 구성은 <동급생>과 닮았다.

자산 관리에 실패하면 파산하고 누구와도 이어지지 않는 배드 엔딩도 존재하는 등 게임이 공략할 요소들이 많았으며 여성 주인공들 모두 개성이 있었다. 실제 일러스트와 게임 내 그래픽도 잘 어울리게 디자인되었고 시나리오에 대한 평가도 좋았기 때문에 많은 사람들이 게임에 대해 좋게 평가한다.

다만 실제 출시된 게임에는 버그 때문에 공략이 불가능한 캐릭터가 있었으며 이후 잡지『게임피아』의 부록 형식으로 버그를 수정하고 이벤트의 수위를 낮춘 '특별판'을 제공하기도 했다. 게임의 인기 덕분에 후속작으로 <나의 신부>를 개발했다.

052

스톤엑스

Stone Axe

발매시기	1997년 6월 19일
장르	RTS
개발사	LG소프트웨어
유통사	LG소프트웨어
가격	44,000원
플랫폼	윈도우 95
매체	CD-ROM
주요사양	IBM PC 펜티엄 90 이상, 램 16MB 이상, HDD 65MB 이상, 4배속 이상 CD-ROM, 마우스 필수, DirectX 완벽 지원하는 VGA 및 사운드 블라스터

유통사 LG소프트웨어에서 제작한
구석기 시대 배경의 RTS 게임

〈스톤엑스〉는 유통사이기도 했던 LG소프트웨어에서 자체 기술로 제작한 RTS 게임이다. LG소프트는 자체적으로 게임스쿨을 운영하며 게임개발자를 육성하기도 했다.

1995년 말 새로운 게임 개발을 위한 게임 선호도 조사와 시나리오 공모를 통해 1993년 제1회 게임 시나리오 공모전에서 최우수상을 수상했던 이문영 씨의 '대이동─식량을 찾아서'라는 시나리오로 개발을 시작했다.

플레이어는 자신의 부족을 이끌고 이상향인 엘리시온을 찾아가는 것을 목표로 유닛들을 조종하여 각 스테이지의 성공 조건을 달성하며 게임을 클리어하는 것이 목표다. 처음 제작된 원작 시나리오 그대로 게임화하는 것은 힘들다고 판단하여 시나리오를 수정해 완성시켰다는 후일담이 있다.

게임 캐릭터는 모두 3D로 제작되었으며 게임 내 동영상 역시 3D로 제작되었다. 보도자료에 따르면 6억원을 투자해 개발을 하였으며 처음부터 수출을 염두에 두고 영어, 일본어, 아랍어, 중국어 버전으로 제작했다.

053

마법의 향수

Nostalgia of Magic

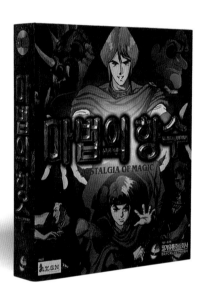

발매시기	1997년 7월
장르	RPG
개발사	IKGN
유통사	코가유통
가격	23,000원
플랫폼	MS-DOS, 윈도우 95
매체	CD-ROM
주요사양	IBM PC 386DX 이상(도스), IBM PC 486 DX 이상(윈도우), 램 4MB 이상, 애드립, 사운드 블라스터, 사운드 캔버스, MIDI

국내 최초의 첫 통신 판매 게임

IKGN이 처음으로 제작한 게임인 〈마법의 향수〉의 진행 방식은 전형적인 JRPG이다. 신들이 사라진 세계에서 파괴의 신이자 창조의 신인 카라시스의 강림을 저지하려는 여섯 명의 모험가 이야기이다.

게임 퀄리티는 1990년대 초반에 나왔어야 하지 않았나 싶을 정도로 동시대 게임보다는 한 단계 낮은 수준을 보여줬다. 하지만 시간이 지나도 생각이 나는 게임이다. 〈마법의 향수〉의 디자인을 잘 보면 과거 8비트 게임 시절 발매된 고용량 RPG 게임을 떠올리게 하는데 오래전부터 게임을 즐겼던 세대라면 무심코 지나치지 못할 매력이 있었다. 전투 파트가 스크롤되면서 적과 아군을 번갈아 보여줘 상당히 피로가 쌓이는 구조로 만들어졌다. 불필요한 스크롤을 없앴더라면 한층 더 좋은 평가를 받지 않았을까 한다.

국내 게임 최초로 통신 판매만으로 게임을 판매한다는 마케팅 덕분에 많은 이의 주목을 받았다. 개발사인 IKGN이 직접 배달해준다는 말이 있을 정도로 화제였다. 물론 추후 판매점에서도 구입할 수 있었다. IKGN은 고해상도 16비트 컬러로 후속작인 '마법의 향수 2'를 만들 예정이었지만 출시되지 않았다.

054

임진록

Imjinrok

발매시기	1997년 8월
장르	RTS
개발사	HQ팀
유통사	삼성전자
가격	46,200원
플랫폼	윈도우 95
매체	CD-ROM
주요사양	IBM PC 486 이상 (권장 펜티엄 60), 램 8MB 이상(권장 16MB), HDD 15MB 이상

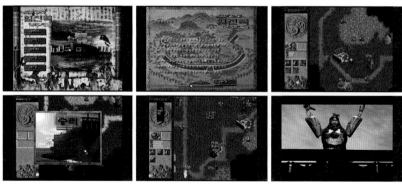

〈충무공전〉을 제작했던 HQ팀이
임진왜란을 무대로 한 RTS 게임

트리거소프트Triggersoft에서 〈충무공전War Diary〉(1996) 개발에 참여했던 HQ팀 HQTeam이 독립하여 본격적으로 개발한 RTS 게임이다. 이후 〈임진록: 영웅전쟁 Imjinrok: Yeongung Jeonjaeng〉(1998), 〈임진록 2Imjinrok 2〉(2000), 〈임진록 2+: 조선의 반격Imjinrok 2+: Chosun's Counterattack〉(2001)이 시리즈로 출시됐다.

시기상 블리자드의 〈워크래프트 II: 어둠의 물결〉과 〈스타크래프트〉 사이에 나온 게임으로 해군 유닛과 공중 유닛이 있었고, 일본군과 조선군을 모두 골라 게임을 진행할 수 있었다. 각 10개의 스테이지를 제공하여 싱글 플레이 게임 완성도도 높았지만 추세에 발맞추어 모뎀과 IPX, TCP/IP를 통해 2인 이상 멀티 플레이가 가능했다. 〈임진록2〉에 이르러서는 HQNet이라는 자체 배틀넷 서비스를 지원했다.

임진록의 특징은 날씨의 존재였다. 낮과 밤뿐만 아니라 비가 오는 날씨도 존재했고 밤이 되면 시야가 좁아지고 비가 오면 적들의 탐색 범위가 줄어드는 등 전략에도 영향을 미쳤다. 또한 자원 중 감자의 경우 비가 오면 다시 수확 가능한 것도 날씨를 신경 쓰게 만드는 중요한 요소였다. 특이하게도 자원이 식량으로 통일되어 있었고, 반복해서 자원을 얻을 수 있는 감자와 한 번만 자원을 얻을 수 있는 벼가 존재하여 자원 수급에 대한 고민을 하도록 만들었다.

〈임진록 2〉에서는 명군도 플레이할 수 있도록 추가되었으며 이후 확장팩이 나오고 외전이 나오는 등 계속 IP를 확장해나갔다.

055

도쿄야화

Tokyo Yahwa

발매시기	1997년 9월
장르	RPG
개발사	FEW
유통사	웅진미디어
가격	44,000원
플랫폼	윈도우 95 전용
매체	CD-ROM
주요사양	IBM PC 486DX4-100 이상 (권장 펜티엄 100 이상), 램 8MB 이상(권장 16MB), Super VGA, 애드립, 사운드 블라스터, 제너럴 MIDI

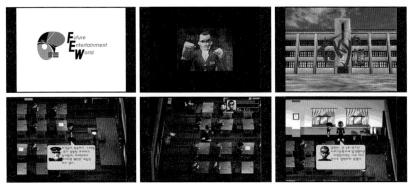

일본으로 무대를 옮긴
〈야화〉 시리즈

FEW의 전작인 〈야화〉가 일제강점기를 다뤘다면 〈도쿄야화〉는 1970년대 일본 고등학교들을 무대로 한다. 처음에는 1970년대의 한국 고등학교들이 배경이었으며, 각 학교들이 싸움을 통해 경쟁하는 당시 유행하던 학원물 영향이 짙은 설정이었다. 주인공이 다니는 질풍고교는 전작의 주인공인 김두한이 지었다는 설정으로서, 원래 계획에는 김두한과 시라소니 등이 히든 이벤트로 출연하는 장면도 있었다고 한다. 그러나 무대가 일본으로 옮겨지면서 이러한 이벤트들도 일본에서 일어나는 것으로 바뀌었다.

이후 심의에서 학원폭력 등이 문제 되어 무대를 일본으로 바꾸고 연령도 18세 미만 이용 금지로 출시되었다. 이런 배경에서 주인공 이름은 그대로 계승되었지만 무대는 일본 학원가로 바뀌면서, 인물은 그대로이고 배경만 바뀌다 보니 주인공들의 신분이 재일조선인이 되면서 일본 내 재일조선인 차별이 소재가 되며 전작처럼 일본과의 관계가 홍보 요소로 작용한 부분도 있었다. 기존 시리즈의 육성 시스템이 빠졌고 마을을 다니면서 이벤트와 스토리를 보고 액션에 집중했다. 게임 형식에 맞추다 보니 횡스크롤이 아니라 8 방향으로 움직이는 탑뷰에 가깝다.

1998년 나온 〈야화 2$^{Yahwa\ 2}$〉로 오해받는 경우도 있으나 둘은 다른 게임이다. 후속작 〈도쿄야화 2$^{Tokyo\ Yahwa\ 2}$〉는 1998년 4월에 발매됐다.

056

카르마: 불멸의 분노

Karma: Immortal Wrath

발매시기	1997년 9월
장르	3D 판타지 RPG
개발사	드래곤플라이
유통사	SKC 소프트랜드
가격	오픈 프라이스
플랫폼	윈도우 95
매체	CD-ROM
주요사양	IBM PC 펜티엄 90, 램 8MB 이상, 2배속 이상 CD-ROM, SVGA, 사운드 블라스터

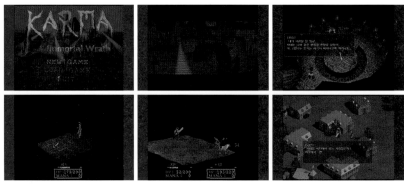

국내 최초의 윈도우 기반 3D RPG

드래곤플라이는 첫 게임인 1996년 〈운명의 길〉을 출시하면서 '차세대 게임기 1000대 타기'라는 공격적인 마케팅을 펼쳐 많은 게이머에게 드래곤플라이의 이름을 알리는 데 성공한다.

〈카르마〉는 운명(신)에 맞서는 인간의 이야기를 다룬다. 〈운명의 길〉이 전형적인 2D JRPG 방식이었지만 두 번째 게임인 〈카르마〉는 등장 캐릭터는 3D, 배경 렌더링은 2D라는 당시 인기 있던 〈파이널 판타지 VII^Final Fantasy VII〉(1997) 형식의 뷰를 구현했다. 〈카르마〉를 개발하던 중 SKC 소프트랜드가 약 1만 장을 매입하고 로열티도 지불하는 조건으로 라이선싱 계약을 체결했을 정도로 〈운명의 길〉 이후 기술적으로 진일보된 모습을 보여줬다.

출시된 해인 1997년 대한민국 게임대상 우수상 그래픽 부문을 수상했다.

057

포가튼 사가

Forgotten Saga

발매시기	1997년 11월 22일
장르	RPG
개발사	손노리
유통사	판타그램
가격	46,000원(일반판),
	58,000원(스페셜 팩)
플랫폼	MS-DOS, 윈도우 95
매체	CD-ROM
주요사양	IBM PC 486DX2 이상,
	램 8MB 이상, HDD 80MB
	이상, VGA, 애드립,
	사운드 블라스터, MIDI

높았던 목표와 현실적인 한계가 만들어낸
발매 연기의 연속

〈어스토니시아 스토리〉의 대성공으로 화려하게 데뷔한 손노리가 시나리오의 완벽한 자유도를 보장하는 '프리 시나리오 RPG'라는 목표에 과감하게 도전한 대작. 〈로맨싱 사가Romancing SaGa〉(1992) 등 당시의 스퀘어 RPG의 영향이 강하게 보이나, 그러면서도 주인공 및 파티의 스테이터스 설정을 완전히 플레이어에게 맡기는 등 서양 RPG의 시스템도 일부 도입했다. 메인 스토리 이벤트 외에도 게임 내 시간 경과에 따라 발생하는 이벤트, 특정 NPC의 파티 영입에 따라 발생하는 이벤트, 한 이벤트의 결과로 파생되는 이벤트 등 풍부한 서브 이벤트와 플래그를 도입하여 국산 게임 역사상 처음으로 본격적인 '비선형 RPG'라는 목표에 대담하게 도전한 작품이었다.

하지만 그 반대급부였는지 개발은 극도로 난항을 거듭해, 1995년 하순부터 개발 사실이 공표되었고 1997년 초부터는 대대적으로 게임 잡지에 광고를 내보내며 호기롭게 예약 판매(유통사가 구좌번호를 공개하는 초보적인 형태의 예약 판매로, 당시로서는 초유의 시도였다)를 개시했으나, 개발사가 좀체 개발을 마무리 짓지 못해 반년 이상 매달 광고를 내며 발매 예정일을 갱신했던 탓에 PC 통신 등을 통해 유저들이 불안과 불만을 호소하며 큰 소동을 빚었다. 게다가 발매 이후에도 진행 불가능 수준의 버그가 잇달아 여러 차례 패치를 공개해야 했던 등, 국산 PC 게임 역사상 전대미문의 게임 디자인에 도전한 대가로 개발사 및 유통사와 유저들조차도 커다란 홍역을 치러야 했다.

애니메이션 오프닝 및 보컬 곡의 추가와 한정판 개념의 첫 도입 등 국산 게임 역사상 최초의 시도도 많이 들어갔지만, 발매 이후 어느 정도 안정된 플레이가 가능할 때까지 수년이 걸렸다는 점에서도 전설적인 게임. 지금도 현역으로 플레이하는 팬이 소수 존재한다고 알려져 있다.

058

드로이얀

Droiyan

발매시기	1997년 11월
장르	RPG
개발사	KRG 소프트
유통사	에스티 엔터테인먼트
가격	오픈 프라이스
플랫폼	윈도우 95 전용
매체	CD-ROM
주요사양	IBM PC 펜티엄 75 이상, 램 16MB 이상, 4배속 이상 CD-ROM, 사운드 블라스터

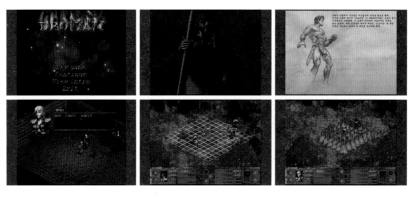

KRG 소프트의 첫 데뷔작이자
시리즈화된 대표작

KRG 소프트^{KRG Soft}는 1996년 7월 LG 하이미디어 스쿨 7기생이 모여서 만든 팀이다. KRG의 약자는 꾸러기로 많이 알려져 있는데 실제로는 한국 게임 공화국 ^{korea republic of game}의 의미라고 한다.

1996년 12월 KRG 소프트는 저해상도였던 〈드로이얀〉의 초기 버전을 천리안과 하이텔에 공개 게임 형식으로 올렸고 총 2만 건 이상의 다운로드를 기록했다. 해당 인기에 고무된 KRG 소프트는 1997년 3월 본격적으로 회사를 설립하고 〈드로이얀〉의 상용화 버전 개발에 박차를 가한다. 320×200 해상도를 640×480 해상도로 변경하고, 저해상도 도트 SD 캐릭터를 벗어나 8등신의 3D 모델링 캐릭터를 2D로 리터칭해 퀄리티를 높였다.

KRG 소프트는 1997년 9월 완성된 〈드로이얀〉을 같은 해 영국에서 열린 유럽 컴퓨터 트레이드 쇼^{European Computer Trade Show}(ECTS)에 출품하였는데, 해당 전시회에서 예상 외의 대호평으로 세계 11개국에서 주문이 쏟아졌다. 블리자드의 〈디아블로^{Diablo}〉(1996) 형식의 룩과 쿼터뷰를 차용했고 메사이어 게임즈^{Masaya Games}의 〈랑그릿사^{Langrisser}〉(1991) 같은 SRPG^{Simulation Role-playing Game} 형식의 전투를 취한 묘한 조합이 외국인의 눈에 흥미롭게 보인 듯하다.

KRG 소프트는 〈드로이얀〉이 성공하자 〈드로이얀 넥스트^{Droiyan Next}〉(1998), 〈드로이얀 2^{Droiyan 2}〉(2000)로 시리즈화시켜 PC 패키지로 판매했다. 2001년에는 〈드로이얀 온라인^{Droiyan Online}〉으로 온라인 게임화됐다. 참고로 1998년 8월에는 전투 중 저장과 관련한 기타 버그를 수정해 저가형 타이틀로 〈드로이얀 플러스 팩〉을 출시했는데 여기엔 〈드로이얀 넥스트〉의 체험판이 포함됐다.

정종필

Jung JongPil

>> **자기소개 부탁드리겠습니다.**

아마추어 개발팀인 HQ팀에서 그래픽으로 게임 개발을 시작해 얼추 30년째 업계에서 일하고 있습니다. 거의 모든 그래픽 파트를 경험해봤고 한국에 TA technical architect라는 개념이 없었을 때부터 TA 일까지 도맡아서 해왔었습니다. 프로젝트는 〈충무공전〉에서 시작해 〈임진록〉 시리즈, 〈천년의 신화〉(2000), 에이케이인터렉티브 AK Interactive의 〈거상巨商〉(2002), 넥슨레드 NexonRed의 〈아틀란티카 Atlantica〉(2008), 엔도어즈 Ndoors의 〈삼국지를 품다〉(2014), 액트파이브 Actfive의 〈열혈강호M〉(2018) 등의 개발에 참여했습니다. 그리고 청강문화산업대학교 게임콘텐츠스쿨에서 전임교수로도 일했습니다. 현재는 데브캣에서 〈마비노기〉의 모바일 버전 개발에 참여하고 있습니다.

▶ 〈충무공전〉 게임 타이틀

>> **게임 업계에 들어오게 된 계기는 무엇인가요?**

엔드림Ndream의 김태곤 대표를 주축으로 고등학교 친구들 네 명이 시작했습니다. 처음에는 프로그램 두 명, 사운드 한 명, 그래픽 한 명으로 시작했죠. 고등학교 때는 서로 알고만 지내던 사이었습니다. 대학생이 되고 프로그래머 친구 두 명이 게임을 만들려고 하니 그래픽과 사운드가 필요하다고 제게 연락을 주었죠. 그때 '학교에서 만화 좀 그린다'는 친구로 기억했던 것 같아요. 프로그래머인 김제형 씨의 집에서 처음 프로젝트를 봤는데 화면에 녹색과 빨간색 점만 움직이고 있었습니다. 제가 무엇을 해야 하냐고 물으니 툴을 만들어줄 테니 그림을 그려 달라고 했습니다. 이것이 게임 개발에 참여하게 된 시작이었습니다. 1992년도 대학교 2학년이었을 때입니다.

>> **데모는 판타지 게임이었던 것으로 기억합니다. 첫 상업작부터 한국 역사 소재에 익숙하지 않은 RTS였죠. 지금 보면 무모하게 느껴질 수도 있는 도전이었는데 그에 따른 에피소드가 있나요?**

대학생 때 네 명의 친구가 밤마다 모여서 만든 첫 프로젝트는 '나이트 마스터'라고 하는 데모 프로젝트였습니다. 밤만 되면 프로그래머 친구 집에 모여 민폐를 끼치면서 만든 학생 작품이었죠. 개발자는 네 명인데 컴퓨터는 두 대밖에 없었어요. 컴퓨터가 귀했을 때였거든요. 그래서 두 명이 자는 동안 나머지 두 명이 개발하는 식으로 작업을 했죠. 그때 만든 작품을 PC 통신 동호회에 올렸는데 반응이 나쁘지 않았습니다.

▶ '나이트 마스터' 스크린샷

다들 군 입대 시기가 오게 되자 함께 제대하고 다시 게임을 만들기 위해서 동시에 군대에 가기로 했습니다. 군대에 있는 동안 서로 부족한 점을 공부하고 군사우편으로 차기작을 서로 이야기하면서 준비를 했습니다. 약속대로 동시에 제대한 후 김태곤 씨를 주축으로 한 〈충무공전〉을 만들게 됐어요.

▶ 〈충무공전〉 스크린샷

≫ 개발하는 장르가 역사 게임인데 재미있었던 에피소드가 있나요?

개발 리더인 김태곤 씨가 역사를 무척 좋아하고 지식도 많았어요. 그러면서도 재미있는 일화도 있었지요. 당시에는 패키지 게임 시장이었어요. 그러다 보니 게임의 주 구매층은 아이를 위해 마트에서 게임을 사는 부모인 경우가 많았죠. 이때 영어로 된 이름의 괴물이 나오는 게임 패키지 사이에 충무공 이순신 장군이 나오는 게임이 있으면 부모가 어떤 게임을 사주겠냐는 것이 우리의 주장이었습니다. 거기에 '우리나라 역사를 기반으로 하는 게임'이라면 신문에서도 기사를 내줄 것이고 이것은 공짜 광고와 마찬가지라는 주장도 했죠. 실제로 그게 통하는 것을 보고 놀랐습니다.

또 하나 알게 된 것은, 그런 이점이 정작 글로벌 시장에서는 제대로 통하지 않는다는 한계였습니다. 예전에 〈임진록〉을 미국에 수출할 때 미국에서 패키지 디자인을 해온 적이 있었어요. 너무나도 당당하게 '사무라이'를 주인공으로 그려서 왔죠. 미국인에게 동양의 장수란 사무라이였던 겁니다. 그때 '아직 우리나라 역사는 글로벌 시장에서 통하기에는 무리가 있구나'라고 생각하게 됐습니다.

>> 패키지 게임 개발을 계속 해오다가 온라인 게임으로 자연스럽게 넘어가셨죠. 당시 분위기는 어땠나요?

패키지 게임을 하면서 온라인 게임으로 전향하는 건 그때도 큰 모험이었습니다. 회사를 합병하고 크기가 커진 상태에서 패키지를 버리고 온라인으로 전향해야 하는데 처음부터 다시 하기는 힘들었죠. 그래서 〈임진록〉을 기반으로 온라인을 얹었어요. 그게 런처에서 알파 버전처럼 시작했던 임진록 온라인 〈거상〉입니다.

처음에는 MMO^{massively multiplayer online}를 만들면서 게임을 무료로 서비스하고 아이템만 판다는 아이디어를 김태곤 씨가 냈을 때 경영진의 반대가 엄청 심했습니다. 그렇지만 미래를 내다본 김태곤 씨는 결국 그 의지를 밀어붙였고 큰 성공을 거두었죠.

>> 패키지 게임 개발 당시의 툴이나 개발 기술 환경 같은 것에 대해 듣고 싶습니다. 지금은 폐기된 기술도 많을 것 같은데 인상 깊은 것이 있나요?

처음 게임을 만들 때는 포토샵이나 제대로 된 그래픽 툴도 없었을 DOS 시절이었습니다. 그래픽 툴을 프로그래머들이 만들어줬었죠. 세이브^{save}나 로드^{load}라는 글씨도 없이 색깔만 있는 버튼으로 만들어줬어요. Undo 버튼 같은 건 있지도 않았습니다. 그러다 보니 작업한 게 한번에 다 날아가기도 했어요. 자조적으로 '한큐에 다운돼 다 날린다'는 의미로 지은 팀 이름이 HQdown이었고 이후에 부랴부랴 팀 이름을 지은 게 HQ팀이었어요.

이후에도 도스 버전에는 디럭스 페인트^{deluxe paint}라는 걸출한 툴이 나왔지만 타일 에디터^{tile editor}나 스프라이트 에디터^{sprite editor} 같은 건 게임 엔진에서 바로 돌아갈 수 있도록 만들어준 것을 썼습니다. 별로 멋지진 않았죠. 역시 Undo 버튼은 없었고요. 세이브 파일을 계속 다른 이름으로 저장하는 습관은 거기서부터 생겼습니다. 인하우스(내부) 툴에서 Undo가 있었던 기억이 전혀 없습니다.

개인적으로는 256색(index color) 게임을 만들 때 쓰는 팔레트^{palette}를 만드는 것이 즐거웠어요. 그때는 게임에서 쓸 수 있는 색이 256개로 한계가 있다 보니 그 색을 처음부터 제대로 정하는 것이 중요했거든요. 그래서 어떻게 하면 팔레트를 잘 만들 수 있나 연구를 많이 했습니다. 그러다 보니 대학원 때는 팔레트의 응용법으로 논문도 썼습니다. 지금은 아무도 모르는 기술이겠지만요.

>> 개인적으로 개발자의 학습에 대해 굉장히 옛날부터 관심을 가지고 실천을 해오셨던 것 같습니다. 이 부분에 대한 철학을 듣고 싶습니다.

저는 그래픽이라 프로그램적인 지식도 없었어요. 또 프로그래머들은 워낙 바빴기 때문에 충분한 지원을 받지 못한 적이 많아서 그래픽적 문제 해결을 위해 몸으로 많이 고생했어요. 어떻게 하면 효율적으로 일할 수 있을지 많이 고민했습니다. 이 과정에서 프로그래머와 많이 싸우기도 했어요. 그렇게 싸우면서 프로그래머와 함께 개발하다 보니 어깨너머로 굉장히 많이 배웠습니다. 프로그래머가 안 된다고 하면 '어째서 안 되는지 내가 이해하게끔 설명해보라' 하고 토론하면서 배운 게 많았어요. 제가 TA 일을 할 수 있었던 배경이기도 합니다.

이렇게 알게 된 지식으로 그래픽 측면에서 생각할 수 있는 몇몇 기술이나 독창적인 아이디어를 가지게 됐습니다. 힘들게 알게 된 기술을 누구도 공유하지 않는 상황이 무척 안타까웠어요. 그러다가 미국에서 열리는 게임개발자컨퍼런스game developer conference (GDC)에 참여하게 됐어요. GDC에서 외국 개발자들이 자기가 개발하면서 알게 된 지식을 모두 공유하는 데에 감명을 받았죠. 정말로 다 공개하더군요. 저도 '어차피 몇 년 지나면 다 구식이 되고 사라질 기술, 나부터라도 알고 있는 걸 공유하자'라는 생각으로 블로그에 스터디 자료를 공유하게 됐습니다. 덕분에 '대충 살아가는 게임개발자(https://chulin28ho.tistory.com/)' 블로그를 알아보는 분이 많아졌습니다.

이런 생각을 가지고 학교에서 강의를 하게 됐을 때, 그래픽이라는 이유로 자기 분야에 한정된 지식만을 가지고 공부하는 것이 아니라 좀 더 넓은 시야로 다른 파트의 지식을 알아보고 궁극적으로는 게임 개발 방법에 대해 이해하는 것이 얼마나 중요한지 가르쳤습니다. 정리해서 공유하는 방법도 지도했어요. 결론적으로는 꽤 의미가 있는 행동이었고 현재까지도 잘한 선택이었다고 생각합니다.

≫ 게임 제작을 꿈꾸는 지망생에게 한 말씀 부탁드리겠습니다.

저는 게임 제작을 꿈꾸는 지망생보다는 회사에 이야기하고 싶어요. 키워진 인재만 기다리는 시대는 곧 끝날 겁니다. 교육 기관과 실무와의 수준 차이가 심해지면서 점점 원하는 인재를 구하기 힘들 겁니다. 지금은 눈치만 보고 있는데 누군가가 적극적으로 나서서 게임 개발을 위한 신입 교육에 투자하지 않으면 안 될 날이 올 거예요. 이제 키워진 인재만 기다리지 말고 회사에서 게임 업계의 사이클을 돌릴 수 있도록 투자해야 합니다. 야구단을 위한 투자보다 말이죠.

1998

개미맨 2

Antman 2

발매시기	1998년 1월
장르	횡스크롤 액션
개발사	남일소프트(그라비티)
유통사	SKC 소프트랜드
가격	30,000원
플랫폼	윈도우 95 전용
매체	CD-ROM
주요사양	IBM PC 펜티엄 75 이상 (권장 펜티엄 90), 램 8MB 이상(권장 16MB), HDD 70MB 이상, 2배속 이상 CD-ROM, 640X480 256 컬러, 사운드 블라스터

당시로서는 뛰어난 기술력의
'원작물' 액션 게임

만화가 김태형 씨가 월간『소년챔프』에서 연재했던 만화『개미맨』이 원작인, 1990년대 국내 PC 게임 역사에서 많다고는 할 수 없는 '원작이 존재하는' 액션 게임. 다만 '판권물'이라고 보기엔 원작에서 캐릭터만 빌려온 사실상 오리지널 작품에 가깝다는 평가가 많다. 남일소프트 개발작으로 1995년 1편 이후 출시된 속편이지만 이 작품은 실제로는 김학규 씨의 그라비티가 외주 개발을 맡아 제작했기에 당시로서는 발군의 기술력과 퀄리티를 보여주어 1990년대 말기 국산 PC 게임 중 아직까지도 회자되는 작품의 하나가 되었다.

사실상 김학규 씨의 작품이나 마찬가지이기 때문인지 그의 취향이 곳곳에 보이는 것이 큰 특징 중 하나로, 절친한 사이로 알려진 개발자 이현기 씨(후일 〈디어사이드 3〉, 〈킹덤 언더 파이어: 더 크루세이더즈Kingdom Under Fire: The Crusaders〉(2004) 등을 제작)의 이름이 개미맨과 함께 플레이어블 캐릭터로 등장하는 트루퍼스 특수요원에 붙으며, 다중 스크롤과 다관절 연출, 2인 동시 플레이 가능 등 액션 게임 제작에 일가견이 있었던 그의 기술적 장기가 한껏 발휘된 수작이다.

여담이지만 과거 김학규 씨는 자신의 SNS를 통해 '아직 개인적으로 〈개미맨 2〉의 소스코드를 보관하고 있지만, 판권을 해결하고 세상에 다시 선보일 수 있을지는 모르겠다'라는 요지로 언급하여 당시 게임 팬 사이에서 회자되기도 했다.

가이스터즈

Geisters

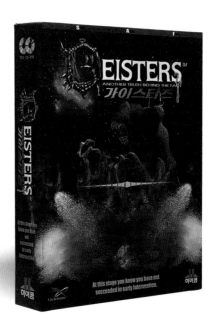

발매시기	1998년 1월
장르	3D 액션 어드벤처
개발사	퀘이사
유통사	하이콤
가격	오픈 프라이스
플랫폼	윈도우 95
매체	CD-ROM
주요사양	IBM PC 펜티엄 100 이상, 램 16MB 이상, 8배속 이상 CD-ROM, 사운드 블라스터, DirectX 5.0 이상

한국의 <바이오하자드>를 꿈꿨던 작품

개발사인 퀘이사Quasar는 방송용 CG를 전문 제작했던 채널4Channel4의 게임 및 멀티미디어 개발 파트 팀명이다. <가이스터즈>의 프로그램 파트는 오브젝트 스퀘어(김동건, 이은석)팀에서 맡았다. 1999년 8월에 설립된 채널4는 국내 최초로 TV CF와 방송 프로그램의 컴퓨터 그래픽을 제작한 업체이다.

게임의 원작인 애니메이션 <가이스터즈>는 프레임엔터테인먼트에서 1997년부터 2000년까지 3년에 걸쳐서 제작해 2001년 10월 MBC에서 방영됐다. 애니메이션과 게임의 시나리오는 다르다. 게임은 S.A.F 특수 부대 가이스터즈의 팀장인 솔의 모험담을 다룬다. 프레임엔터테인먼트는 채널4, SVAC 코리아, 애니메이션 제작사인 프레임 3사가 합병한 회사이다. 첫 기획부터 '가이스터즈'라는 이름으로 다양한 사업을 전개하려고 한 흔적을 엿볼 수 있다.

<가이스터즈>의 첫 기획은 인터랙티브 무비interactive movie 형식이었다. 영상만큼은 자신이 있었으니 해당 노하우를 잘 표현할 수 있는 장르를 선택했던 것이다. 하지만 당시 유명했던 캡콤CAPCOM의 <바이오하자드Biohazard>(1996) 형식의 3D 어드벤처로 장르를 바꿔 출시됐다. 결과만 봤을 때 처음에 기획했던 것처럼 인터랙티브 무비 형식으로 했다면 <가이스터즈>에서 말하고자 하는 주제를 더 잘 표현하지 않았을까.

마케팅 포인트였던 플레이스테이션 이식을 염두에 두었기 때문인지 마우스 조작이 되지 않아 불편한 편이며, 플레이스테이션 버전은 결국 출시되지 않았다. 멋진 그래픽만큼이나 기획이 아쉽게 다가온다.

061

삼국지 천명

Three Kingdoms Divine Destiny

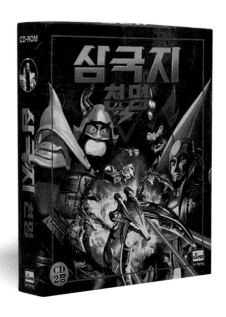

발매시기	1998년 2월
장르	RTS
개발사	동서게임채널
유통사	동서게임채널
가격	55,000원
플랫폼	MS-DOS, 윈도우 95
매체	CD-ROM
주요사양	IBM PC 펜티엄 이상, 램 16MB 이상

동서게임채널에서 시도한
블록버스터 RTS

국산 RTS 장르를 선구적으로 개척한 〈광개토대왕Gwanggaeto Daewang〉을 제작했던 동서게임채널이 개발한 SF RTS 게임이다. 동서게임채널은 자체 개발 외에도 많은 외국 게임을 유통했던 당시 탄탄한 규모의 회사였으며 외산 게임의 한글화는 물론 자체 제작도 진행했다. 〈삼국지 천명〉은 MS-DOS 버전과 윈도우 버전으로 출시되었으며 이어서 나온 미션팩 〈삼국지 천명: 손권의 야망Three Kingdoms: Altered Destiny〉(1998)은 완전한 윈도우 95용으로 출시되었다.

『고우영 삼국지』(문학동네, 2021)를 캐릭터 원화로 사용하고 게임 미션 설명도 더빙을 하는 등 10억 원의 제작비를 투자했다고 보도했다. 『고우영 삼국지』를 활용했으나 게임 속 시대는 미래로 설정해 삼국지 인물이 미래에서 기계 장치를 이용해 전쟁을 하는 독특한 느낌의 SF 게임이 되었으며, 게임에 등장하는 캐릭터 성격 역시 고우영 삼국지의 영향이 강하게 드러났다. 게임은 싱글 플레이만 지원했음에도 불구하고 반응은 나쁘지 않았다. 다만 이미 멀티 플레이를 지원하는 RTS가 나오고 있던 시점이라 멀티 플레이가 없다는 비판이 많았으며 이로 인해 오랜 인기를 끌기는 역부족이었다. 이어서 나온 미션팩 〈삼국지 천명: 손권의 야망〉은 단독 실행이 가능했지만 손권으로만 플레이할 수 있다는 점이 특징이었으며 2000년에는 후속작인 〈삼국지 천명 IIThree Kingdoms II: Clash of Destiny〉가 나왔다. 이후 '삼국지 천명 III: 영웅의 길'이 개발 중으로 발표했지만 출시하지는 못했다.

062

어쩐지 좋은 일이 생길 것 같은 저녁

The Fight

발매시기	1998년 2월 28일
장르	액션
개발사	TG엔터테인먼트
유통사	미디어링크
가격	40,000원
플랫폼	MS-DOS
매체	CD-ROM
주요사양	IBM PC 486 이상 (권장 펜티엄), 램 8MB 이상(권장 16MB)

만화를 원작으로 한
기본기에 충실한 명작 벨트스크롤 게임

『소년챔프』에 연재하면서 100만 부 넘게 팔린 인기작인 이명진 만화가의 『어쩐지 좋은 일이 생길 것 같은 저녁』(이하 '어쩐지… 저녁')을 원작으로 한 액션 게임이다.

〈어쩐지… 저녁〉은 원작의 흐름을 따라가면서도 과거의 이야기 같은 게임만의 새로운 요소를 추가했다. 300 프레임이 넘는 그래픽을 사용한 부드러운 그래픽을 내세워 홍보했을 정도로 게임이 부드럽게 진행됐다. 적들을 쓰러뜨려 얻는 경험치로 주인공인 남궁 건을 강화해서 기술이나 HP를 늘려 진행하는 것이 가능했다. 특히 기술력을 높여 콤보를 늘린 후 공중 콤보 등을 구사하는 것이 게임의 핵심이었다. 〈버추어 파이터〉의 게이머인 '아키라꼬마' 신의욱 씨가 테스터로 참여해 화제가 됐으며 『V 챔프』에 자신이 사용하는 콤보를 소개하기도 했다.

IP 활용으로 크게 성공한 게임이기에 국산 만화 원작의 게임으로 자주 언급된다. 하지만 2001년에 후속작으로 나온 〈어쩐지… 저녁 2^{The Fight 2}〉는 전작만큼 인기를 끄는 데 실패했다.

063

서풍의 광시곡

Rhapsody of Zephyr

발매시기	1998년 3월 14일
장르	RPG
개발사	소프트맥스
유통사	하이콤
가격	45,000원
플랫폼	윈도우 95
매체	CD-ROM 3장
주요사양	IBM PC 펜티엄 75 이상, 램 16MB 이상, HDD 100MB 이상, 4배속 이상 CD-ROM, 윈도우 95 대응 사운드 카드
저작권자	LINE Games Corporation

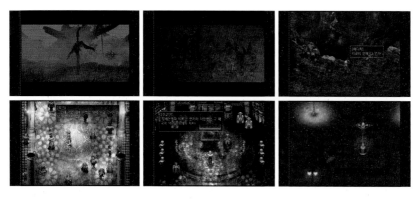

업그레이드된 그래픽과 음악으로 돌아온
〈창세기전〉 프랜차이즈를 확장한 본격 RPG

소프트맥스에서 발매한 〈창세기전〉 시리즈의 외전이다. 다양한 인물을 조종할 수 있던 장르였던 SRPG인 전작과 달리 〈서풍의 광시곡〉은 주인공 파티만을 조종할 수 있는 전통적인 RPG에 가깝다.

〈창세기전 II〉 엔딩에서 배경과 이야기가 더 정통 판타지에 가까웠던 〈창세기전〉과 이어지지만 〈창세기전〉과는 달리 『몽테크리스토 백작』을 원작으로 하며 총기도 등장하는 18세기 유럽의 근대적인 배경으로 이미지가 많이 바뀌었다. 주인공 역시 누명을 쓰고 가문이 망하며 감옥에서 탈출한 후 복수를 위해 움직인다는 『몽테크리스토 백작』에 기반한 창작된 이야기로 진행된다. 스토리에 분기가 있어 게이머의 선택에 따라 엔딩이 바뀌긴 하지만 후속작인 〈템페스트The War of Genesis Side Story II: Tempest〉에서는 첫 번째 엔딩이 정사로 취급된다. 〈서풍의 광시곡〉에 등장한 조직이나 인물들은 이후 〈창세기전 III〉로 이어지는 게임 내 세계관에서 중요한 역할을 하며 창세기전의 세계를 확장시키는 역할을 했다.

〈창세기전 II〉가 소프트맥스의 이전 작들과 비슷한 느낌의 파스텔 톤이었다면 〈서풍의 광시곡〉부터는 640×480이라는 이전보다 높은 해상도의 그래픽 스타일 역시 더 어둡게 바뀌며 이 스타일은 〈창세기전 III〉로 이어지기도 했다. 하지만 고퀄리티 그래픽과 업그레이드된 시스템 덕에 이전 시리즈보다 높은 사양의 컴퓨터가 필요했다. 최종 판매량은 결코 적지 않았으나 유통사인 하이콤이 IMF로 부도가 나면서 생긴 미수금 때문에 소프트맥스가 위기에 빠지기도 했다.

064

8용신 전설

The Legend of Eight Dragons

발매시기	1998년 5월
장르	RPG
개발사	밉스소프트웨어
유통사	카마디지탈엔터테인먼트
가격	42,000원
플랫폼	윈도우 95, 윈도우 98
매체	CD-ROM
주요사양	IBM PC 펜티엄 120 이상, 램 32MB 이상, HDD 300MB 이상, 8배속 이상 CD-ROM, 사운드 블라스터

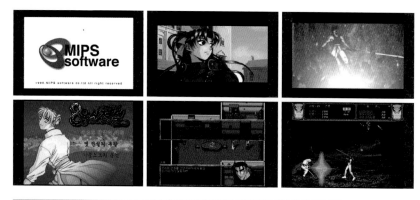

RPG의 명가 가람과 바람의
아쉬운 상용화 첫 작품

나우누리 게임제작 포럼의 소모임으로 시작한 팀 가람과 바람은 〈8용신 전설〉을 시작으로 게임 제작에 출사표를 던진다. 〈8용신 전설〉은 만화가 박성우 씨의 『팔용신 전설』을 원작으로 했다. 원작은 1990년대 초 『아이큐점프』에서 연재돼 많은 사랑을 받다가 1993년 작가가 입대하면서 단행본 6권으로 마감된 아쉬운 작품이었다. 원작자와의 협의하에 미진했던 스토리를 게임에서 완결시킨다는 목표를 천명함으로써 원작을 사랑했던 사람들의 많은 기대를 받았다.

〈8용신 전설〉은 전형적인 JRPG 스타일이다. 저해상도로 작업됐던 리소스를 당시 유행이던 고해상도 640×480 16비트 컬러에 맞춰 변경하는 작업에 많은 시간을 보냈다고 알려졌다. 가람과 바람의 대부분 팀원이 나이가 어려 팀 자체는 밉스소프트웨어Mips Software의 내부 소속 개발팀 상태로 유지했고 밉스소프트웨어 또한 〈8용신 전설〉의 개발과 판매를 책임졌다.

가람과 바람은 개발 도중 밉스소프트웨어와 트러블이 일어나 이 게임에서 손을 떼었기 때문에 게임 퀄리티가 급격히 떨어졌다. 특히 전투 파트 쪽의 피해가 제일 컸다. 1997년 12월에 발간된 『PC CHAMP』의 29호 기사를 보면 전투 파트 초기 기획은 세가새턴SEGA Saturn 기종으로 출시됐던 트레저Treasure의 〈가디언 히어로즈 Guardian Heroes〉(1996) 스타일의 전투 방식을 생각했던 것 같다. 하지만 결과적으로는 단순하게 3D 모델링으로 리터칭된 2D 캐릭터들이 사이드뷰 형식으로 한 틴씩 주고받는 평범한 전투 방식으로 출시됐다. 게임 출시 후 아쉬운 점으로 꼽히는 대부분이 전투 파트였던 것을 볼 때 초기 기획한 대로 전투 파트를 개발했다면 게임 평가가 상당히 높아지지 않았을까 한다. 이후 가람과 바람은 〈레이디안~심연 속으로~Leithian~in the abyss~〉(1999), 〈씰: 운명의 여행자Seal: Travelers of Destiny〉(2000) 등 다양한 RPG를 개발한다.

065

에일리언 슬레이어

Alien Slayer

발매시기	1998년 7월
장르	쿼터뷰 액션 RPG
개발사	디지털임팩트(NORA)
유통사	BCI 소프트
가격	29,000원
플랫폼	윈도우 95
매체	CD-ROM
주요사양	IBM PC 펜티엄 100 이상, 램 16MB 이상, 2배속 CO-ROM, 사운드 블라스터, 멀티 플레이 기능(28,800 BPS 모뎀, 네트웍 IPX, 시리얼 케이블), DirectX 5.2

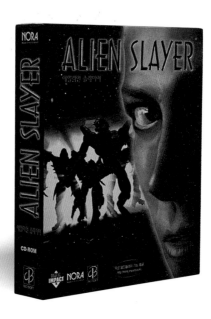

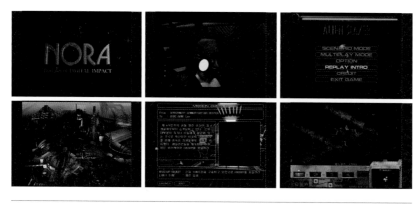

립버전 그룹에서
진가를 먼저 알아본 게임

〈신검의 전설 II〉을 디렉팅한 남인환 씨의 작품이다. 〈신검의 전설 II〉를 출시한 후 엑스터시 엔터테인먼트를 나와 1996년 말에 'NORA'라는 팀을 결성해 〈에일리언 슬레이어〉의 엔진 개발을 시작한다. 지원해줄 업체를 찾던 중 의견이 맞았던 디지털임팩트에 NORA 팀 전원이 들어가서 NORA라는 독립된 게임 부서를 만들어 게임 개발을 개시했다. 대부분 팀원은 〈신검의 전설 II〉 개발진이었다. 디지털임팩트는 정보 통신 사업과 컴퓨터 그래픽 광고 관련 작업을 주로 해온 업체였다. 미술을 전공한 사장 최용성 씨의 게임 개발에 대한 의지가 맞물려 NORA 팀과 좋은 시너지 효과를 낼 수 있었다.

게임 자체는 전형적인 쿼터뷰 형식의 핵 앤드 슬래시hack and slash 장르로서, 게이머는 용병이 돼 다양한 미션을 소화하며 에일리언을 물리쳐야 한다. 그동안 출시됐던 국내 게임들과는 차별화된 비주얼을 선보여 게임을 플레이한 사람들 사이에서는 국내 게임인 줄 몰랐다는 평가도 있었다. 해외 립버전 릴리즈 그룹인 클래스CLASS를 통해 게임이 배포되기도 해 게임의 재미를 인정받기도 했다.

출시 당시 게임을 유통했던 BCI 소프트는 〈에일리언 슬레이어〉가 재미없었다면 완전 무료는 아니지만 자사가 유통하는 다른 게임으로 교환해주겠다는 리콜 이벤트를 실시해 많은 게이머의 이목을 끌었다.

066

나의 신부

Campus Love Story the Next Generation

발매시기	1998년 10월
장르	연애 시뮬레이션
개발사	남일소프트
유통사	SKC 소프트랜드
가격	34,000원
플랫폼	윈도우 95
매체	CD-ROM
주요사양	IBM PC 펜티엄 90(권장 펜티엄 133), 램 16MB, HDD 90MB 이상, 4배속 이상 CD-ROM, 마우스 필수

얼마 안 되는 국산 연애 시뮬레이션 히트작

남일소프트에서 〈캠퍼스 러브 스토리〉 후속작으로 제작한 연애 시뮬레이션 게임이다. 작중 등장인물들이 〈캠퍼스 러브 스토리〉에도 등장하지만 공식적인 후일담은 아니다. 게임 내 가수 엄정화 씨가 등장해 파트너로 선택할 수도 있었으며 게임 내 음악도 담당해 세일즈 포인트로 삼기도 했다.

게임은 윈도우용으로 제작되어 게임의 이벤트들이 따로 창으로 나오고, 게임의 진행은 당시 유행하던 데스크톱 액세서리처럼 작은 창을 통해 실시간으로 진행되는 등 참신한 시도를 했으나 게임 편의성을 해치는 결과로 나타나기도 했다.

이러한 이유로 공식적인 후일담은 아니지만 이전 작에서 등장했던 인물들을 출현시키는 등 전작의 인기를 활용하려고 했음에도 불구하고 〈캠퍼스 러브 스토리〉만큼 성공하지는 못해 〈나의 신부〉는 남일소프트의 마지막 게임이 된다.

067

날아라 슈퍼보드: 환상서유기

The Flying Superboard

발매시기	1998년 10월
장르	RPG
개발사	KCT미디어
유통사	E2소프트
가격	28,600원
플랫폼	윈도우 95, 윈도우 98
매체	CD-ROM
주요사양	IBM PC 펜티엄 75 이상 (권장 펜티엄 133), 램 16MB 이상(권장 32MB), 2배속 이상 CD-ROM(권장 4배속)

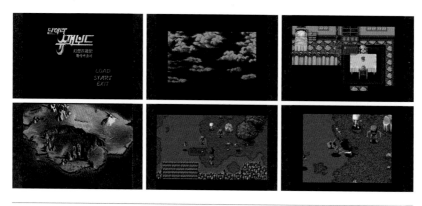

인기 애니메이션을 원작으로 한
장수 시리즈

KCT미디어는 다양한 일본 게임을 국내에 한국어 번역하여 수입한 회사로 〈디스크 스테이션〉이나 〈뿌요뿌요〉뿐만 아니라 〈파워돌〉, 〈마리의 아뜰리에〉, 〈오! 나의 여신님이여〉 등을 정식 출시하는 등 90년대 후반부터 2000년대 초까지 활발히 활동하여 당시 게이머들에게는 익숙한 게임을 많이 내놓았다.

〈날아라 슈퍼보드: 환상서유기〉는 만화가 허영만 씨의 『날아라 슈퍼보드』를 원작으로 KCT미디어에서 첫 번째로 자체 제작한 게임으로 2년여의 기간이 소모되었다. 당시 기준으로도 『날아라 슈퍼보드』는 상당한 시간이 지난 IP였지만 '사오정 시리즈'라는 유머가 유행하고 있었고 게임 출시 즈음 날아라 슈퍼보드의 새로운 애니메이션 시리즈가 방영되면서 IP의 효과를 보았다. 원작에서 캐릭터만 가져오고 전체 세계관이나 이야기는 독자적인 시리즈이다. 만화가 유현이 일러스트로 참여하였고, 음악 또한 〈여고괴담〉의 음악 작업에 참여했던 박정호 씨가 맡는 등 여러 가지로 힘을 준 프로젝트였고 게임에 대한 평가도 좋았다.

전투는 SRPG 형태로 진행되며 800×600이라는 당시 기준으로는 고해상도 그래픽으로 캐릭터를 프리 렌더링했다. 어린이를 대상으로 한 게임이었다는 평가와 쉬운 난이도를 가졌지만 반대로 당시 저연령층의 게이머들에겐 인상적인 게임으로 받아들이는 경우가 많았으며 이후 주얼이나 게임 잡지 등을 통해 이 게임으로 처음 RPG를 입문한 경우도 적지 않았다. 또한 난이도가 쉽다고 해도 파고들만한 요소가 적지 않아 오랜 시간 플레이한 경우도 많았다.

후속작으로 〈날아라 슈퍼보드 외전: 사오정랜드 대소동The Flying Superboard Oejeon: SaOjeong Land Daesodong〉(1999), 〈날아라 슈퍼보드 외전 2: 격투 대소동The Flying Superboard Oejeon 2: Gyeoktu Daesodong〉(2001), 〈날아라 슈퍼보드 외전: 이오니아 브레이크 The Flying Superboard: Eonia Break〉(2002) 등이 아케이드 장르로 출시됐다.

068

머털도사: 백팔요괴편

Merturl Wizard: Baekpal Yogoe-pyeon

발매시기	1998년 12월 21일
장르	RPG
개발사	오에스씨
유통사	오에스씨
가격	28,600원
플랫폼	윈도우 95, 윈도우 98, 윈도우 NT 4.0
매체	CD-ROM
주요사양	IBM PC 펜티엄 75 이상 (권장 펜티엄 133 이상), 램 16MB 이상, 4배속 이상 CD-ROM, 윈도우에 호환 되는 사운드 카드, 마우스 필수 (키보드 진행 불가능)

그래픽과 사운드가
뛰어났던 국산 RPG

만화가 이두호 원작의 『머털도사』(새소년, 1986)를 바탕으로 오렌지소프트 Orange Soft에서 제작한 RPG이다. 오렌지소프트는 1990년대 중후반 〈하이리워드〉를 시작으로 〈메모리즈〉, 〈용기전승〉, 〈무도인 이야기 R〉 등 일본 게임을 중심으로 한 다양한 게임을 국내에 소개하며 국산 게임으로는 〈충무공전〉을 유통했다. 머털도사 역시 외부에서 개발하려고 시도했으나 결국 내부에 개발팀을 꾸렸다는 소식을 1997년 1월에 전하며 개발을 시작, 1998년 게임을 출시했다.

〈머털도사〉는 키보드가 아닌 마우스로만 게임을 진행할 수 있으며 이해하기 쉬운 스토리로 좋은 평가를 받았다. 보스 몬스터보다 일반 몬스터가 더 강하다는 평가를 받아 많은 잡지에서 공략 소재로 애용했다. 쉽다는 평가 탓인지 연령대가 낮은 게이머를 중심으로 인기를 끌었으며, 게이머 사이에서는 비슷한 시기에 나온 〈날아라 슈퍼보드〉와 비교하며 명작으로 꼽는 경우가 많았다. 〈날아라 슈퍼보드〉 제작사 역시 일본 게임을 수입하며 자체 제작을 만화 원작으로 했다는 점에서 〈머털도사〉와 여러 가지 공통점이 있다. 음악은 Sound Team TeMP에서 담당했다. 게임 안에서 애니메이션을 활용했던 점도 호평을 받고 대만에 수출되는 등 해외에서도 성과를 보였다.

오렌지소프트는 비슷한 시기에 액션 게임 〈스팅〉을 출시하며 마케팅과 수출을 함께 전개하였으며, 후속작 〈머털도사 2Merturl Wizard 2〉(2000) 등을 출시했다.

전석환

Jeon SeokHwan

>> **자기소개 부탁드리겠습니다.**

게임 회사로 1997년에 소프트맥스에 처음 들어갔습니다. 지금까지 게임 회사에서 일했습니다. 소프트맥스에서 시작해 KRG 소프트를 거쳐 모웰소프트라는 게임 회사를 창업했습니다. 드래곤플라이에 인수된 후로는 한빛소프트와 조이시티, 유티플러스 인터랙티브에서 게임 개발을 했습니다. 2018년에는 1인 개발자를 시작했고 지금은 한국게임개발자협회^{KGDA}에서 정부의 게임 사업을 맡고 있습니다.

처음에는 게임 프로그래머로 일을 시작했습니다. 게임 기획을 하고 싶었지만 당시에는 프로그래밍을 모르면 게임 기획을 할 수 없다는 공감대가 있었습니다. 그래서 게임 프로그래머로 시작해 이후 게임 기획을 하다가 프로듀서나 디렉터 업무를 맡게 되었죠.

>> **게임 업계에 들어오기 전 경력이 일반적이지 않으신 것 같습니다. 당시 이야기를 들려주실 수 있을까요?**

처음부터 게임에 뜻을 둔 건 아니었습니다. 컴퓨터 잡지에 나온 간단한 게임의 베이직 코드를 따라 해보는 정도였습니다. 제가 애니메이션을 굉장히 좋아해 어렸을 때부터 하이텔 '애니동(애니메이트동호회)' 활동을 많이 했습니다. 애니메이션 신작이 나오면 명동에 있는 '형음악실(일명 형레코드)'로 달려가서 자막을 프린트로 출력해 다같이 봤어요.

처음에는 새롬동화 같은 데서 제작을 해보거나 촬영 감독님들과 친분을 쌓았습니다. 일본 애니메이션 기록이나 서적 같은 것이 많았어요. 감독님들과 친하게 지내다가 〈아마게돈〉 제작위원회의 제작 관리부에 들어갔죠. 제작사무국 직원으로 들어갔는데 2년 가까이 제작부터 상영까지 지켜보니 여러 가지 제약이 많더군요. 그래서 우리나라에서 애니메이션으로 성공하기는 힘들다고 느꼈습니다. 〈아마게돈〉 프로젝트에 투자한 기업 중 미리내 소프트웨어가 있었어요. 회식에서 정재성 대표님이 제가 게임을 좋아한다고 하니까 학원을 다니며 공부를 해보라고 권하셨죠. 마침 LG 하이미디어 게임스쿨을 추천해주셔서 들어가게 되었고 본격적으로 게임 개발자로 첫발을 내딛었습니다.

》 LG 하이미디어 게임스쿨을 졸업하면서 게임 업계에 들어오셨는데 관련 이야기를 들려주실 수 있을까요?

당시 유명한 게임 학원은 논현동의 게임스쿨과 여의도에 위치한 LG 게임스쿨이었습니다. 논현동 게임스쿨이 역사가 깊어 이미 게임 업계에 진출한 선배들과의 관계가 돈독했던 것이 부러웠어요. 당시 LG는 공격적으로 게임 쪽에 진출하려는 분위기였어요. 퍼블리싱은 물론 게임을 직접 제작해 출시하기까지 했지요. 3DO로 콘솔 게임 사업에 진출하기도 했어요. 하지만 결국 13기인가 14기 정도로 교육 사업은 끝낸 것으로 기억합니다.

　LG 게임스쿨은 프로그래밍 수업이 힘들었어요. 기획 강의는 따로 없었고요. 프로그래밍이랑 그래픽만 있었는데 로우 레벨의 끝판왕이라고 할 수 있는 풀 어셈블리 언어를 많이 가르쳐줘 실력 향상에 많은 도움을 받았습니다. 과제도 풀 어셈블리로 게임을 만들어오는 것이었고요. 실제 게임 업계에 들어간 후 당시의 교육이 많이 도움이 되었죠.

》 〈판타랏사〉와 〈서풍의 광시곡〉 개발에 참여하셨죠. 관련 비화가 있을까요?

당시에 소프트맥스는 한국 최고의 게임 회사였어요. 2년의 학원 과정을 마치고 소프트맥스에 지원을 했습니다. 동기들도 모두 소프트맥스에 지원했는데 다른 동기들은 모두 떨어졌어요. 소프트맥스에 면접을 보러 갔는데 면접 온 분들이 전석환 아트디렉터(동명이인)와 최연규 실장이었어요. 실제로 얼굴을 본 건 처음이라 몰랐는데 면접 중에 "안녕하세요, 제가 아웃슛입니다"라고 하더군요. 옆에서 최연규 실장은 "안녕하세요, 저는 라인하르트입니다"라고 하이텔 아이디를 알려주면서 인사를 했죠. 딱딱한 면접 분위기는 아니었어요. 오래전부터 알던 사람을 만난 듯한 화기애애한 분위기였죠.

소프트맥스에 입사한 후로 〈판타랏사〉 개발에 바로 투입됐습니다. 출시한 후에는 새 프로젝트를 맡았어요. 조용기 실장님과 둘이서 〈창세기전〉 외전인 〈서풍의 광시곡〉 개발을 시작했어요. 조용기 실장님이 저의 프로그래밍 스승입니다. 아주 꼼꼼하게 프로그래밍을 잘하는 실력자셨죠. 〈창세기전〉 외전은 우리나라에서 개발한 최초 16비트 컬러 게임이었던 것으로 기억합니다. 그러다 보니 국내에 개발 자료가 없어서 해외 사이트에서 자료를 찾고는 했어요.

당시 인터넷은 모뎀을 통해서 접속하는 방식이라 회사 모뎀은 저만 쓸 수 있는 특권을 가지게 되었죠. 출시가 가까워지면서 여러 가지 효과나 라이브러리를 완성할 수 있었습니다. 당시 플레이스테이션에서 보여주던 하드웨어 비주얼 효과는 모두 다 구현했습니다. 게임이 출시된 후 회사의 허락을 받아서 '게제동'에 그동안 개발했던 16비트 컬러 화면 효과 소스코드를 공개했는데 많은 분이 도움을 받았다고 들었습니다.

≫ 이후 KRG 소프트에서 〈드로이얀〉 시리즈와 〈열혈강호〉 개발에 참여하셨죠. 관련 비화가 있을까요?

KRG 소프트의 박지훈 대표님이 LG 게임스쿨의 한 기수 위였어요. 마포에 있었는데 소프트맥스에 다닐 때부터 종종 놀러 갔었습니다. 저녁을 함께 먹다가 스카우트하셨죠. 소프트맥스를 나오고 KRG 소프트에 들어가자마자 급하게 〈드로이얀 넥스트〉라는 횡스크롤 아케이드 게임에 투입되었어요. 개발된 부분이 없어서 입사하자마자 몇 달 동안 집에도 못 들어가면서 게임을 완성시키고 출시했습니다. 저는 〈드로이얀 넥스트〉로 회사 내에서 역량을 인정받은 후에는 〈드로이얀 2〉의 개발 팀장을 맡았습니다.

〈드로이얀 2〉를 출시한 후에는 회사 규모가 커져서 캐시카우cash cow를 위해 성공이 보장된 새 프로젝트가 필요했어요. 그래서 박지훈 대표님에게 『열혈강호』 작가님들을 소개시켜드렸습니다. 게임으로 만들기로 결정하고 계약까지 마친 후 작가님들이 게임 개발팀과 콜라보를 해주었습니다. 당시 『열혈강호』는 국내 최고 인기 만화였습니다. 게임 제작 참여를 위해 휴재까지 하면서 함께 프로젝트를 만들었죠. 결과적으로 말하자면 〈열혈강호〉는 6만 카피 정도 판매했습니다. 퍼블리싱을 맡은 세고가 이마트에 유통을 하는 등 판매 전략도 좋았습니다.

〈열혈강호〉는 당시 최대 규모로 성우 녹음을 했습니다. 출연한 성우만 30여 명되었습니다. 주인공으로 강수진 님, 최덕희 님 외에도 특급 성우들로 캐스팅되었습니다. 대본 녹음도 잘되었죠. 당시 MBC 성우 대상을 받은 김아영 님이 대본을 꼼꼼히 읽어보고 그에 맞는 성우로 섭외까지 해주는 등 실제 게임 제작에 많은 도움을 주셨습니다. KBS 뒤의 커다란 녹음 홀을 통째로 빌려서 이틀 반나절 동안모여서 작업했습니다. 수많은 성우가 한곳에 모두 모여서 녹음을 한 사례는 〈열혈강호〉가 최초이자 마지막이라고 들었습니다. 그만큼 퀄리티는 좋게 나왔어요.

≫ 〈열혈강호〉 출시 무렵에는 패키지 시장이 황혼기에 접어 들었죠. 당시 이야기를 들려주실 수 있나요?

KRG 소프트는 AS를 전화로 받는데 '뻗어요' '안 되네요' 등의 문의가 많았어요. 패키지에 미니 게임을 빨간색 보너스 CD로 넣었거든요. 그랬더니 '빨간 CD가 없는데요'라고 전화가 왔어요. 불법으로 받은 사람들은 CD가 없었으니까요. 초도물량 3만 카피를 찍어서 2만 카피도 안 팔렸던 시절인데, 패치 다운로드 숫자는 40만씩 나왔어요.

〈열혈강호〉 이후로는 패키지의 꿈을 접었죠. 무언가 새로운 것을 만들어야 한다는 강박도 있었어요. 〈드로이얀 2〉를 출시하고 회사로 엽서가 온 적이 있어요. 엽서 내용이 지금도 기억이 납니다. 초등학생이 〈드로이얀 2〉 게임을 사서 했는데 굉장히 재밌어서 친구들에게 CD를 주며 해보라고 권했더니 친구들이 '바보 아니냐? 그걸 왜 돈 주고 사서 하냐? 공짜로 다운로드받으면 되는데'라고 했다더라고요. CD를 사서 한 자기가 정말 잘못한 거냐는 내용이었습니다. 그때부터 저는 '한국에서 정상적인 패키지 출시로 돈을 벌기는 힘들겠구나'라고 생각했습니다.

이문영

Lee MoonYoung

>> **자기소개 부탁드리겠습니다.**

1993년에 게임 시나리오 공모전에서 최우수상인 체신부(현 과학기술정보통신부) 장관상을 받았습니다. 게임 시나리오를 써서 게임업계에 공식적으로 발을 디딘 후 새론 소프트웨어에서 〈매드 런Mad Run〉(1998)의 게임 시나리오를 썼고, 다음 해에 LG소프트웨어에서 〈스톤엑스〉 작업을 했습니다. 유즈드림Uzdream에서 〈무혼Muhon〉(2002)이라는 MMORPG를 기획부터 제작총괄까지 진행했습니다. 모바일 게임으로는 게임빌Gamevil에서 〈삼국쟁패三國爭覇〉(2005) 시나리오를 썼고 그 외에는 게임 칼럼을 스포츠 신문이나 『굿데이 신문』 등 여러 곳에서 썼습니다.

>> **게임 시나리오 공모전에서 상을 받으셨죠. 그때 관련한 에피소드가 있나요?**

제가 체신부에서 상을 탄 후에 체신부가 없어졌습니다. 아마 마지막 체신부상이 아니었을까 싶어요. 당시 학생은 아니었고 출판사에서 일하고 있었습니다. 그때도 게임을 만들고 싶었어요. 그래서 여기저기 많이 찾아다녔습니다. 그 시절만 해도 초기라 해외 게임을 국내에서도 아이디어로 쫓아갈 수 있는 시점이라고 생각했습니다. 20대 후반이었어요. 투자를 받아서 프로그래머를 고용해 게임을 만들 수 있을 것이라고 생각했는데 투자를 받지는 못했어요. 그러다가 게임 시나리오 공모전이 열린다는 공지를 봤습니다. 한 달 남았더라고요. 그래서 공모전에서 상을 타면 진행이 되지 않을까 싶었습니다.

처음에는 '홍길동전'으로 하려고 했었는데 그해에 게임 〈홍길동전〉이 나왔습니다. 그래서 '일지매전'을 쓰기로 했습니다. 자료가 없어서 일본 게임 매뉴얼을 참고해 작성을 했어요. 마감날 간신히 제출했죠. 대상을 탔는데 상을 타면 어디서든 연락이 올 줄 알았어요. 그런데 연락이 안 오더라고요. 그러다가 갑자기 〈일지매전〉(1995) 게임이 나왔습니다. 무슨 일인가 했더니 대상을 받은 시나리오를 기초로 다시 제작했다고 하더라고요. 일지매가 만파식적을 찾는다는 기본적인 흐름만 남고 나머지는 다 바뀌었습니다.

>> **그 후 각종 게임의 시나리오를 맡으셨습니다. 2000년대 전의 게임 개발에서 시나리오 업무를 하면서 느꼈던 부분에 대해서 말씀해주세요.**

당시 시나리오 공모전을 처음 겪었을 때는 말은 게임 시나리오라고 하지만 실제로는 기획서를 요구한다는 느낌을 받았습니다. 〈스톤엑스〉를 작업할 때 LG소프트웨어에서 연락이 와 시나리오를 의뢰하고 싶다고 했습니다. 먼저 콘셉트 시놉시스 같은 것을 제출하고 선정되면 비용을 지불하겠다고 했죠. 처음 제목은 '대이동'이었어요. 스케일이 큰 기획이었죠. 나중에 선정이 돼 기획실장을 만나서 게임 구현이 어디까지 가능하냐고 물었더니, 작가님의 상상력을 제약하고 싶지 않다고 어떻게든 해와도 만들 수 있다고 하더라고요. 하지만 10일 후에 힘들다고 연락이 왔습니다. 중간중간 정리를 하면서 연락을 주고받다가 어느 순간 연락이 끊겼어요. 그런데 이번에도 어느 날 신문에 게임이 나왔다는 기사를 발견했어요. 저도 모르게 어느새 게임이 나왔더라고요. 공식적인 자료에 제 이름은 나오지 않고 기획팀장은 그만뒀었습니다. 나중에 회사에 연락해보니 엔딩 크레딧엔 들어가 있다고 했습니다.

>> **게임 잡지 쪽에서도 많은 글을 쓰셨습니다. 관련 에피소드가 있나요?**

어느 날 『게임피아』의 게임 소개 글 원고 청탁 때문에 기자님이랑 만나서 점심을 먹었습니다. 〈울티마 온라인〉을 플레이하던 것을 이야기했더니 굉장히 좋아하며 원고로 달라고 했습니다. 그래서 일회성인 줄 알고 적당히 소설처럼 여행기를 써서 보냈는데 반응이 굉장히 좋았던 것 같아요. 나중에 전화가 와서 왜 2편을 주지 않냐고 이야기하며 바로 연재하라고 하더라고요. 그렇게 〈울티마 온라인〉 여행기를 『게임피아』에서 2년 정도 연재를 했어요. 이때 〈울티마 온라인〉의 개발자인 리처드 개리엇Richard Garriott도 한 번 만나봤고요.

≫ 실제 번들 경쟁이 패키지 게임 시장에 영향이 있었을까요?

정품 게임을 내면 잡지 판매고가 완전히 달라졌어요. 그러다가 게임 CD를 사면 잡지가 따라온다는 인식이 생긴 것 같습니다. 당시에는 게임 수가 그렇게 많지는 않아서 문제가 생기지 않을까 염려됐는데 결국 영향을 미치기 시작하더라고요. 기다리면 공짜로 받을 텐데 싶은 거죠. 사실 공짜는 아니고 반의 반값 이하였지만요. 문제는 이 주기가 점점 짧아지기 시작한 겁니다.

게임회사 입장에서는 악순환으로 돌아왔습니다. 처음에는 좋았죠. 게임 잡지에 번들들을 제공하면 5천만 원, 1억 원씩 목돈이 생겼고 숨통이 트였으니까요. 그런데 그 돈으로 신작을 냈는데 신작이 잘 안 나가는 겁니다. 신작을 빨리 돈으로 현금화해야 하니까 게임 잡지에 또 번들로 제공하게 됐습니다. 이게 반복되고 기간이 점점 짧아지니 유저들은 게임을 살 필요가 없다고 생각하게 됐죠. 그래서 게임 잡지사가 모여 이대로 계속되면 공멸한다며 더 이상 정품 게임을 부록으로 제공하지 말자고 협의했었습니다. 바로 그 달에 『게임피아』가 뒤통수를 쳤고요.

저는 『게임피아』에서 연재를 하고 있었기 때문인지 죄책감이 들었어요. 한 번 의견을 내기도 했죠. 영업부에서는 이미 잡혀 있는 것이라 어쩔 수 없이 진행을 했다고 미안하다고 했습니다. 어떻게 할 수가 없었죠. 그렇게 협의는 무너졌고요.

저는 불법 복제와 게임 잡지의 번들 모두 문제였다고 생각합니다. 마치 무너져 내리는 성을 보는 기분이었어요.

>> 심사에도 많이 참여하셨죠. 1990년대 말 정부의 게임 지원 사업도 많이 지켜보셨을 것 같습니다. 영향력과 업적을 평가해볼 수 있을까요?

「2000년도 국내게임개발 동향분석」을 만들 때 서울올림픽파크텔에서 숙박하면서 아무 곳에도 못 가게 했어요. 민감한 회사 정보 같은 것을 다루니까 책이 나올 때까지 유출이 되면 안 된다고 했죠. 감금까지는 아니었던 것 같지만…. 어쨌든 다 모여서 작업을 했습니다.

테크노마트의 사무동에 한국게임산업개발원이 있어서 게임 회사들에 저렴하게 빌려줬습니다. 벤처 지정을 받으면 세제 혜택 같은 것도 주었어요. '이달의 우수게임'이라는 상이 있었는데, 실은 이것이 굉장히 중요한 의미가 있었죠. 해외에 자랑할 수가 있거든요. 수출할 때 수상 경험이 있느냐 없느냐가 중요했던 것 같아요. 출시된 작품을 정부에서 공식적으로 평가해준다는 게 굉장히 좋은 점이었다고 생각합니다. 백서 작업이나 한국콘텐츠진흥원의 콘텐츠도서관 같은 것도 좋았죠.

>> 게임 제작을 꿈꾸는 지망생들에게 한 말씀 부탁드리겠습니다

게임은 창의력에서 나오는 것이기 때문에 많이 읽고, 많이 보고, 많이 돌아다니는 것 모두 중요합니다. 사물을 봤을 때 한 가지로 그것을 규정하지 말고 사물의 이면을 보려는 노력을 해야 발상이 늘어나고 아이디어가 샘솟게 됩니다. 전혀 관련 없을 것 같은 사물을 서로 연결해서 생각하는 공상을 즐기는 것이 좋습니다. 게임은 누구에게나 즐거운 상상을 안겨주는 것이니까요.

1999

레이디안~심연 속으로~ Leithian~in the abyss~

엑스톰 3D Xtom 3D

제피 Zaphie

하트 브레이커즈 Heart Breakers

069

레이디안~심연 속으로~

Leithian~in the abyss~

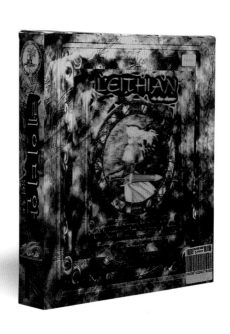

발매시기	1999년 3월 18일
장르	액션 RPG
개발사	가람과 바람
유통사	카마 엔터테인먼트
가격	31,000원
플랫폼	윈도우 95
매체	CD-ROM
주요사양	IBM PC 펜티엄 133(권장 펜티엄 166) 이상, 램 16MB(권장 32MB) 이상

가람과 바람의 3부작으로 통칭되는
시리즈의 시작을 알린 액션 RPG

밉스 소프트웨어에서 〈8용신 전설〉을 제작했던 가람과 바람 팀이 카마 엔터테인먼트에서 새 둥지를 틀고 제작한 액션 RPG이다.

'레이디안'이란 제목은 반지의 제왕에서 쓰인 엘프어에서 따왔으며, 발매 전부터 일러스트레이터 박성우 작가나 『선녀강림』의 만화가 유현 씨의 일러스트 등을 공개해 게임에 대한 기대가 높았다. 일반적으로 남성이 주인공이었던 게임 시장에서 여성을 주인공으로 내세운 점도 주목받았다. 게임 내 성우들도 당시 애니메이션 성우로 유명했던 이현진 씨. 김승준 씨 등이 참여하며 화려한 라인업을 자랑했다. RPG이지만 레벨 개념이 없고 각각의 능력치를 직접 올리는 방식의 육성 방법을 택한 것도 다른 RPG와의 차별점이었다.

하지만 조이패드에 어울리는 링커맨드 시스템은 키보드로 조작하기에는 난해한 경향이 있고, 〈레이디안〉 역시 액션 게임이지만 조작이 어렵다는 평가가 있었다. 그럼에도 기본기가 충실해 게임의 재미가 탄탄했고, 다양한 미니 게임과 매력적인 주인공 캐릭터와 이야기 등으로 많은 인기를 끌었다. 다양한 서브 이벤트도 레이디안의 특징이지만 중간에 플레이어의 선택에 따라 엔딩이 갈리는 것 역시 특징이었는데 어느 쪽 엔딩도 비극이었다.

〈레이디안〉에서 만들어진 스크립트 엔진과 게임 엔진은 이후 〈씰: 운명의 여행자〉에서도 활용됐다.

070

엑스톰 3D

Xtom 3D

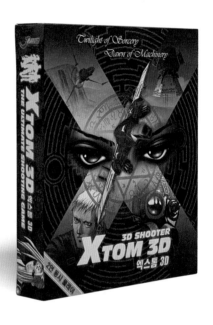

발매시기	1999년 7월
장르	3D 슈팅
개발사	재미시스템개발
유통사	재미시스템개발
가격	25,000원
플랫폼	윈도우 95, 윈도우 98, 윈도우 NT
매체	CD-ROM
주요사양	IBM PC 펜티엄 166 이상, 램, 24MB 이상, 4배속 CD-ROM, OpenGL 3D 가속 카드 필수, 윈도우 지원 사운드 카드, 사운드 블라스터, 키보드 및 조이스틱, 조이패드 지원

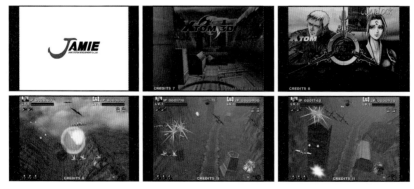

국내 최초의 FULL 3D 슈팅 게임

미리내 소프트웨어에서 〈네크론〉의 기획과 프로그램을 담당했던 박재홍 씨와 〈그날이 오면 3〉의 메인 기획자 김경수 씨가 개발에 참여한 작품이다. 자체 제작한 3D 엔진으로 만든 〈엑스톰 3D〉는 이후에 발매한 로봇 대전 액션 게임 〈액시스〉 개발에 많은 도움을 준다. 2D에서 3D로 전환하는 것은 단순히 앞자리 숫자가 변하는 것을 넘어 해결해야 할 많은 기술적인 이슈가 있으며, 2D와는 다른 재미를 찾아야 한다. 〈엑스톰 3D〉는 3D 슈팅 게임의 첫 게임이었지만 기술과 재미라는 두 마리 토끼를 무리 없이 잘 잡았다.

〈엑스톰 3D〉는 아케이드 전문 개발사인 안다미로의 게임 보드 Mk-3를 사용해 아케이드 센터용으로 먼저 출시하려 했으나 PC 패키지 게임만 출시가 되었다. PC 데모 버전은 3DFiles.com, avault.com 등 당시 유명했던 해외 게임 사이트에서 수천 회의 다운로드를 기록하는 등 해외에서 게임의 재미를 먼저 인정받았다.

총 일곱 개의 스테이지로 이루어졌고 전투기는 XTOM, WARLOCK, VX-MK II 중 하나를 선택해 플레이할 수 있다. TCP/IP, IPX, 모뎀을 통한 네트워크 플레이를 지원해 다양한 방법으로 게임을 즐길 수 있다.

071

제피

Zaphie

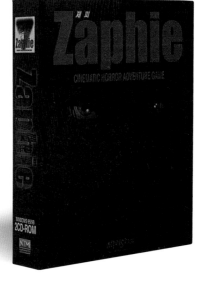

발매시기	1999년 8월
장르	호러 어드벤처
개발사	미라스페이스
유통사	뉴톤미디어
가격	25,000원
플랫폼	윈도우 95
매체	CD-ROM
주요사양	IBM PC 펜티엄 133 (권장 펜티엄 166 이상), 램 16MB(권장 램 32MB), HDD 200MB 이상 권장, 사운드 블라스터 호환 기종 권장, DirectX 6.0 이상 권장

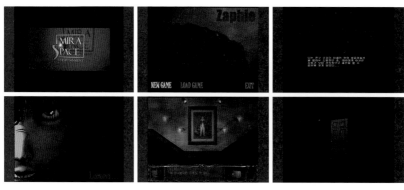

국내 최초의 호러 어드벤처 게임

미라스페이스Miraspace의 첫 시작은 게임스쿨에서 만나 결성된 팀이었다. 당시 설립된 게임 회사들의 첫 작품을 보면 〈제피〉는 이제 시작한 회사의 첫 게임이라고는 믿기지 않을 정도로 뛰어나다. 1998년 영화 〈여고괴담〉의 흥행으로 대중이 호러 장르에 거부감이 없었을 때 시장에 등장해 호러 어드벤처 장르의 가능성을 열었다는 평가를 받았다.

〈제피〉는 쌍둥이로 태어나려다 태어나지 못한 아이의 복수극을 다룬다. 게임 형식은 사이언Cyan에서 개발한 〈미스트Myst〉(1993)와 같은 1인칭 어드벤처 게임이다. 진행은 크게 두 파트로 나눌 수 있다. 주인공인 스펜서가 친구 로저의 저택을 탐험하며 비밀을 파헤쳐가는 파트와 제피의 몸에 깃들어 있는 악령을 퇴치하는 퇴마 파트이다. 드라마 〈X파일X-Files〉의 주인공인 멀더 요원의 성우로 유명한 이규화의 더빙으로 게임의 분위기가 한층 고조됐다. 잔인한 몇몇 장면이 문제가 돼 삭제 혹은 수정해야 했지만 무삭제 패치가 존재해 제작진의 원래 의도대로 게임을 플레이할 수도 있다.

〈제피〉가 흥행하면서 후속작인 〈제피 2Zaphie 2〉(2002)는 파워렌더powerrender라는 외부 3D 엔진을 사용해 풀 3D 게임으로 출시됐지만 1편만큼의 호평은 받지 못했다. 미라스페이스는 〈제피 2〉를 개발할 때 2000년 12월 7일 그리곤엔터테인먼트Grigon Entertainment에 인수돼 합병된다.

하트 브레이커즈

Heart Breakers

발매시기	1999년 10월
장르	대전 격투
개발사	패밀리 프로덕션
유통사	하이콤, 이소프넷
가격	28,600원
플랫폼	윈도우 95
매체	CD-ROM
주요사양	IBM PC 펜티엄 166 이상, 램 24MB 이상, HDD 100MB 이상, 8배속 이상 CD-ROM, 3D 가속 카드 필요, DirectX 6.0 이상

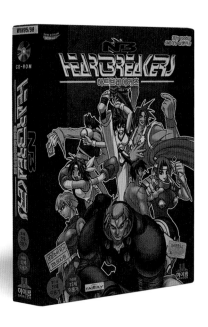

국내에서 제대로 만든
3D 대전 격투 게임

이전까지 국내에서 3D 격투 게임을 표방했던 게임들이 테크니컬 데모 수준의 퀄리티였다면, 패밀리 프로덕션의 〈하트 브레이커즈〉는 일본의 3D 격투 게임과 비교해도 손색없었다. 비용 문제로 적용하기 힘들었던 모션 캡처 기기를 도입해 부드러운 모션 데이터를 확보할 수 있었고, 패밀리 프로덕션에서 오랫동안 축적해온 노하우를 바탕으로 한 기술력을 자랑한 게임이 탄생했다. 개발은 2년여의 기간이 걸렸다.

〈하트 브레이커즈〉는 총 열다섯 명의 캐릭터가 등장해 게임의 볼륨을 풍부하게 만들어준다. 아케이드용으로 제작된 후 PC 버전으로도 출시됐는데 용산 등의 매장에서는 구하지 못했다는 사람이 많았다. 필자는 이 게임을 동네 서점에서 구입했는데 1998년 12월 21일 『전자신문』에 따르면 서점을 활용한 PC 게임 유통이 급속도로 확대되었으며 뉴톤미디어, E2소프트, 인터소프트멀티미디어 등 총 아홉 개의 업체가 서점을 통해 판매한다는 기사를 찾아볼 수 있었을 정도로 당시에 동네 서점에서 PC 패키지 게임을 구매하는 것은 흔한 일이었다. 당시 전국적으로 1만 5천 곳의 서점이 있었다 하니 좀 더 많은 판매 루트를 확보할 수 있었을 것이다.

PC 버전은 당시 유행하던 3D 가속 카드인 3dfx 인터랙티브^{3dfx Interactive}의 부두^{Voodoo}를 기준으로 삼아 개발하였기에 부두의 글라이드 API^{Glide API}가 아닌 D3D나 OpenGL로 게임을 구동하면 게임의 퀄리티가 떨어지니 주의하자. 〈하트 브레이커즈〉가 어느 정도 판매됐는지 알 수는 없지만 게임 출시 후 패밀리 프로덕션이 AM테크(현 어뮤즈월드)에 인수합병된 것으로 보아 만족할 만한 성적은 올리지 못한 것으로 보인다.

2000

073

씰·운명의 여행자
Seal: Travelers of Destiny

발매시기	2000년 4월
장르	RPG
개발사	가람과 바람
유통사	카마 엔터테인먼트
가격	오픈 프라이스
플랫폼	윈도우 95, 윈도우 98, 윈도우 2000
매체	CD-ROM
주요사양	IBM PC 펜티엄 120 이상, 램 32MB 이상, HDD 400MB 이상, 4배속 이상 CD-ROM, Direct X 지원 사운드 블라스터

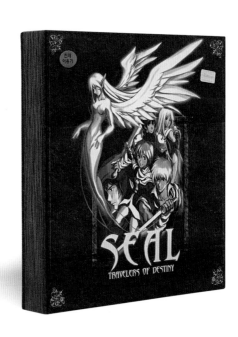

불법 복제로 빛을 못 보았지만
컬트적인 인기를 끌었던 명작 RPG

〈레이디안〉을 출시한 가람과 바람에서 제작한 게임이다. 2000년에 나온 게임이지만 고전 RPG 느낌이 강했다. 캐릭터 애니메이션의 양이 많았고 애니메이션을 활용한 다양한 연출, 많은 수의 서브 이벤트가 있다. 〈레이디안〉의 액션 RPG와 달리 전투가 따로 있는 정통 RPG에 가까웠다. 전투는 턴제이지만 실시간으로 턴이 차는 리얼 턴 혹은 액티브 타임 배틀Active Time Battle(ATB) 형태의 전투였다. 게이머의 턴 실행 시점, 캐릭터가 전투를 위해 움직이는 애니메이션의 좌표를 통한 공격 및 회피, 충돌 등이 발생하면서 프로그래머가 의도하지 않은 패턴이 많이 등장했다. 이에 턴제이지만 사실상 실시간으로 이루어지는 박진감 넘치는 전투를 제공해 좋은 평가를 받았다.

저사양을 고려해 저사양 PC에서도 게임이 무리 없이 실행됐다. 게임의 데이터가 많지 않아 CD가 필요 없는 립 버전이 70MB 정도밖에 되지 않았기에 불법 복제가 매우 쉬워 와레즈에 불법으로 널리 퍼졌다. 결국 1년 만에 잡지 번들로 나왔을 때 이슈가 됐다. 『V 챔프』에서 언급된 판매량은 약 2천 장 정도로 추산되며 유저의 문의도 적었다는 자조적인 언급도 있었다. 이후 개발자는 그래픽이 화려하지 않고 자금 압박으로 일러스트를 팀 안에서 해결해 대중성이 부족했으며 마케팅 역시 활발하지 못했기에 결과가 좋지 않았다고 후술했다.

현재 SF 작가로 유명한 김보영 작가가 〈씰〉의 시나리오와 그래픽에 참여한 것도 특징인데, 김보영 작가는 이전 작인 〈레이디안〉에서 그래픽 디자이너로 참여했으며 후속작 개발에도 참여했다. 이후 〈씰〉의 뒷 이야기를 인터넷에 공개했다.

2003년에는 같은 세계관을 다룬 〈씰 온라인Seal Online〉이 서비스를 시작했다.

074

그녀의 기사단

Her Knights

발매시기	2000년 6월
장르	RPG
개발사	별바람 크리쳐스
유통사	애니미디어
가격	28,000원
플랫폼	윈도우 95
매체	CD-ROM
주요사양	IBM PC 펜티엄 200 이상, 램 64MB 이상, HDD 430MB 이상

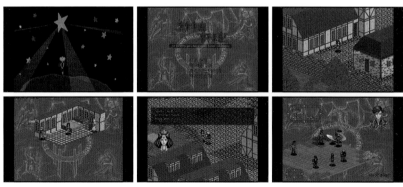

'여성용 게임' 장르를
본의 아니게 개척한 이색작

　1990년대 초두부터 〈호랑이의 분노^{Rage of Tiger}〉(1991), 〈푸른매^{Pureun Mae}〉(1995) 등의 게임을 공개하며 PC 통신을 중심으로 활동해온 한국 1세대 인디 게임 크리에이터이자 1인 개발자로 유명한 '별바람' 김광삼 씨(한국게임개발자협회 회장 역임, 전 펄어비스 총괄 PD)의 대표작 중 하나. 스토리와 그래픽부터 프로그램과 사운드에 이르기까지 게임 내의 거의 모든 요소를 별바람이 혼자 제작한 것으로도 유명하다.

　당시 게임 잡지 보도에 따르면 처음엔 같은 1인 개발자 출신인 안영기 씨와 공동 개발하며 출발했는데, 서로의 사정이 겹쳐 안영기 씨는 스크립트 엔진 완성 후 이탈하고 별바람이 혼자 3년 넘도록 개발하여 간신히 완성해냈다고 한다. 드물게 주인공이 '공주'로 여성인데다 남성이 다수인 자신의 기사단을 구성하며 각 캐릭터를 공략해 기사별 엔딩을 볼 수 있는 연애 시뮬레이션 요소를 도입한 것이 파격적으로, 개발자가 의도한 것은 아니었지만 국산 게임 중에선 매우 드물게 '여성용 게임' 시장을 개척한 작품이 되어 당시의 여성 게이머들로부터 많은 호응을 받았다.

　복잡하고 전략적인 시스템을 선호하는 개발자의 취향이 강하게 반영되어 요리 제작이 가능한 캠핑 시스템, 자유도가 높은 시나리오 전개, 상성과 전략성이 크게 요구되는 시뮬레이션 스타일의 전투 등 독자적인 개성이 매우 강한 별바람 게임다운 작품이다.

　2001년 여성 게이머들의 요청에 부응하여 연애 요소를 강화한 확장팩 〈그녀의 기사단: 러브러브 에디션^{Her Knights: Love Love Edition}〉을 배포했고, 2005년 본작의 내용을 확장 보완한 완전판 〈그녀의 기사단: Gloria in Excelsis Deo^{Her Knights: Gloria in Excelsis Deo}〉를 출시하기도 했다. 이후 GP32로 〈그녀의 기사단: 강행돌파^{Her Knights: All for the Princess}〉(2002) 등의 파생작도 출시, 당시 국산 게임으로는 드물게 다양한 작품군으로 전개하였다.

075

패러렐 월드: 벨리알 이야기

Parallel World: The Story of Belial

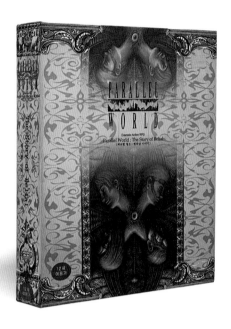

발매시기	2000년 6월
장르	RPG
개발사	코아기술(시드나인엔터테인먼트)
유통사	카마디지탈엔터테인먼트
가격	32,000원
플랫폼	윈도우 95, 윈도우 98, 윈도우 2000
매체	CD-ROM
주요사양	IBM PC 펜티엄 200, 램 32MB, HDD 30MB, 4배속 이상 CD-ROM, 다이렉트X 지원 비디오 및 사운드 카드

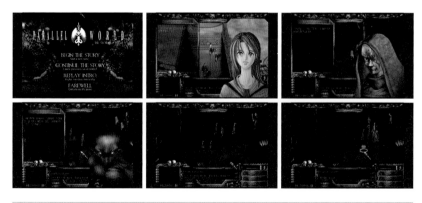

<토막>이라는 개성 넘치는 게임으로
이름을 알린 김건의 첫 상용화 게임

〈토막^{Tomak}〉(2001)을 제작한 시드나인^{Seed 9}의 김건 대표의 첫 상용화 게임이다. 존 밀턴^{John Milton}의 『실낙원』(문학동네, 2010)에서 모티프를 얻어 제작했다고 한다.

패키지 및 게임 속 디자인부터 그리 밝은 분위기가 아닌데, 마케팅까지 어려운 주제를 내세워 포장해 대중의 진입장벽이 그리 낮지 않았다. 하지만 실제 게임 플레이는 가벼운 편이고 호러 게임도 아니다. 과거 게임을 보면 조작 방식과 UI를 조금만 바꾸면 평가가 많이 달라졌을 것이라고 생각되는 게임이 많은데 〈패러렐 월드〉도 마찬가지다. 잘생긴 얼굴을 머리카락으로 가린 모양새다. 〈패러렐 월드〉는 주인공인 루인의 자아 찾기이다. 에피소드 형식으로 게임을 구성해 정통 RPG와는 거리가 멀어 게임을 하다 보면 능력치 부분이 왜 허술한지 알 수 있다. RPG 장르보다는 액션 어드벤처 장르로 보는 것이 맞을 듯하다.

2001년 5월에 발간한 『PC GAME MAGAZINE』 32호에 실린 김건 대표의 인터뷰를 보면 '게임에서 가장 중요한 부분은 개성이라고 생각한다'고 말했다. 〈패러렐 월드〉도 그렇지만 이후에 김건 씨가 만든 〈토막〉, 〈알투비트^{R2Beat}〉(2005) 등의 게임들은 개발진의 신념처럼 국산 게임 역사의 한 페이지에 개성 넘치는 게임으로 자리매김했다.

076

거울전쟁: 악령군

Mirror War: Evil Force

발매시기	2000년 9월 1일
장르	RTS
개발사	엘엔케이로직코리아
유통사	E2소프트
가격	29,700원
플랫폼	윈도우 95
매체	CD-ROM
주요사양	IBM PC 펜티엄 150 이상, 램 32MB 이상

원작 소설과 함께
미디어믹스를 전개한 RTS 게임

〈거울전쟁: 악령군〉은 엘엔케이로직코리아에서 제작한 첫 번째 게임이자 RTS 게임이다. 당시 인기 있던 〈스타크래프트〉로 인해 많은 RTS 게임들은 자원을 채취하여 유닛을 생산하는 형태가 쏟아져 나오고 있었는데, 〈거울 전쟁: 악령군〉은 이러한 시스템에서 탈피하여 생산 거점을 점령하여 유닛을 보충하는 형식과 유닛이 레벨 업을 해서 전직하는 시스템으로 새로운 시도를 하였다.

두 달 앞서 2000년 7월 자음과모음에서 판타지 소설 『거울전쟁』이 출간됐는데 게임 프로듀서인 남택원 대표가 직접 써서 화제였다. 다음 해에 후속작으로 〈거울전쟁 어드밴스드: 은의 여인Mirror War Advanced: Woman of Silver〉(2001)이 나오며 이전 작을 보완한 RTS를 제작했으며 이후에는 MMORPG인 〈붉은보석Red Stone〉(2003)을 출시했다. 붉은 보석을 계속 서비스하면서도 거울전쟁 IP를 활용하여 모바일 게임 〈거울전쟁: 롤과 앤의 모험Mirror War: Adventure of Roll & Ann〉(2005), 온라인 슈팅 게임 〈거울전쟁: 신성부활〉(2012) 등을 출시했지만 이후 RTS를 제작하지는 않았다. 2018년에는 『거울전쟁 더 노벨』을 카카오페이지에서 다시 연재했다. 이 중 악령군 편은 2000년의 자음과모음 판에서 큰 폭의 수정, 가필, 삽화 추가를 거친 이른바 '완전 개정판'이다.

제작사인 엘엔케이로직코리아는 현재까지도 〈붉은보석〉을 서비스하고 있다. 회사가 건재하다 보니 〈거울전쟁: 은의 여인〉의 경우 2020년 게임 클라이언트를 공개하고 멀티 플레이가 가능하도록 자체 배틀넷인 미러워넷을 지금까지 운영하고 있다.

077

킹덤 언더 파이어

Kingdom Under Fire

발매시기	2000년 11월
장르	RTS
개발사	판타그램
유통사	판타그램
가격	43,000원
플랫폼	윈도우 98, 윈도우 ME, 윈도우 2000
매체	CD-ROM
주요사양	IBM PC 펜티엄 266 (권장 펜티엄 2 400), 램 64MB, 모플 권장

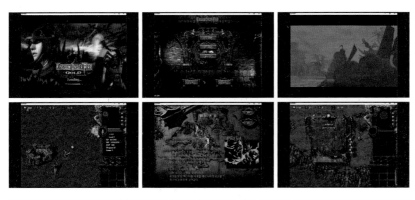

후일 콘솔까지 진출하는
'KUF' 브랜드의 첫 번째 작품

〈지클런트〉를 개발하고 손노리의 〈포가튼 사가〉 개발을 지원한 판타그램에서 제작한 RTS 게임이다. 초기 e스포츠 중계 환경에서 〈스타크래프트〉까지는 아니었지만 함께 중계될 정도로 인지도가 높았다. 발매 전부터 수출을 고려해 로컬라이징을 끝내고 해외와 동시에 발매했다. 다른 RTS 게임과 달리 영웅들을 뽑을 수 있기도 했다.

판타그램은 〈킹덤 언더 파이어〉 이후 후속작인 〈킹덤 언더 파이어: 더 크루세이더〉를 Xbox용으로 출시해 좋은 반응을 얻고 Xbox 360 플랫폼까지 제작을 이어갔다. 2019년에는 〈킹덤 언더 파이어 2^{Kingdom Under Fire II}〉를 출시했다.

078

악튜러스

Arcturus: The Curse and Loss of Divinity

발매시기	2000년 12월 14일
장르	RPG
개발사	손노리, 그라비티
유통사	위자드소프트
가격	38,000원
플랫폼	윈도우 98
매체	CD-ROM
주요사양	IBM PC 펜티엄 II 233, 램 32MB 이상, 4배속 이상 CD-ROM, DirectX 6.0 이상, 3D 가속 카드 필수, 마우스 필수

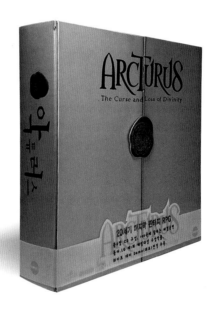

국산 싱글 플레이 RPG의
최정점을 목표로 한 의욕작

국산 게임 역사상 매우 드문 합작 프로젝트로서, 나름대로의 입지를 확보한 손노리, 그라비티라는 두 회사가 의기투합하여 개발 기간 3년, 개발비 10억 원의 대형 프로젝트로 완성한 RPG. 그라비티가 독자 개발한 'GFC 엔진'을 기반으로 하여 완전한 3D 폴리곤 배경상에서 2D 스프라이트 캐릭터가 움직이는 독특한 그래픽을 구현했으며(이 엔진은 발전하여 후일 〈라그나로크 온라인〉의 핵심 기반이 된다), 발매 당시 시점에서는 국산 게임 사상 최대급의 콘텐츠 볼륨과 그래픽, 사운드, 완성도를 겸비하여 유저들을 환호케 한 역작이었다. 기독교와 조로아스터교의 세계관을 크로스오버한 대담한 설정과 총 4장에 걸친 방대한 스토리라인, 당시의 국산 게임 중에서는 발군의 개성을 자랑하는 주요 캐릭터 조형과 곳곳에 성인 취향이 강하게 묻어 있는 연출 및 텍스트, 세계의 멸망과 세기말 정서를 강하게 반영한 음울한 전개 등 당시 국산 게임으로는 파격적이고 실험적인 시도가 다량 들어가 있는 작품이기도 하다. 전투를 비롯한 게임 디자인에 〈그란디아 GRANDIA〉(1997)의 영향이 강하게 보이는 것도 특징.

반면 당시의 개발력 대비로 너무나 커다란 프로젝트였던 탓인지 곳곳에서 디테일이 허술한 부분이 적지 않게 발견되고, 나름대로 치밀한 설정임에도 게임 내의 연출이나 텍스트로 충분히 설명되지 않으며, 후반으로 갈수록 초반부 대비로 밀도가 떨어지는 등 힘에 부친 모습도 역력하게 보여주었다. 여러 가지 의미로 당시 국산 게임계의 빛과 그림자를 보여준 작품이라 할 수 있다.

아트북의 몬스터 디자인 표절 논란으로 인한 초회한정판 전량 리콜도 유명하며, 니혼 팔콤Nihon Falcom이 일본 판권을 획득하여 2003년 6월 일본어 로컬라이즈판을 발매한 등의 특이한 기록도 보유하고 있다.

079

쿠키샵

Cookey Shop

발매시기	2000년 12월 23일
장르	경영 RPG
개발사	메가폴리엔터테인먼트
유통사	위자드소프트
가격	오픈 프라이스
플랫폼	윈도우 98, 윈도우 ME
매체	CD-ROM
주요사양	IBM PC 펜티엄 233 이상, 램 64MB 이상, HDD 200MB 이상, 4배속 이상 CD-ROM, 640x480 16비트 하이컬러 지원 그래픽 카드, 윈도우 지원 사운드 카드

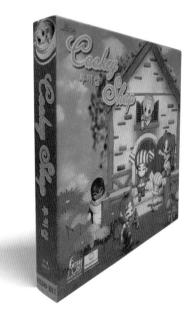

국내 최초의 여성용 게임

〈쿠키샵〉은 1998년 '성균관대학교 전국 멀티미디어 게임 소프트웨어 경진대회' 금상을 수상한 게임이다. 메가폴리엔터테인먼트^{Megapolly Entertainment}는 1999년 정식으로 회사를 설립하고 2000년 12월 〈쿠키샵〉의 상용 버전을 출시한다.

게임은 세 명의 캐릭터인 제라스, 프레아, 키니 중 하나를 선택해 자신만의 가게를 운영하며 각종 퀘스트를 해결하고 명예의 전당에 오르는 것이 목표이다. 최종 18만 장의 판매고를 올려 여성용 게임 시장의 파워를 보여줬다.

국내 PC 패키지 게임은 2000년에 들어서면서 제작 수가 눈에 띄도록 줄어들고 그 맥이 서서히 끊기고 있었다. 그러나 메가폴리엔터테인먼트를 필두로 한 여성용 게임과 어린이용 게임을 제작하는 업체의 성과에 힘입어 급격히 몰락하던 국내 PC 패키지 시장은 천천히 연착륙할 수 있었다.

080

하얀마음 백구

White Heart Baekgu

발매시기	2000년 12월
장르	횡스크롤 아케이드
개발사	키드앤키드닷컴
유통사	한빛소프트(오리지널 버전), 비스코(업그레이드 버전)
가격	27,000원
플랫폼	윈도우 95 이상
매체	CD-ROM
주요사양	IBM PC 펜티엄 MMX 200 이상, 램 32MB 이상, HDD 200MB 이상, 4배속 이상 CD-ROM, DirectX 7.0 이상

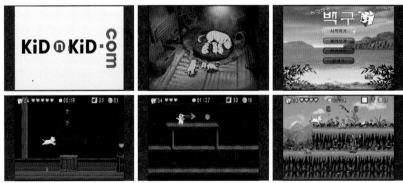

수많은 아류작과 논란을 만들어낸
대한민국 대표 횡스크롤 게임

　동명의 애니메이션인 〈하얀마음 백구〉(2000)를 바탕으로 만들어진 키드앤키드닷컴KidnKid.com의 횡스크롤 아케이드 게임이다.

　이 게임이 전 국민이 블리자드의 〈스타크래프트〉에 빠져 있던 시대였음에도 30만 장의 판매량을 기록하는 성과를 올리자, 해당 게임이 돈이 된다는 소문이 돌면서 아이들 게임에 어른들의 좋지 못한 모습을 보여주는 사건이 일어난다.

　원작의 라이선스를 가진 손오공Sonokong과 키드앤키드닷컴의 상표권 분쟁이 대표적인 사건이다. 상표권 분쟁으로 어처구니없게도 다른 회사 이름으로 게임 〈하얀마음 백구 2〉가 두 가지 버전으로 발매될 뻔했다. 결과적으로는 손오공에서 〈하얀마음 백구 2White Heart Baekgu's Second Story〉(2002)를, 키즈앤키드닷컴에서 〈하얀마음 백구 3White Heart Baekgu 3〉(2002)를 출시한다. 〈하얀마음 백구 3〉는 애니메이션 원작과는 상관없는 스토리라인과 캐릭터로 발매됐으며, 게임이 흥행하면서 많은 아류작이 저가 패키지(쥬얼 CD) 형태로 출시된다. 〈무지개 마음 황구Mujigae Maeum Hwanggu〉(2001), 〈돌아온 백구와 블랙Come Back Home Backgu and Black〉(2001), 〈슈퍼백구 어드벤처Super Baekgu Adventure〉(2001), 〈진돌이의 대모험 Jindori-ui Daemoheom〉(2001) 등 셀 수 없는 아류작이 쏟아져 나와 용산 게임 매장의 한 켠에 그들만의 시장이 형성됐을 정도였다. 아류작 중 〈무지개 마음 황구〉는 기술적으로는 원작보다 뛰어난 모습을 보여주기도 했다.

　어른들만의 사정과는 상관없이 〈하얀마음 백구〉는 어린이들에게 많은 사랑을 받았고 유통을 담당했던 한빛소프트Hanbit Soft는 정기적으로 '한빛소프트배 하얀마음 백구 게임 대회'를 개최해 인기몰이를 주도한다. 2회차 게임 대회는 1만 5천 명이 넘는 어린이가 지원했을 정도로 그 인기를 실감케 했다. 게임 대회는 온게임넷과 투니버스를 통해 방송됐다.

황주은

Hwang JooEun

>> **자기소개 부탁드리겠습니다.**

황주은입니다. 〈창세기전〉의 음악을 맡으면서 게임 개발을 시작하게 됐습니다. 이후 〈바람의 나라〉, 〈판타랏사Panthalassa〉, 〈서풍의 광시곡〉, 〈씰: 운명의 여행자〉 등의 타이틀에서 음악을 제작했습니다.

>> **부산에서의 게임 생활은 어땠나요?**

게임은 전자오락실을 꾸준히 다니다가 게임기는 나중에 샀었어요. 그런데 빌려주는 사람이 많아서 주변 도움을 받아 게임을 했던 것 같습니다. 패미컴을 좀 늦게 샀는데 중학생 때 친구가 이 게임은 꼭 해보라고 빌려준 것이 〈파이널 판타지 Ⅲ FINAL FANTASY Ⅲ〉였고 이 게임이 삶에 많은 영향을 줬습니다. 컴퓨터 잡지도 좋아했어요. 항상 세네 종류를 샀습니다.

그러다 사운드카드에 관심이 생겼죠. 음악을 들으려고 사운드카드를 샀는데 제작 소프트가 따라왔던 것 같아요. 이웃집 형한테서 모뎀을 받아서 PC 통신을 시작했습니다. 게임기 동호회와 애드립 동호회에서 주로 활동했습니다. 부산이라고 딱히 일본 문물이 먼저 들어온다 같은 느낌은 없었습니다. 일본 게임 음반 같은 건 오히려 서울 고속터미널 같은 데서 더 얻기 쉬웠던 것 같습니다. 서울 사는 분에게 부탁해서 게임 음반을 구입한 적도 있습니다.

≫ 게임 개발을 어떻게 시작하게 됐나요?

하이텔 애드립 동호회와 게임기 동호회에서 활동을 했습니다. 게임기 동호회에서 알게 된 분이 애드립 음악을 만들 수 있는 사람을 주변에서 찾았는데 그게 저였어요. 이후 부산까지 찾아와서 A4 2쪽의 기획서를 전해주면서 게임에 들어갈 음악을 해볼 생각이 없냐고 이야기를 했었죠. 그게 〈창세기전〉이었습니다.

≫ 〈창세기전〉을 작업하면서 있었던 에피소드가 있을까요?

초반 〈창세기전〉의 광고에는 음악 제작 스태프 인원을 표시할 때 'ㅇㅇ 외 2명' 같은 구절이 있었습니다. 많은 개발자가 투입된 타이틀이라는 걸 어필하기 위해 실제 참여 인원보다 부풀려서 표기했었죠. 실제 크레딧에는 제 이름만 들어갔어요.

〈창세기전〉 음악을 만들 때는 아무런 지시 없이 '일단 만들어봐' 같은 느낌으로 일이 와서 만들었습니다. 제작 후에는 타이틀곡 정도만 리테이크retake가 왔어요. 다른 노래들은 피드백이 거의 없었다고 기억합니다.

〈창세기전〉 이후에는 다른 분이 음악을 하다가 〈판타랏사〉를 계기로 다시 소프트맥스랑 일하게 됐습니다. 〈서풍의 광시곡〉도 참여하게 됐는데 규모가 커서 혼자 하기 힘들 것 같았어요. 그래서 친구 두 명을 소개해 함께 작업했습니다. 박진배 씨와 장성운 씨입니다. 〈서풍의 광시곡〉도 제대로 된 기획서 없이 작업을 하다 보니 스펙 잡기가 쉽지 않았습니다. 결국 충돌이 있었는데 하루 만에 최연규 씨가 전체 음악 스펙을 만들어줬습니다. 그 문서를 기반으로 계획을 세운 후로는 수월하게 개발이 이루어졌습니다.

음악 담당 셋이 사무실에 모이면 같이 건반을 치고 놀기도 했습니다. 그 장면을 인상 깊게 본 디렉터가 두 명이 피아노를 같이 연주하는 장면을 게임에 넣고 싶어 했습니다. 게임에 들어가게 됐는데 그 신scene에서 사용한 피아노 연탄곡은 게임을 대표하는 곡이 됐습니다. 사운드 작업자가 개발팀의 시야 내에 있다는 것만으로도 게임 개발 관점에서 좋은 영향을 줄 수 있다고 생각합니다. 사실 그때는 외주라 매일 출근할 필요는 없었는데 항상 사무실에 상주했었습니다. 〈서풍의 광시곡〉

노래들은 CD 트랙으로 들어가야 하다 보니 용량 문제로 긴 음악은 짧게 잘랐어야 했어요. 그게 굉장히 아쉽습니다. 팔콤 버전에는 좀 더 길게 들어갔더라고요.

>> **〈씰: 운명의 여행자〉에 대해서도 이야기해주세요.**

가람과 바람 소속의 김무광 씨에게 의뢰를 받아 작업했습니다. 당시 개인 홈페이지가 유행했던 때라 개인 홈페이지를 운영하는 크리에이터 사이의 교류가 활발했습니다. 사무실에 두 번 정도 찾아가서 리스트를 받아 작업을 했습니다.

〈씰: 운명의 여행자〉의 음악을 만들기 위해 새로운 신디사이저 모듈을 구입했습니다. 37건반 사이즈의 건반을 사용하고 있었는데 그 건반으로 오밀조밀한 피아노곡을 만들었던 게 생각납니다. 음악 제작 요청 리스트를 받아서 문서 기반으로 음악을 제작했지만 리스트대로 곡이 사용되지 않은 곳도 있었습니다. 전투 음악 같은 경우 일반 전투와 보스 전투를 구분해 제작했는데 보스 전투 음악을 의도하고 만든 곡도 일반 전투에서 나오는 걸 게임 발매 후에야 알게 됐습니다. 서로 간에 피드백이 원활하지 못했던 시대였던 것 같습니다. 실제 적용된 걸 테스트해보면서 만들 수 있는 환경이 아니었어요.

>> **〈씰: 운명의 여행자〉 이후에는 어떤 작업을 하셨나요?**

아케이드 업체에서 산업기능요원으로 근무했었습니다. 어뮤즈월드Amuseworld의 〈이지투댄서Ez2Dancer〉 기획 업무를 주로 했습니다. 이후 넥슨에 들어갔는데 사운드 전담 개발자로는 회사 내 최초였다고 합니다. 음악 없이 서비스하고 있던 〈바람의 나라〉의 음악 제작을 시작으로 〈어둠의 전설〉(1998), 〈아스가르드〉(2003)의 음악을 제작했습니다. 회사를 옮겨 〈아이온Aion〉(2008), 〈오버히트Overhit〉(2017), 〈V4〉(2019) 등의 제작에 참여했습니다.

>> 정규교육을 받지 않은 작곡가이시죠. 게임 음악을 만드는 데 정규교육 유무의 차이가 있을까요?

음악 교육과는 별개로 게임을 좋아하는 사람이 더 재미있는 결과물을 만들어내지 않을까 생각합니다. 아이덴티티가 중요하다고 느낍니다. 게임 음악 제작은 게임 개발의 한 부분이라는 점을 의식해야 할 필요가 있습니다.

>> 게임 제작을 꿈꾸는 지망생들에게 한 말씀 부탁드리겠습니다

게임 제작이라고 하면 막연하고 먼 곳에 있을 것 같지만 의외로 가까운 곳에 있을지도 모릅니다. 이런저런 엔진은 더욱 다양한 시도를 할 수 있게 도와주고 게임잼game jam 같은 행사는 부담 없이 게임 개발의 경험을 전해주기도 합니다. 게임 만들기 쉬운 시대라는 것을 실감합니다. 하지만 그런 시대이기에 내가 좋아하는 것이 무엇인지 다시 한번 돌아보면 어떨까 싶습니다. 좋아하는 것을 표현할 때가 가장 재미있습니다.

IMF와 대번들시대와 MMORPG: '패키지 게임' 시대의 낙조

국산 패키지 게임 시장에서 후기의 대작이라고 하면 〈악튜러스〉와 〈마그나카르타〉, 〈열혈강호〉 등이 있으며 이후 〈리플레이〉 시리즈를 제작한 오픈마인드월드OpenMindWorld와 메가폴리엔터테인먼트 같은 중소 회사의 게임들이 명맥을 지키다가 스팀으로 인디 게임이 나올 때까지 명맥이 끊어진다. 일부 업체는 온라인 게임으로 체질 변환에 성공했지만 많은 회사는 변화에 적응하지 못하고 사라졌다.

국산 패키지 게임 시장이 사라진 것에 대해 충분한 연구가 진행되지는 않았지만 여러 가지 이유가 제시됐다. 품질 저하 때문에 시장의 선택을 받지 못했다는 것과 지나친 번들 경쟁으로 유저가 정품을 살 필요성을 못 느꼈다는 이야기가 있다. 게다가 그 시기에 IMF 금융 위기가 터졌고 MMORPG가 등장했다.

그러나 국산 게임의 품질 저하만 이야기하기에는 해외 게임 역시 잘 팔리지 않았던 시대이다. CD 라이터CD rewriter 보급과 인터넷 발전으로 등장한 와레즈 때문에 게임의 불법 복제가 굉장히 쉬워졌다. 스팀 같은 서비스가 본격적으로 자리 잡기 전까지는 많은 사람이 싱글 플레이 게임을 불법 복제로 즐기곤 했다는 점을 부정할 수 없을 것이다.

1997년 말 일어난 금융 위기는 한국 게임계에 큰 타격을 주었다. 그 영향력은 가히 백악기 시대에 떨어진 운석과 같았다. 유통 업체가 연이어 부도가 났고 어음을 돈으로 받지 못한 게임 제작사 역시 부도나는 경우가 많았다. KOGA라는 이름으로 한국의 패키지 시장을 개선하려고 했던 한국PC게임개발사연합회의 노력도 흐지부지됐다. 이런 위기 때문에 갑작스럽게 게임을 출시해야 하는 경우도 생겼다.

한편 정리 해고된 사람들의 창업 아이템이 된 PC방은 온라인 게임이라는 새로운 시장을 열어줬다. 그러나 체질 전환을 할 수 있을 만큼 체력을 갖추지 못했던 업체들이 많았다 보니 극소수만 시장에 적응했다. 이미 MMORPG를 개발하던 개발사들은 PC방의 인터넷 보급에 힘입어 빠르게 세를 늘렸다. MMORPG는 번들 경쟁과 불법 복제에서 자유로웠다.

게임 잡지는 1997년 무렵부터 부록으로 경쟁을 했다. 어떤 부록을 제공하냐에 따라 잡지의 매출이 몇만 부 가까이 차이 나는 경우도 있어 경쟁은 치열했다. 그러나 업체의 게임 라이선스 제공과 출시한지 얼마 안 된 게임도 번들로 제공하면서 시장에 악영향을 주기 시작했다. 게임 잡지 역시 문제를 느끼고 편집부가 모여 더 이상 과도한 경쟁을 하지 않기로 약속했다. 하지만 1997년 10월 『게임피아』에서 〈졸업Graduation〉(1992)을 번들로 제공했고 이에 제우미디어의 『PC CHAMP』 역시 다음 달에 발매한 지 2개월도 안 되었던 〈커맨드 앤 컨커〉를 두 달에 걸쳐 GDI 편과 NOD 편으로 나누어 부록으로 제공하는 상황까지 벌어졌다. 앞서 언급한 IMF 때문에 회사 사정이 어려워진 업체가 라이선스를 제공하는 경우도 생기면서 경쟁은 더욱 심해졌다. 결국 게임 시장은 어려워졌고 번들로 제공할 게임조차 나오지 못하는 상황까지 되고 만다.

1990년대 말은 패키지 게임 시장이 자리잡고 온라인 게임으로 체질 개선을 하기엔 너무나도 악재가 많았던 시기였다. 좀 더 상황이 괜찮았다면 한국에서도 싱글 플레이 게임이 명맥을 이어가며 발매 30주년을 넘기는 IP의 게임을 찾아볼 수 있는 상황이 될 수 있었을지도 모른다. ◉오영욱

2001

액시스 Axis

컴온 베이비 Come On Baby

아마게돈: 포 더 크림슨 글로리 Armageddon: For the Crimson Glory

토막: 지구를 지켜라 Tomak: Save the earth

열혈강호 熱血江湖

마그나카르타: 눈사태의 망령 Magna Carta: The Phantom of Avalanche

화이트데이: 학교라는 이름의 미궁 White day: A labyrinth named school

081

액시스

Axis

발매시기	2001년 1월 19일
장르	FPS
개발사	재미시스템개발
유통사	재미시스템개발
가격	35,000원
플랫폼	윈도우 95
매체	CD-ROM
주요사양	IBM PC 펜티엄 200 이상 (권장 펜티엄 333), 램 32MB 이상(권장 램 64MB), 3D 가속카드

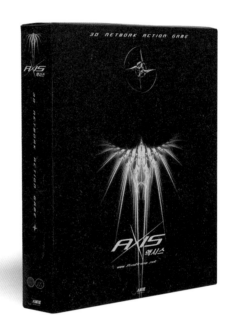

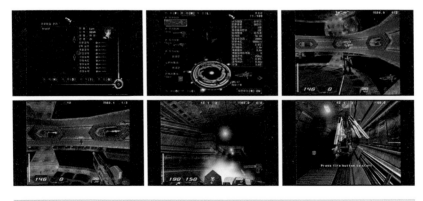

국내 게임 역사에서 손꼽는
개성 넘쳤던 3D 메카닉 게임

〈아트리아 대륙전기〉, 〈이리너Eryner〉(1997) 등을 제작한 재미시스템개발이 개발한 풀 3D 로봇 대전 FPS 게임이다.

3인칭 시점도 가능했지만 당시 인기 있던 3D 슈터 게임인 이드 소프트웨어의 〈퀘이크Quake〉(1996), 에픽 게임스Epic Games의 〈언리얼Unreal〉(1998) 등의 장르가 대부분 FPS로 통일됐기 때문에 〈액시스〉도 FPS로 표기했다. 〈액시스〉는 재미시스템개발이 안다미로와 함께 오락실용으로 제작했던 풀 3D 게임인 〈엑스톰 3D〉의 개발 경험을 살려 제작한 3D 게임이다. 〈퀘이크〉나 〈언리얼〉과 차별화되기 위해 메카닉을 소재로 했으며 일본 애니메이션의 메카닉처럼 비행에 집중하는 형태로 제작했다. 기존 FPS 게임인 〈언리얼〉, 〈퀘이크〉나 메카닉 게임인 파사 인터랙티브FASA Interactive의 〈멕워리어Mechwarrior〉(1989)나 드림 팟 9Dream pod 9의 〈헤비기어HeavyGear〉(1997) 등과 차별화를 이루며 게이머에게 매우 좋은 평가를 받았다.

개발 초기부터 적극적으로 테스트를 진행했고 발매 전부터 데모로 온라인 대전을 제공해 다양한 파츠와 개조가 가능했다. 당시 기준으로도 밸런스가 잘 잡혀 있어 배틀넷 서비스가 중지된 후에도 P2P 등을 통해 온라인 플레이를 즐기는 유저가 많았다. 개발 기간이 예상보다 길어져 캠페인 미션의 대부분이 삭제되고 스커미시 모드로 제공되면서 상당한 양의 설정이 제대로 활용되지 못해 많은 안타까움을 샀다. 〈팡야Pangya〉(2004)의 캐릭터 디자이너이자 후일 백혈병으로 요절한 SeeD 박정훈 씨가 이 게임의 콘셉트 아트에 참여했다.

082

컴온 베이비

Come On Baby

발매시기	2001년 3월
장르	3D 액션 스포츠
개발사	엑스포테이토
유통사	카마디지탈엔터테인먼트
가격	22,500원
플랫폼	윈도우 95, 윈도우 98, 윈도우 ME
매체	CD-ROM
주요사양	IBM PC 펜티엄 MMX 300 이상, 램 64MB 이상, 2배속 이상 CD-ROM, DirectX 8.0을 지원하는 3D 가속 카드, 키보드, 게임패드 및 조이스틱, 사운드 블라스터, DirectX 8.0 이상

잘 만든 IP의
모범 사례를 보여준 게임

〈컴온 베이비〉를 개발한 엑스포테이토EXPotato는 1998년 12월 설립됐다. 이상헌 대표는 학생 때부터 MSX 게임인 〈대마성〉, 〈더블 드라곤Double Dragon〉(1989)을 만든 실력 있는 개발자로서 그 실력은 〈컴온 베이비〉에서도 여지없이 드러난다.

2000년 7월 아케이드 센터 버전인 〈컴온 베이비〉는 당시 〈DDR〉 류의 게임이 아케이드 센터를 점령하고 있을 시절이었지만 독특한 게임성과 높은 퀄리티로 많은 이의 사랑을 받았다. 같은 해에는 대한민국 게임대상 우수상(업소용)을 수상했다. 총 열두 개의 미니게임이 수록됐다.

PC 버전은 2001년 3월, 겨울 스포츠를 다룬 〈컴온 베이비 2: 윈터 챔피온쉽 Come On Baby 2: Winter Championship〉은 2003년 1월, 1탄과 2탄이 포함된 PS2 버전은 2005년 3월에 출시한다. 2019년 출시된 스팀 버전도 1, 2가 포함됐다.

〈컴온 베이비〉는 지금까지도 엑스포테이토의 대표 콘텐츠이며 잘 만든 IP 활용의 모범 사례로 손꼽힌다.

083

아마게돈: 포 더 크림슨 글로리

Armageddon: For the Crimson Glory

발매시기	2001년 4월 19일
장르	RTS
개발사	밉스소프트웨어
유통사	밉스소프트웨어
가격	13,000원
	(크레이지 존 CD키 포함)
플랫폼	윈도우 98, 윈도우 2000,
	윈도우 ME
매체	CD-ROM
주요사양	IBM PC 펜티엄 MMX 200
	이상(권장 펜티엄 2), 램 64MB
	이상(권장 32MB), VRAM
	4MB 이상, HDD 650MB
	이상, 2배속 이상 CD-ROM,
	DirectX 호환 사운드 카드

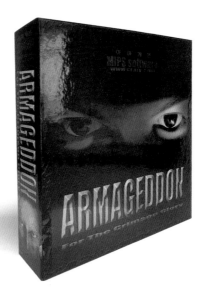

시대를 앞서간 공격적인 마케팅과
신선한 시도의 RTS 게임

밉스소프트웨어에서 제작한 RTS 게임이다. 당시는 〈스타크래프트〉가 국내 RTS 게임 시장을 독점하던 시절이었다. 많은 국내 개발사가 도전했지만 의미 있는 성과는 내지 못하고 있었는데, 밉스소프트웨어에서 게임 100만 장을 무료로 배포한다는 마케팅을 펼쳤고 많은 게이머에게 주목을 받았다.

〈아마게돈〉은 〈스타크래프트〉와의 차별화를 위해 유닛의 무기 전환 시스템real weapon system, 유한자원을 통한 보급 시스템supply system 등을 특징으로 내세워 좀 더 전략적인 게임 플레이를 유도했다. 개발 도중 〈쥬라기 원시전〉을 개발했던 트릭과 합병했는데, 『게임 디벨로퍼 매거진Game Developer Magazine』 10호에는 트릭의 개발 참여가 더 빨랐다면 〈아마게돈〉의 출시 또한 더 빨랐을 것이라는 언급이 있기도 하다.

개발 기간 2년 4개월, 2001년 4월 20일 자체 배틀넷 서버인 '크레이지 존'을 공식 오픈하고 멀티 플레이 서비스에 돌입했지만 〈스타크래프트〉의 아성을 넘지 못하고 2002년 8월 크레이지 존 서비스는 종료된다.

토막: 지구를 지켜라

Tomak: Save the earth

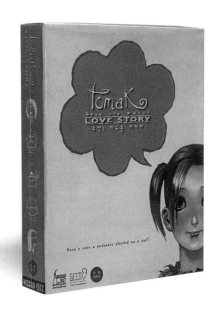

발매시기	2001년 6월 9일
장르	육성 시뮬레이션
개발사	시드나인엔터테인먼트
유통사	위자드소프트
가격	13,000원
플랫폼	윈도우 98
매체	CD-ROM
주요사양	셀러론 500 이상
	128MB 이상
	Direct Sound

아마도 한국 게임 역사상
유일무이할 발상의 작품

'화분에 목만 심겨져 있는 살아 있는 소녀에게 물과 음식 등을 주며 육성하는 시뮬레이션 게임'이라는 요약문만으로도 고개를 갸우뚱하게 되는, 전대미문의 발상을 자랑하는 한국 게임 역사상 희대의 작품. 하지만 기본적인 콘셉트와 메인 화면에서 느껴지는 황당함과 기괴함과는 정반대로 게임의 내용 자체는 극히 건전하며 멀쩡(?)하다고까지 할 수 있는 소녀 육성 시뮬레이션 게임이다. 뒤집어 말하면 평범한 게임 내용을 완전히 뒤덮는 강렬한 첫인상과 콘셉트 덕분에 오랫동안 회자되고 생명력을 얻은 작품이라고도 할 수 있겠다.

사랑을 잃어버린 인간들에게 실망한 신들이 지구를 멸망시키려 하지만 이를 반대한 사랑의 여신 '에비앙'이 인간의 사랑의 순수성을 시험하기 위해 몸은 천계에 남기고 목만 화분에 담긴 형태로 주인공에게 전달되어 이를 3년간 애지중지 키우며 러브 스토리를 전개해간다는 것이 기본적인 스토리로, 육성 시스템은 〈프린세스 메이커〉 등의 여타 육성 시뮬레이션과 크게 다르지 않다.

콘셉트와 게임 화면이 워낙 파격적이었기에 인터넷 보급기의 흐름을 타고 일본까지 소개되어 온라인에서 큰 화제가 되었고, 이후 선소프트^{Sunsoft}가 판권을 구매해 성우와 자막이 붙은 일본어판으로 출시하기도 했다. 이 버전은 후일 한국에도 역발매되었으며, 이후 PS2로도 보강 이식되어 '컴플리트 에디션'으로 발매되었다. 이후 스핀오프 게임으로 재미있게도 횡스크롤 슈팅 게임인 〈토막: 지구를 지켜라, Again^{Tomak: Save the earth, Again}〉(2002)이 GP32 및 PC용으로 발매되었다.

085

열혈강호

熱血江湖

발매시기	2001년 6월
장르	액션 RPG
개발사	KRG 소프트
유통사	세고 엔터테인먼트
가격	오픈 프라이스
플랫폼	윈도우 98, 윈도우 ME
매체	CD-ROM
주요사양	IBM PC 펜티엄 2 233 이상, 램 32MB 이상, HDD 640MB 이상, 4배속 이상 CD-ROM, 사운드 블라스터

인기 무협 만화를 원작으로 한
대작 RPG

〈드로이얀〉 등을 제작한 KRG 소프트에서 제작한 RPG이다. 『열혈강호』 작가인 양재현과 전극진의 허락을 직접 받아 제작되었으며 2001년에 출시되어 패키지 시장의 끝자락을 대표하는 게임이기도 하다. 게임은 RPG이지만 액션으로도 진행되어 버튼을 이용해 콤보를 넣는 식으로 무협의 초식을 구현하여 무협 세계관을 게임에 잘 어울리게 표현했다.

『열혈강호』는 현재까지도 완결이 나지 않고 연재 중이어서 게임은 당시까지 연재된 스토리를 중심으로 진행하며 후반부에는 오리지널 스토리로 엔딩을 냈다. 설정집과 화보집 등 만화 『열혈강호』(대원씨아이) 팬이라면 흥미를 보일 패키지 구성으로 미리 선예약을 받아 성황리에 예약이 진행됐다. 게임 출시가 연기되면서 당시까지 출간된 만화책 전질을 예약자 전원에게 증정하기도 하여 출시 연기로 인한 부정적인 여론을 뒤집기도 했다. 게임만의 오리지널 요소뿐만 아니라 캐릭터의 성우 더빙도 당시 기준으로 국산 게임 중 가장 많은 성우를 썼으며 배역과 연기 또한 훌륭하여 반응이 매우 좋았다.

KRG소프트는 PC 게임 〈열혈강호〉 성공 이후 온라인으로 〈열혈강호 온라인〉을 개발하여 중국에도 서비스하며 큰 성과를 냈으나 엠게임이 KRG소프트를 인수하면서 KRG소프트란 이름은 더 이상 찾아볼 수 없게 되었다. 중국에서도 인기 있는 IP였기 때문에 여러 회사가 열혈강호 IP를 이용해 현재까지도 게임을 개발하고 있다.

086

마그나카르타: 눈사태의 망령

Magna Carta: The Phantom of Avalanche

발매시기	2001년 12월
장르	3D RPG
개발사	소프트맥스
유통사	디지털에이지, 위자드소프트
가격	44,000원
플랫폼	윈도우 98, 윈도우 2000, 윈도우 ME
매체	CD-ROM
주요사양	셀레론 486 이상의 IBM 호환 PC, 램 64MB 이상, HDD 3G 이상, 8배속 이상 CO-ROM, 비디오 램 16MB 이상의 Direct3D/OpenGL 지원 카드
저작권자	LINE Games Corporation

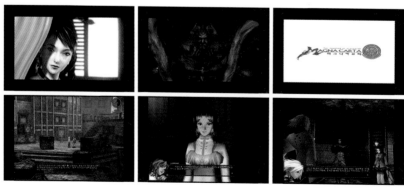

부족한 개발 일정으로 아쉬움을 남긴
소프트맥스의 3D 게임 도전

〈창세기전〉 시리즈로 유명한 소프트맥스가 준비한 신작 3D RPG이다. 소프트맥스는 〈창세기전 III 파트 2^{The War of Genesis III Part 2}〉(2000)로 '창세기전' IP를 마무리 짓고 이후 3D 게임을 준비했다.

이미 〈창세기전 III 파트 2〉에서 3D 영상을 시도했었고 외국에서도 게임의 중심이 3D로 넘어가던 시기였기에 적절한 판단이었지만 문제는 개발 기간이었다. 소프트맥스가 기업 공개를 한 직후였고 매년 게임을 출시한 전통이 있어 〈마그나카르타〉 역시 2001년 출시를 강행했다. 무리한 강행 때문이었는지 버그가 있어 설치가 안 되거나, RPG이지만 아이템 효과가 표시되지 않는 등 출시 직후에 패치 CD가 제공될 정도로 문제가 많았다.

다만 타이밍을 맞춰 전투해야 하는 전투 시스템 시도나 〈창세기전 III〉 이후 소프트맥스를 대표하는 원화가 김형태 씨의 원화를 잘 살린 그래픽과 음악, 화려한 성우진 등은 좋은 평가를 받았다. 하지만 전반적으로 〈마그나카르타〉는 게이머의 기대치를 충족시키지 못해 크나큰 평가절하 대상이 되었다.

소프트맥스는 〈마그나카르타〉 이후 후속작을 가정용 게임기와 모바일에 집중하여 선보였다. 〈마그나카르타: 진홍의 성흔^{Magna Carta: Tears of Blood}〉은 플레이스테이션2로, 〈마그나카르타 2^{MagnaCarta 2}〉는 Xbox 360으로 출시했으며, 〈창세기전 4^{The War of Genesis 4 ~ Spiral Genesis}〉를 모바일 MMORPG로 출시했으나 좋은 반응을 얻지는 못했다. 소프트맥스는 우회 상장을 위해 게임과 전혀 상관없는 업종의 회사에 인수되었고 그나마 상장폐지되면서 완전히 역사의 뒤안길로 사라졌다.

087

화이트데이: 학교라는 이름의 미궁

White day: A labyrinth named school

발매시기	2001년 9월 26일
장르	1인칭 호러 어드벤처
개발사	손노리
유통사	위자드소프트
가격	35,000원
플랫폼	윈도우 98
매체	CD–ROM
주요사양	IBM PC 펜티엄 2 450 이상, VRAM 32MB, HDD 650MB, DirectX 호환 사운드 카드, 4배속 이상 CD–ROM

'한국적 정서의 호러 게임'이라는
신기원을 개척한 역작

'화이트데이에 좋아하는 소녀의 책상에 사탕을 올려두기 위해 한밤의 학교로 잠입한다'라는 도입부 설정, 폐쇄적이고 음습한 한밤중의 학교와 폭력을 휘두르며 순찰 중인 '귀신 들린 수위', 학교에 숨겨진 괴담들과 그에 연관되어 등장하는 여러 한국적인 '귀신'들, 이 게임 덕에 젊은이들에게도 유명해진 가야금 거장 황병기 선생의 곡 '미궁'을 적재적소에 응용한 탁월한 BGM 선정, 게임 시나리오 및 설정에 도입한 음양오행 개념 등 게임 전반에 걸쳐 '한국적 정서의 호러 어드벤처 게임'이라는 전인미답의 신기원을 과감하게 개척해 제품화까지 성공한 수작.

유저를 크게 가리는 호러 게임이라는 불리한 장르 선정 탓인지 상업적으로까지는 성공하지 못했으나, 당대의 수많은 게이머 사이에서 오랫동안 회자되었음은 물론 〈더 코마: 커팅 클래스The Coma: Cutting Class〉(2015) 등 이후의 여러 인디 호러 게임에 영향을 미쳤고, 동남아시아 및 서양권에도 알음알음 소개되어 유튜브 등을 통해 재발견되기도 하였다.

당시의 한국 게임 중에선 드물게 FPS에 가까운 1인칭 풀 3D 그래픽을 채용한 데다(이를 위해 '왕리얼 엔진'으로 명명한 3D 그래픽 엔진을 직접 개발했다), 어떠한 저항도 불가능하고 철저하게 도망과 은신만 가능케 하여 공포감을 극대화했고, 게임 전반에 고딕체 기반의 세련된 UI 디자인을 도입했다. 후일 '왕리얼 엔진'을 활용한 멀티 플레이어 모드 〈Oh! 재미Oh! Jaemi〉(2002)를 별도로 서비스하기도 했다. '한국 게임'과 '호러 게임' 양 카테고리에서 큰 발자취를 남긴 역작.

후일 2009년 터치폰 기반의 모바일 버전, 2015년 스마트폰 리메이크판 및 2017년 PS4, PC 리메이크판 등으로 여러 차례 이식 및 리메이크되었다.

김형태

Kim HyungTae

≫ **자기소개 부탁드리겠습니다.**

시프트업Shift Up의 김형태입니다. 현재 본업은 CEO이고 일러스트레이터와 게임의 디렉션, 프로듀싱도 같이 하고 있습니다. 이래저래 게임을 만드는 개발자입니다.

≫ **강서고등학교 출신이라 고등학교 시절 미술부에서 그리신 그림을 흥미롭게 봐왔습니다. 학생 때부터 게임 제작에 관심이 있으셨던 건가요? 학생 때 재미있는 에피소드가 있다면 듣고 싶습니다.**

강서고등학교가 게임업계의 걸출한 분을 몇몇 배출한 게임 아트 특화고처럼 기능했던 기억이 납니다. 그렇다고 구체적인 커리큘럼이 있었던 건 아니지만요. 학생 때는 만화 그리는 아이로 소문이 났고 그것 때문에 매번 혼이 나기도 했습니다. 그때는 국산 게임이 활약하던 시기는 아니어서 만화가를 지망하면서 공모전에 응모했습니다. 당선 후 연재를 준비하다가 잘리기도 했습니다. 같은 학년과 선후배 중 그런 친구들이 미술부나 기타 작은 모임을 가지면서 친분을 다졌기 때문에 이 분야로 들어온 사람이 많은 것 같습니다. 졸업 후에는 인터넷에 열풍이 불었던 디지털 채색에 빠져서 컬러 일러스트를 그렸고 게임과의 연이 시작되었죠.

≫ **아마추어 시절 습작으로 만들었던 게임이 있다면 어떤 게임인지 궁금합니다.**

공개된 첫 작품이 소프트맥스의 〈템페스트Tempest〉(1998)였기 때문에 아마추어 시절 작품은 없습니다. 하지만 인디 게임의 음악(애드립)을 맡았던 적은 있습니다. 대학 입학 시 진로를 음악으로 할 것인가 그림으로 할 것인가 고민했던 기억이 있는데, 그림을 선택하길 잘했다고 생각합니다.

>> 처음 만들었던 패키지 게임은 무엇이었나요?

〈템페스트〉입니다. Tony 씨가 하던 작품에 참여하게 된 것이 저의 첫 작품이 됐죠. 〈템페스트〉 이전에도 만들던 작품이 있었는데 만트라의 '랩써디언 어컬텔러'입니다. 회사가 제작 도중에 폐업하는 바람에 빛을 보지는 못했습니다.

▶ '랩써디언 어컬텔러' 게임 잡지 광고

>> 소프트맥스 입사 과정이 듣고 싶고, 당시 개발실 분위기를 듣고 싶습니다

처음에는 입사 제의를 받고 면접을 봤습니다. 그리고 장렬히 탈락했죠! 저는 스카우트인 줄 알고 갔다가 면접을 봐서 당황하며 횡설수설했던 기억이 떠오르네요. 물론 개발자의 기본 소양 같은 것은 전혀 없었기 때문에 정확한 판단을 하셨던 것이라고 생각합니다. 그리고 〈템페스트〉 외주를 한 후 다시 한번 입사 제의를 받아 무사히 들어갈 수 있었습니다. 당시 개발실 분위기는 살짝 무서웠다 정도의 기억이 있네요. 지금의 회사들 같은 분위기가 아니고 군대 같은 느낌이 살짝 들었습니다. 경력이 찬 이후로는 괜찮아졌지만요.

>> **소프트맥스 시절 제일 애착이 가는 작업물이 있다면 무엇인지 듣고 싶습니다.**

제 정체성을 확립해준 〈창세기전 III 파트 2〉라고 생각합니다. Fluorescence를 적극 도입해서 만든 살라딘과 베라모드를 비롯한 주연 캐릭터들 모두 혼을 다해 그렸던 기억이 납니다. 그리고 〈마그나카르타〉가 사랑스러우면서도 제일 아쉬운데요. 해외에서는 〈창세기전〉보다 〈마그나카르타〉로 많이 알아주시더라고요.

>> **디자이너로서 보람을 느꼈던 순간이 있으셨나요?**

매번 게임을 내기 직전 두근거림과 기대감, 그리고 보람을 느낍니다. 출시 이후에는 혼돈의 연속이니까요. 지금까지 제작했던 모든 게임, 〈창세기전〉, 〈마그나카르타〉, 〈블레이드 & 소울Blade & Soul〉(2012), 〈데스티니 차일드Destiny Child〉(2016) 등 모든 타이틀의 출시 직전이 가장 기분 좋은 순간이자 보람찬 순간이었습니다.

>> **김형태 님이 생각하시는 그래픽 디자이너가 되기 위한 방법은 무엇일까요? 디자이너 지망생에게 한 말씀 부탁드리겠습니다.**

요즘은 굉장히 많은 분야로 나누어져 있어서 쉽게 요약하기는 어렵습니다. 다만 어느 회사에 입사할 생각이라면 그 회사에서 필요로 하는 스타일에 맞춰서 준비해야 합니다. 회사(클라이언트 혹은 상급자)의 꿈을 그림으로 현실화해준다는 자세로 임하면 결국에는 신임을 얻어 본인이 하고픈 것을 할 수 있게 될 겁니다. 그때까지 버티는 끈기도 중요합니다.

근본적인 것을 말씀드리자면 결국 빛이나 색에 대한 이해, 데생력 등을 포함해 그림 실력 자체를 키우는 것이 시작점이 될 것입니다.

▶ 〈창세기전 III〉 일러스트

국산 게임 양대 논쟁거리
'버그'와 '표절'

다른 나라에 비해 게임의 역사가 짧고 게임 시장 자체가 해외 게임의 유입으로 시작했기 때문인지 한국에서는 표절 논란이 많은 편이다. 또한 해외 게임과 자주 비교되는 점으로서 버그 논란이 있다.

유독 국산 게임은 버그가 많았다. 특히 히트한 게임일수록 그런 일이 많았다. 게임의 엔딩을 보지 못해 나중에 패치 디스크를 얻은 후에야 게임을 진행할 수 있는 경우도 비일비재했다. 대부분 영세한 규모에 충분한 테스트를 하지 못한 경우였지만, 후에는 매뉴얼에 실린 게임의 콘텐츠가 통째로 빠져 있는 경우도 있었다. 이것 역시 버그라면 일종의 버그라고 볼 수 있다.

물론 해외 게임은 이미 테스트를 거친 상태에서 국내로 수입되기 때문에 상대적으로 국산 게임에 버그가 많다고 느낄 수 있다. 그러나 유독 한국에서는 버그 때문에 게임 진행이 불가능한 경우도 많았다. 〈마그나카르타〉는 잦은 크래시 때문에 게임 진행이 쉽지 않았다. 특히 〈창세기전〉 시리즈의 외전 게임들은 후반부에 저장할 틈 없이 긴 전개 사이에서 크래시가 나 유저를 비명 지르게 했다. 〈포가튼 사가〉는 자유로운 진행을 위한 서브 이벤트 시스템이 발목을 잡아 게임이 꼬였고 더 이상 진행을 못하는 경우도 있었다. 아마도 더 좋은 게임을 만들고자 하는 욕심과 일정 관리의 실패가 부른 참사로 보인다. 2000년대 이르러서는 게임 규모가 커지면서 1년 안에 대형 게임을 만들기 힘든 시대가 됐고, 어떻게든 연내 개발을 완료해야 하는 압박은 〈마그나카르타〉 같은 상황을 불러왔다.

1990년대 패키지 게임 중심의 시장에서는 표절보다는 유행하는 장르로 편중되는 현상이 강했다. 모바일 게임 중심으로 시장이 재편된 후에도 여전히 발견되는 부분이기도 하다. 표절 논란은 오히려 2000년대 이후 좀 더 이슈가 되었다. 기존 싱글 게임의 문법들을 온라인으로 옮겨오면서 특히 표절 논란이 터지는 경우가 많아졌다. 개중에는 전혀 고민 없이 원작의 문법을 그대로 가져온 경우도 존재하며 시장이 커지면서 법적인 분쟁 또한 늘어났다.

　　실제로 국내 패키지 게임 시절 표절 논란이 크게 일어났던 대표적인 사례가 〈악튜러스〉이다. 몬스터 디자인이 외국 디자이너 작품의 표절인 것으로 밝혀져 게임이 전량 리콜되기도 했다. 〈악튜러스〉는 명백한 도용으로 판정난 경우였지만, 최근처럼 느낌만으로 표절을 이야기한다면 과거 게임의 상당수가 표절 논란에서 자유롭지 못할지도 모른다. '표절' 이야기는 좀 더 주의해서 이야기해야 하지 않을까?

◉ 오영욱

2002

코코룩 Koko Look

나르실리온 Narsillion

에이스 사가: 창공의 세레나데 Ace Saga: the Lament of a Raven

테일즈 오브 윈디랜드 Tales of WindyLand

088

코코룩

Koko Look

발매시기	2002년 3월
장르	경영 시뮬레이션
개발사	나비야 인터테인먼트
유통사	위자드소프트
가격	19,800원
플랫폼	윈도우 9X, 윈도우 ME, 윈도우 2000, 윈도우 XP
매체	CD-ROM
주요사양	IBM PC 셀러론 366 이상, 램 64MB 이상, HDD 450MB 이상, 16MB 이상 비디오 카드, DirectX 8.0 이상

여성용 게임으로
대한민국 게임대상 3관왕을 차지하다

2001년 8월에 설립한 나비야 인터테인먼트^{Naviya Entertainment}의 첫 번째 게임이다. 이상희 대표는 라디오 방송 구성 작가와 음반 작사가로도 활동한 적이 있다고 한다.

〈코코룩〉은 패션 디자이너가 되기 위해 스마일 마을로 상경한 코코가 겪는 5년간의 의상실 이야기를 담았다. 여자아이들이 어렸을 적 자주 하던 인형 옷 갈아 입히기 놀이가 게임에 자연스럽게 녹아 있어 많은 여성 게이머에게 인기가 있었다. 최종 판매량은 30만 장이다. 같은 해인 2002년 대한민국 게임대상에서 PC 부문 우수상, 게임 캐릭터 부분상, 게임 기자단이 선정한 인기상 등 총 3관왕을 차지하는 쾌거를 이뤘다.

089

나르실리온

Narsillion

발매시기	2002년 3월 4일
장르	액션 RPG
개발사	그리곤엔터테인먼트(가람과 바람)
유통사	디지털에이지
가격	38,000원
플랫폼	윈도우 95, 윈도우 98, 윈도우 ME, 윈도우 XP
매체	CD-ROM
주요사양	IBM PC 펜티엄 2 400 이상, 램 128MB 이상, HDD 1GB 이상, 4배속 이상 CD-ROM, 800×600 16비트 컬러 지원할 수 있는 그래픽 카드(4MB 이상), 윈도우 95 및 98 호환 사운드 카드

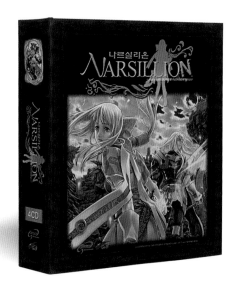

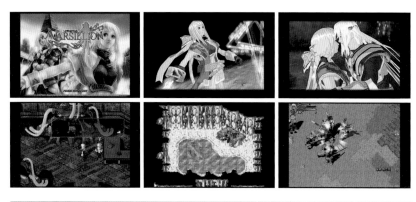

<레이디안>의 후속작이자 프리퀄인
기본기 튼튼한 액션 RPG

<나르실리온>은 <레이디안> 외전으로 공개됐으며 그리곤엔터테인먼트에 들어간 가람과 바람이 제작했다. 이후 <나르실리온>이란 이름으로 공개되었으며 나르실리온이란 이름 역시 <레이디안>처럼 『반지의 제왕』에서 사용된 엘프어에서 따왔다.

처음부터 주인공의 과거를 다룬다는 정보가 공개되었으며 본작의 주인공은 <레이디안>의 주인공이었던 엘렌의 부모인 레이나와 엘로 두 사람의 사랑이 중심인 게임이다. <레이디안>에서 이미 주인공 부모가 사망한 상태였기 때문에 게임 내 주인공의 죽음을 피할 수 없는 비극이 이미 예상되었지만 사랑과 비극을 잘 풀어내 <나르실리온>은 엔딩에 대한 호평이 많다.

게임 자체가 완전한 3D는 아니었지만 캐릭터들은 3D 모델링을 이용하여 제작하여 카툰 렌더링cartoon rendering 방식으로 렌더링된 이미지를 사용해 좋은 그래픽을 보여줬다. 액션 파트 역시 인공지능 동료들과 함께 재미있게 구현됐다는 평가를 받았다. 전작들처럼 수많은 서브 퀘스트가 게임의 볼륨을 두껍게 만들어준 점도 <나르실리온>의 장점 중 하나로 꼽힌다.

<나르실리온>은 패키지의 차별화를 위해 CD 4장 중 1장은 OST였고, 200쪽에 달하는 시나리오집, 설정집 등 풍부한 내용물을 제공했다. 또한 <레이디안>에 이어 <나르실리온>의 음악 역시 SoundTeam TeMP가 맡았다.

090

에이스 사가: 창공의 세레나데

Ace Saga: the Lament of a Raven

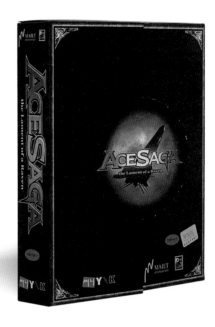

발매시기	2002년 10월 18일
장르	RTS
개발사	마이에트 엔터테인먼트, 오디스 스튜디오
유통사	써니YNK
가격	32,000원
플랫폼	윈도우 95, 윈도우 ME, 윈도우 2000, 윈도우 NT
매체	CD-ROM
주요사양	IBM PC 펜티엄 2 400 이상 (권장 펜티엄 800), 램 128MB 이상(권장 256MB), 16MB 3D 그래픽 카드(권장 32MB T&L 3D 그래픽 카드)

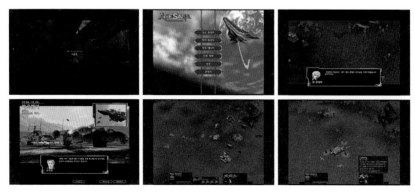

패키지 시장 끝자락에 나온
개성 있는 FULL 3D RTS 게임

〈건즈 더 듀얼Gunz The Duel〉(2004) 등의 온라인 게임으로 유명한 마이에트 엔터
테인먼트Maiet Entertainment가 처음 개발한 게임이다. 게임 개발에 대한 소식은 초기에
알려졌지만 연기를 거듭해 결국 4년에 걸쳐 개발됐다. 완전 3D로 진행되는 데다
공중전을 다루는 점은 다른 RTS와 차별점으로 작용했다. 하지만 공중전을 다룬
다고는 하지만 실제 전투는 땅과 하늘이 분리되어 있는 평면에서 벌어졌다. 그럼
에도 3D를 이용한 화려한 그래픽과 회전하는 맵, 잘 구현된 시나리오와 인공지능
등 미리 공개한 데모들이 호평 일색이었으며 많은 기대를 모았다.

하지만 패키지 게임 시장의 끝자락에 개발된 게임이라 유통사를 구하는 데 어
려움을 겪다가 최종적으로 써니YNK를 통해 발매되었다. 상업적인 성공을 거두
지는 못했으나 실제 플레이어들의 평가는 좋았고 대회가 열리거나 멀티 플레이
공략이 게임 잡지에 실리기도 했다. 최종 판매량은 인터뷰에서 5천 장이라고 언
급되기도 했다.

일반 종이 케이스 패키지와 함께 나무로 제작된 케이스에 들어 있는 한정판이
존재한다. 패키지 안에는 게임과 매뉴얼뿐만 아니라 게임 개발 자료나 Sound
Team TeMP에서 제작한 음악이 수록된 OST 등 풍부한 내용물이 포함됐다.

마이에트 엔터테인먼트는 이후 〈건즈 더 듀얼〉이 인기를 끌어 온라인 게임 개
발을 지속했으나 프로젝트에 실패하면서 직원을 해고하고 IP를 다른 회사에 넘긴
이후 알려진 활동은 없다.

091

테일즈 오브 윈디랜드

Tales of WindyLand

발매시기	2002년 12월 24일
장르	RPG
개발사	뭉클
유통사	엠드림
가격	33,000원
플랫폼	윈도우 98, 윈도우 ME, 윈도우 2000, 윈도우 XP
매체	CD-ROM
주요사양	IBM PC 펜티엄 3 366, 램 128MB 이상, VRAM 32MB 3D 가속 카드, HDD 1GB 이상, 16배속 이상 CD-ROM, DirectX 8.0 이상

패키지 시장의 마지막을 빛낸
보석 같은 작품

〈테일즈 오브 원디랜드〉의 개발사인 뭉클MoongKle은 2001년 처음 설립할 때 에이아이엠테크놀러지로 출발했으나 게임으로 감동을 주겠다는 의지로 회사명을 변경한다. 실제로도 〈테일즈 오브 원디랜드〉가 처음 개발한 게임이 맞는지 의심스러울 정도로 뛰어난 완성도를 자랑한다.

게임은 악당 젤리에게 납치된 아버지를 구출하는 주인공 지드의 모험담이다. 게임의 분위기와 어울리는 카툰 렌더링과 아이템을 재배해서 얻는 농작물 시스템이 〈테일즈 오브 원디랜드〉만의 차별화 요소이다. 패키지 시장이 불황일 때 출시된 것이 안타까운 〈테일즈 오브 원디랜드〉는 2003년 대한민국 게임대상에서 기술 창작상을 수상했다.

이후 뭉클은 PS2용 게임인 '마스키아'와 온라인 게임인 '비타민 온라인'을 준비했지만 출시되지는 않았다.

2003

써니하우스 Sunny House

천랑열전 天狼熱戰

092

써니하우스

Sunny House

발매시기	2003년 1월 23일
장르	홈데코 시뮬레이션
개발사	나비야 인터테인먼트
유통사	위자드소프트
가격	22,000원
플랫폼	윈도우 95, 윈도우 98, 윈도우 ME, 윈도우 2000, 윈도우 XP
매체	CD-ROM
주요사양	IBM PC 펜티엄 2 366 이상, 램 64MB 이상, DirectX와 16MB 이상의 3D 지원 그래픽 카드, 윈도우 사운드 드라이버 지원

집 꾸미기라는 요소로
여심을 자극한 여성용 시뮬레이션 게임

〈코코룩〉의 세계관을 공유하는 나비야 인터테인먼트에서 제작한 두 번째 게임이다. 〈코코룩〉과 세계관은 공유하지만 후속 작품은 아니라고 개발사가 언급했다.

코코의 손녀인 나나가 등장해 폐허가 된 고향 크림빌의 도시 인테리어를 도맡아 관광도시로 되살리는 임무를 맡게 된다는 이야기가 〈써니하우스〉의 주된 스토리이다. 집을 꾸민다는 요소로 여성 게이머의 큰 호응을 얻었다. 〈써니하우스〉의 최종 판매량은 20만 장이다. 앞서 출시한 〈코코룩〉이 30만 장 판매한 것을 생각하면 연타석 홈런을 친 것이다.

〈코코룩〉과 〈써니하우스〉의 성공적인 론칭 이후 나비야 인터테인먼트는 플래시 기반의 웹 온라인 게임인 〈바닐라캣VanillaCat〉(2006)을 개발하지만 〈바닐라캣〉의 첫 퍼블리셔인 CCR과 트러블이 있어 제대로 서비스하지 못했고, 2006년이 돼서야 넷마블에서 게임을 온전히 서비스할 수 있었다. 2006년 12월 나비야 인터테인먼트는 CJ 인터넷에 흡수되고 국내 여성용 PC 패키지 게임 역사의 뒤안길로 사라진다.

093

천랑열전

天狼熱戰

발매시기	2003년 2월 7일
장르	SRPG
개발사	그리곤엔터테인먼트
유통사	엠드림
가격	39,800원
플랫폼	윈도우 98, 윈도우 ME, 윈도우 2000, 윈도우 XP
매체	CD-ROM
주요사양	IBM PC 펜티엄 3 550 이상, 램 128MB 이상, HDD 2GB 이상, 32MB 이상의 D3D 지원 VGA 카드(권장 NVIDIA 지포스 3 64MB)

잦은 버그로
많은 논란의 중심에 선 게임

『팔용신 전설』로 유명한 박성우 씨의 무협 만화『천랑열전』(서울문화사)을 바탕으로 만들어진 RPG이다. 그리곤엔터테인먼트 산하로 편입된 가람과 바람 팀과 만화가 박성우의 두 번째 협력 작품이다.

〈천랑열전〉은 고구려 무장인 연오랑과 한족 출신이며 천산검녀의 제자인 월하랑의 이야기이다. 하나의 이야기를 두 명의 시점으로 풀이한다. '전투 → 이벤트 → 전투 → 이벤트'라는 전형적인 일본식 SRPG 스타일을 차용했다. 자체 제작한 3D 엔진을 사용했고 원작 만화풍과는 다른 카툰 렌더링된 3D 캐릭터가 등장해 게임을 진행한다. 턴과 실시간을 조합한 M.T.T.B^{Motion Time Tactics Battle}라는 시스템을 전투 방식에 도입해 긴장감 있는 전투를 보여줬다.

두 번의 발매 연기 끝에 2003년 2월 출시됐지만 많은 버그로 논란을 일으켰다. 〈천랑열전〉을 제대로 즐길 수 있었던 것은 2003년 5월 9일 골드 버전 패치가 됐을 때였다.

2004

러브: 프로미스 위드 미 L.O.V.E: Promise With Me

094

러브 : 프로미스 워드 미

L.O.V.E: Promise With Me

발매시기	2004년 3월 15일
장르	육성 시뮬레이션
개발사	메가폴리엔터테인먼트
유통사	위자드소프트
가격	28,000원
플랫폼	윈도우 98, 윈도우 ME, 윈도우 2000, 윈도우 XP
매체	CD-ROM
주요사양	IBM PC 펜티엄 2 350 이상, 램 128MB 이상, HDD 700MB 이상, OpenGL 지원 그래픽 카드, DirectX 9.0 이상

대한민국 대표 여성용
연애 시뮬레이션 게임의 시작

메가폴리엔터테인먼트가 네 번째로 개발한 육성 시뮬레이션 게임이다. 남성용 연애 시뮬레이션 게임이 남성이 주인공이 돼 여성의 마음을 공략하는 게임이라면, 〈러브〉는 여성이 주인공이 돼 남성의 마음을 공략하는 게임이다.

〈러브〉는 첫사랑을 간직한 꼬마 여자아이가 고교생이 된 시점부터 시작한다. 1년간의 시간 동안 남자친구에게 좋아한다는 고백을 듣는 것이 해당 게임의 목표이다. 연애 요소 외에도 화장과 코디 등을 실행할 수 있어 많은 여성 유저의 사랑을 받았다.

게임의 성공으로 볼륨이 더 커진 후속작 〈러브 2: 파르페L.O.V.E. 2: Parfait〉(2004)를 출시했고 발매 3일 만에 1만 장의 패키지가 팔리는 기염을 토하기도 한다. 2006년 5월 엔트리브 소프트와 〈러브〉의 온라인 버전인 '러브 파르페 온라인'을 계약했지만 출시되지 못했다.

메가폴리엔터테인먼트는 2004년 11월 위자드소프트의 계열사로 편입됐다가 2006년 3월 위자드소프트(당시 SNH)의 지분 처분으로 계열사에서 제외한다고 공시됐다.

한대훈

Han DaeHoon

>> **자기소개 부탁드리겠습니다.**

저는 부산에서 게임 개발을 시작했습니다. 처음으로 참여했던 게임은 메가폴리 엔터테인먼트의 〈스위키랜드Sweeky LAND〉(2002)라는 게임이었고 이후 〈쿠키샵 2Cookey Shop 2〉(2003)에 참여했습니다. 〈러브〉와 〈러브 2: 파르페〉는 디렉팅에 참 여했습니다. 그 후로는 회사 사정이 안 좋아져서 서울로 올라와 큰 타이틀로는 〈마비노기〉나 〈블레이드 & 소울〉 같은 작품에 참여했습니다. 현재는 독립해서 혼자 게임을 이것저것 만들고 있습니다. 〈스매싱 더 배틀Smashing The Battle〉(2016) 과 〈오버턴OverTurn〉(2017)을 출시하고 최근에는 '메탈릭 차일드Metallic Child'라는 타 이틀의 게임을 개발하고 있습니다. (※인터뷰 시점에서는 개발 도중이었으며 2021년 9월 스 팀, 닌텐도 스위치 등으로 정식 발매되었다.)

>> **지방에서 게임 개발을 시작하셨죠. 지방 거점의 게임 숍이나 개발 회사가 있었을 텐데 당 시 이야기를 들려주세요.**

부산 보수동 책방에 복사본인 원서가 좀 많이 들어왔던 것 같아요. 일본 애니메이 션이나 책 같은 건 거의 구할 수 있었습니다. 하지만 게임은 구하기 힘들었어요. 〈창세기전〉과 같은 히트작 게임조차 서울보다 하루 늦게 나왔고 매장에서도 구하 기 힘들었습니다. 게임 숍이 남포동에 두 군데 정도 있었는데 나중에는 없어져서 갈 데가 없더라고요.

>> **실제로 부산의 게임 환경은 어땠나요? 어떤 경로로 게임 개발을 지망했는지도 궁금합니다.**

처음엔 만화가가 목표였어요. 하지만 만화가는 너무 돈이 안 될 것 같았습니다. 그래서 돈을 벌 수 있는 직업을 선택해야 했습니다. 당시 온라인 게임이 나오기 시작한 상황이라 그림 그리는 것을 살려서 일을 할 수 있는 직업이 게임 관련이었죠. 게다가 게임도 좋아했고요.

회사를 선택한 이유는 부산에서 산업기능요원으로 일할 수 있을 것 같은 회사였기 때문입니다. 결국은 복무 기간 중 폐업하는 바람에 서울로 올라왔죠. 그나마 메가폴리엔터테인먼트가 부산에서는 오래 버틴 축에 속하는 회사였어요.

저 때는 밉스소프트웨어도 부산에 있었고 매직큐브^{MagicCube}도 부산에서 오래 버텼어요. 인티브소프트^{IntivSoft}도 있었고요. 당시에는 회사가 그렇게 많지 않았어요. 규모도 영세하고 다들 박봉이었습니다.

>> **〈러브〉와 〈러브2: 파르페〉 개발에 참여하셨죠. 한국 패키지 게임을 다룰 때 빼놓을 수 없는 중요한 작품입니다. 분위기는 어땠나요?**

게임은 괜찮게 팔렸습니다. 일단 우리 게임은 부모님이 구입해주는 경우가 많아 와레즈의 사각지대에 있었다고 생각합니다. 저연령층이 타깃이라고 여겨졌기 때문에 와레즈를 운영하는 사람들한테는 관심 밖이었지 않나 싶어요. 판매량이 다 나쁘지는 않았어요. 〈러브 2: 파르페〉는 많이 팔렸습니다. 정확한 수치는 모르지만 기사를 봤을 때 시리즈 합쳐서 10만 장은 넘게 판매된 걸로 알고 있습니다.

당시에는 PC 게임을 돈 주고 사면 바보 취급을 하는 분위기가 있었어요. 아직도 기억하는 일이, 〈화이트데이: 학교라는 이름의 미궁〉이 출시되던 날 구매해서 친구한테 자랑했더니 왜 사냐며 인터넷에서 받을 수 있다고 하더군요. 그런 시대였어요. 그래서 몇몇 게임은 억지로 용량을 늘리기도 했습니다. 다운로드가 어렵도록 말이죠. 보안의 한 방법이라고 해야 할까요.

>>   **개발에 관련된 이야기를 들려주세요.**

〈스위키랜드〉에서는 아이템 3D를 만드는 작업만 했습니다. 〈쿠키샵 2〉는 배경이랑 캐릭터를 제외한 거의 대부분의 아트를 작업했던 것 같습니다. 산업기능요원 중 게임에 대한 관심이나 열정이 없던 사람도 많았어요. 저는 게임을 좋아했고 많이 플레이해본 사람이다 보니까 계속 게임에 이래라저래라 이야기했고 결국 〈러브〉의 디렉팅까지 맡게 됐죠.

전체적인 게임의 방향성은 대표님이 정했습니다. 대표님이 여성이었는데 여성게이머 시장에 관심이 좀 많으셨어요. 어느 날 대표님이 연애 시뮬레이션을 만들어보면 어떨까 이야기를 꺼냈습니다. 시나리오는 어떻게 할 것이며 그림이 많이 필요할 텐데 어떻게 개발을 할 것이냐고 했더니 "잘 아는데?" 하셨어요. 그렇게 디렉터가 됐습니다. 다른 사람에게 시나리오를 맡기지 못했고 연애 시뮬레이션의 연출 등을 할 수 있는 사람이 없어서 결국 제가 했습니다.

〈러브〉가 큰 인기를 끌고 회사에서는 기세를 몰아 바로 후속작 제작에 들어가자고 했습니다. 엔진과 툴이 있으니 그래픽과 시나리오만 바꾸면 될 것이라고 조금 쉽게 생각했던 것 같아요. 사실 저도 당시에는 개발 경력이 짧아서 그렇게 생각했습니다. 〈러브 2: 파르페〉는 1편 완성 후부터 개발을 시작해 출시할 때까지 불과 6개월이 걸렸습니다. 너무 힘들었어요. 이미 열두 명에 대한 시나리오를 혼자서 다 작업하느라 오타쿠의 기질을 모두 썼는데 채워질 틈 없이 바로 2편을 만든 거죠. 그러다 보니 2편에서는 캐릭터들도 억지스러운 부분이 있었고 아쉬운 점이 많았습니다. 나중에라도 팬 분들에게 팬 디스크 게임 같은 것을 만들어드리고 싶다는 생각도 해요.

>>   **회사 생활은 어땠나요?**

회사에 연락이 와서 설치 못하시는 분들 있으면 찾아가서 설치를 도와드리기도 했어요. 보통 어린아이들이라 전화로 하다가 막히면 부모님과 통화를 했습니다.

그럼에도 해결이 안 되는 경우가 많았어요. CD 키를 잃어버리는 경우도 있었고요. 출장을 가서 CD가 있는지 확인하고 있으면 CD 키를 하나 드리고 오는 식이었습니다. 지금은 상상도 못할 이야기죠.

≫ 게임 제작을 꿈꾸는 지망생들에게 한 말씀 부탁드리겠습니다.

즐겁게 하세요. 즐겁게 일하면 오래 일할 수 있습니다.

기술의 흐름으로 살펴보는
국산 PC 게임

　〈폭스 레인저〉가 출시될 당시만 해도 PCX 출력, 페이드인/아웃^{FADE IN/OUT}, 오 버랩^{overlap} 기술 등이 노하우인 때가 있었다. 하지만 아마추어 개발자들을 포함해 국내 많은 개발자의 기술 공유와 노력 끝에 점점 PC를 정복할 수 있게 됐다.

　PC는 원래 게임을 염두에 두고 설계된 플랫폼이 아니다. 따라서 어떻게 하면 PC에서 콘솔 게임기에서나 볼 수 있는 스프라이트 처리와 부드러운 스크롤을 구 현할 수 있는지가 초기 개발자들의 주요 개발 화두였다. 소프트맥스의 〈리크니스 〉가 콘솔 게임기에 근접한 기술력을 보여준 뒤로는 다른 여러 업체들도 PC에서 콘솔 게임기급의 처리를 보여주는 게임을 출시한다.

　하드웨어는 386, 486을 넘어 펜티엄의 시대로 진입하는 와중에 그래픽 카드 의 발전과 32비트 프로그래밍이 가능한 컴파일러(왓콤 C)의 등장으로 저해상도 (320×200, 256컬러)가 아닌 고해상도(640×480 65536컬러)를 사용하는 게 임이 속속 등장하기 시작했다. 그중 소프트맥스의 〈서풍의 광시곡〉은 저해상도 256컬러에서는 구현하기 힘들었던 광원 효과를 고해상도 16비트 컬러로 구현함 으로써 국내 개발자의 주목을 받는다.

　32비트 프로그래밍이란, 16비트에 비해 많은 메모리를 쓸 수 있으며 처리 속도 가 빨라진다는 것을 의미했다. 이 때문에 소프트웨어적으로 구현한 자체 3D 엔진 을 기반으로 제작한 게임도 등장하기 시작해 2D에서 3D로 넘어가는 전환점이 되 기도 한다. 〈그날이 오면 3〉로 유명한 미리내 소프트웨어도 자체 3D 엔진을 기반 으로 한 게임을 만들어 출시하곤 했다(〈배틀기어^{Battle Gear}〉(1996), 〈아마게돈〉,

〈드래곤 투카 3D^{Dragon Tuka 3D}〉(1997), 〈네크론〉 등). 2D에서 3D로 넘어가는 기술적 과도기의 작품인지라 당시 유저들의 눈높이에 맞는 게임은 되지 못했지만 3D 기술과 노하우가 조금씩 축적돼 후일 온라인 게임 시기가 와서야 찬란한 꽃을 피운다.

마이크로소프트의 윈도우 발전과 DirectX의 등장으로 도스 시대는 저물고 윈도우 시대가 도래하면서 네트워크 기술도 비약적인 발전이 이루어졌다. 여기에 발맞추어 온라인 게임이 등장했고 PC 패키지 게임만을 만들던 개발사들은 시대의 흐름을 붙잡지 못해 사라지기도 하면서 국내 게임 산업은 인터넷의 등장과 함께 대 온라인 게임 시대를 맞이한다. ◉장세용

PART 2

게임 도록

발매시기 1992년 4월 20일 | 장르 횡스크롤 슈팅 | 개발사 소프트액션

© 남상규. All Rights Reserved.

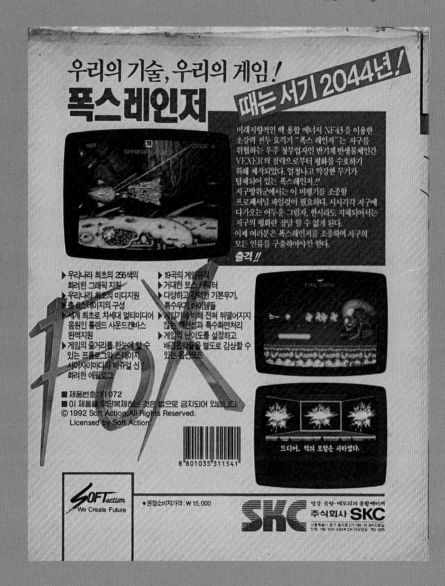

발매시기 1992년 5월 | 장르 종스크롤 슈팅 | 개발사 미리내 소프트웨어

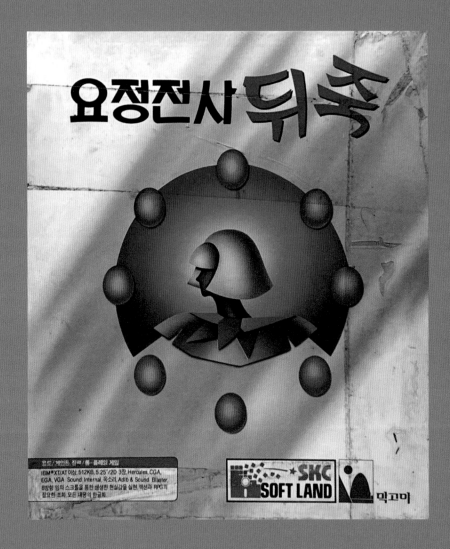

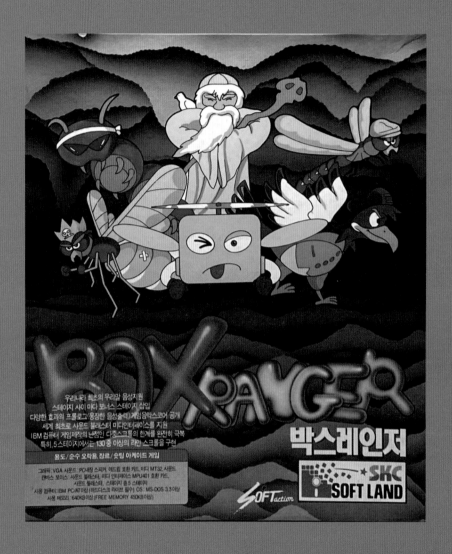

발매시기 1992년 10월 31일 | **장르** 횡스크롤 슈팅 | **개발사** 소프트액션

© 남상규. All Rights Reserved.

서기 2044년 베그저의 침공을 무사히 막아내고 폭스레인저의
파일럿인 준 은 모처럼만에 한가로이 휴식을 취하고 있었다.
한편 지구의 과학자들에 의해서 베그저에 대항하기 위해 쓰였던 NF43의
응용개발이 한창 이루어졌고 시간을 초월한 순간 이동을 발견해 내기에 이른다.
그러나 연구실을 이리 저리 둘러 보던 준 ,무심코 앉게 된 의자가
타임스페이스43 이라 명명된 물체 순간 이동기였다.

'으아아아아아악…,

고려가 망한 직후인 조선초로 오게 된 준! 자기 자신의 타임스코프
가 조선시대로 샛입되어 있는 것을 보고 믿을 수 없어 한다. 허기가진
「준」은 산속을 헤매다 초가집을 발견하게 된다. 집주인은 없었으나, 이
름은 「백두선인」으로 그신선은 시간여행에 대한 도술을 연마하고 있다
는 굉장한 사실을 발견한다. 이에 「백두선인」을 찾아 길을 떠나려 하는데…
백두산의 신선계를 정복하려는 중국도사 「백오자」는 「백두선인」의 제자로 「준」을 잡자
하고 「준」에게 도술을 걸어 준지에 나무상자에 가둔다. 가까스로 도망을 하게 되나 가는 곳
곳마다 「백오자」의 악한 무리들로 괴롭힘을 당한다.
「준」이 가지고 있는 것은 오직 조그마한 상자와 주머니의 돈,「준」을 도와주는 벌뿐이다.
「준」은 여행중인 「백두선인」을 찾아야만 한다.
사랑하는 연희가 기다리는 2044년의 미래로 돌아가기 위해…

■ 제품번호: 2252
■ 이 제품을 무단복제하는 것은 법률로 금지되어 있습니다.

© 1992 SOFTLAND ALL RIGHTS RESERVED
LICENSED BY SOFTLAND

8 801035 377240

SOFTaction **SKC**

영상·음향·메모리의 종합메이커
주식회사 **SKC**
서울특별시 중구 음지로2가 199-15 SKC빌딩
전화 756-5131, 6161●고려지역 : 753-1375

발매시기 1992년 10월 31일 | **장르** 횡스크롤 슈팅 | **개발사** 소프트액션

© 남상규. All Rights Reserved.

서기 2044년 베그저의 침공을 무사히 막아내고 폭스레인저의
파일럿인 「준」은 모처럼만에 한가로이 휴식을 취하고 있었다.
한편 지구의 과학자들에 의해서 베그저에 대항하기 위해 쓰였던 NF43의
응용개발이 한창 이루어졌고 시간을 초월한 순간 이동을 발견해 내기에 이른다.
그러나 연구실을 이리 저리 둘러 보던 「준」, 무심코 앉게 된 의자가
타임스페이스43 이라 명명된 물체 순간 이동기였다.

'으아아 아 아 아 악…'

고려가 망한 직후인 조선초로 오게 된 준! 자기 자신의 타임스코프
가 조선시대로 셋업되어 있는 것을 보고 믿을 수 없어 한다. 허기가진
「준」은 산속을 헤매다 초가집을 발견하게 된다. 집주인은 없었으나, 이
름은 「백두선인」으로 그신선은 시간여행에 대한 도승을 언미하고 있다
는 굉장한 사실을 발견한다. 이에 「백두선인」을 찾아 길을 떠나려 하는데…

백두산의 신선계를 정복하려는 중국도사 「백오자」는 「백두선인」의 제자로 「준」을 잡자
하고 「준」에게 도승을 걸어 호지에 나무상자에 가둔다. 가까스로 도망을 하게 되나 가는 곳
곳마다 「백오자」의 악한 무리들로 괴롭힘을 당한다.
「준」이 가지고 있는 것은 오직 조그마한 상자와 주머니의 못, 「준」을 도와주는 별뿐이다.
「준」은 여행중인 「백두선인」을 찾아야만 한다.
사랑하는 연희가 기다리는 2044년의 미래로 돌아가기 위해…

▤ 제품번호 : 2252
▤ 이 제품을 무단복제하는 것은 법률로 금지되어 있습니다.

© 1992 SOFTLAND ALL RIGHTS RESERVED
LICENSED BY SOFTLAND

8 801035 377240

SOFTaction SKC

영상·음향·메모리의 종합메이커
주식회사 SKC
서울특별시 종구 울지로2가 199-15 SKC빌딩
전화 756-8151, 6161●소비자상담실 753-1979

그날이 오면 3 (Dragon Force)

지구를 전쟁의 도가니로 몰아넣었던 기계 생명체 메탈레이버의 반란은 그들의 마지막 요새인 소행성 [아르카디아]의 대폭발로 끝을 맺었다. 그리고 사람들은 파괴된 도시를 재건하여 새로운 평화를 맞아 바쁘게 움직이고 있었다.

그러나, 몇천년간의 원인도 모르는 대전쟁으로 자신들의 별을 잃고 우주를 방황하는 전투민족 [레리아]에게 아르카디아의 폭발과 그 잔해는 그들에게 지구의 존재를 알리게 되는 계기가 되어 곧 지구는 수천년의 전쟁으로 단련된 [레리아]의 대대적인 침공을 받게된다.

전멸을 바라는 [레리아]군의 공격은 다시 일어서는 도시를 파괴하고, 지구상의 모든 생명체들을 말살시켜 갔다.

그리고 살아남은 사람들은 전함 미드가르트로 모여 [레리아]와의 최후의 전투를 준비한다. [거대한 용]이라 불리는 전투기를 중심으로 하는 지구의 마지막 희망 /

미드가르트의 모든 사람들은 그들을 [드래곤 포스]라고 불렀다.

특징

- 새로운 화면 진행방식을 이용한 입체적 구성
- 다중스크롤, 라인스크롤 등 하드웨어적 한계를 뛰어넘는 특수효과 실현
- 10종류의 다양하고 새로운 무기들
  * 집중형, 확산형, 공대지 무기의 3가지 무기를 동시 사용가능
  * 최강의 병기 METEO BLADE /
- 상상을 초월하는 새로운 캐릭터의 등장

가격 ₩ 25,000

개발원 미리내 소프트웨어
인천직할시 북구 십정동 576-19 상부빌딩 4층
TEL. (032) 528-9176 FAX. (032) 528-9176

판매원 소프트타운 SOFTTOWN
서울 서초구 방배동 752-34 (송주빌딩 3층)
TEL. 599-7802~8   FAX. 599-9724

발매시기 1993년 4월 20일 | 장르 슈팅 | 개발사 소프트액션
© 남상규. All Rights Reserved.

■ 줄거리

타임머신의 고장으로 과거시대 머물러야 했던 준 !
준이 없는 틈을 타 다시 데이난 베그저의 심장은 버뮤다
해역에서 생체증식을 통해 가공할만한 대규모의
전투군단을 만들어낸다.
조금씩 조금씩 붉은 마수에 의해 씩어들어 가는 지구
베그저는 또 생체증식에 필요한 에너지를 흡수하기 위해
수많은 지구인들을 생포해 갔는데, 준이 사랑하는
연희마저도…
준은 우여곡절 끝에 다시 지구로 돌아와 벌컨레이저,
웨이브 폭탄 등 엄청난 기능이 강화된 최첨단 전투기
NF 43 SPIRIT를 타고 생체군단의 핵으로 뛰어든다.
과연 그는 악마의 생체군단을 퇴치하고 베그저의 심장을
폭파시킬 수 있을 것인가?

· 3차원 스크롤 방식의 다관절 캐릭터

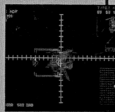

· 리얼뷰타입의 3차원 보너스 스테이지

■ 특징

- 국내 게임사상 최고의 스케일
- 실전을 방불케하는 입체음향 사운드
- 새로운 방식인 리얼뷰 타입의 3차원 보너스 스테이지
- 슈팅게임의 모든 스크롤 방식을 지원
  (3차원 스크롤, 횡스크롤, 종스크롤)
- 100여분 동안 펼쳐지는 환상의 프롤로그
- 다양한 캐릭터 등장

· 악마의 생체군단, 베그저의 침공

· 생체군단의 기지로 돌진하는 준 !

■ 장르 : 슈팅게임

■ 시스템 구성

IBM AT 호환기종
MS-DOS 3.3 이상
메모리 640KB
2HD 6장 하드디스크 10MB
VGA 256 전용
에드림, 사운드 블래스터, MIDI 지원
디지털 조이스틱 지원

저작권 : 소프트액션
판 권 : 금성소프트웨어 주식회사
이 프로그램의 무단복제는 법으로 금지되어 있습니다.

98560
ISBN 89-7694-022-9
9 788976 940223

정가 : 33,000원

금성소프트웨어(주)
PKG사업실 : 서울 특별시 영등포구 여의도동 13-19 남중빌딩
전 화 (02) 7670-606~10 7670~601(고객지원실) FAX (02) 701-1018

마지막 순간까지 흥미진진한 게임의
승부가 이루어집니다.
당신의 PC에서 눈을 떼지 마십시오!!

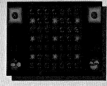

세균전의 역사

세균전은 한국에서 개발된 최초의 VGA용 컬러 정품 게임입니다. 새롭게 발매되는
세균전-Ⅱ는 최초의 발매되었던 세균전보다 화려하고 다양한 그래픽 모드와
재미난 모양의 캐릭터들 그리고 여러가지 사운드 카드를 지원하는 본격 인공지능형
보드 게임입니다.

인공지능형 보드게임

인공지능 기법을 이용하여 제작되었기 때문에 2인 대결모드, 컴퓨터 대결모드,
그리고 사람과 컴퓨터의 대결등 4가지 모드중 한가지를 선택할 수 있으며
컴퓨터와 상대할때 2가지로 난이도를 조정할 수 있습니다. 또한 서로 다른
100개의 스테이지가 준비되어 순서대로 격파해 나갈 수 있도록 되어 있습니다.

박진감 넘치는 진행

특히 아케이드나 액션게임을 싫어하는 연령중에서도 선호하는 바둑, 장기와 같은
지능대결의 형태로 이루어져 남녀노소 누구나 부담없이 즐길 수 있습니다.
게임의 룰은 2인의 대결로서 이루어지며 복잡한 룰이 없기 때문에 즉시 배워서
사용이 가능합니다. 특히 오셀로처럼 한번대세가 기울어지면 역전이 불가능한것이
아니라 마지막 순간까지 흥미진진한 게임의 승부가 이루어 집니다.

■ 제품번호 : 2307
■ 이 제품을 무단복제하는 것은 법률로 금지되어 있습니다.
© 1993 막고야
LICENSED BY MAKKOYA

권장소비자가격 : ₩ 15,000

☎ 소비자 상담은 크르바전화(수신자 부담)
080-023-6161을 이용해 주세요

SKC
영상·음향·메모리의 종합메이커
주식회사 **SKC**
서울특별시 중구 을지로2가 199-15 SKC빌딩
전화 : 756-5151, 6161

막고야

8 801035 386419

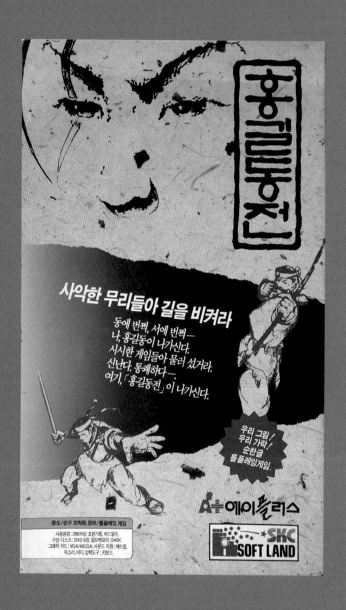

발매시기 1993년 7월 | **장르** RPG | **개발사** 에이플러스

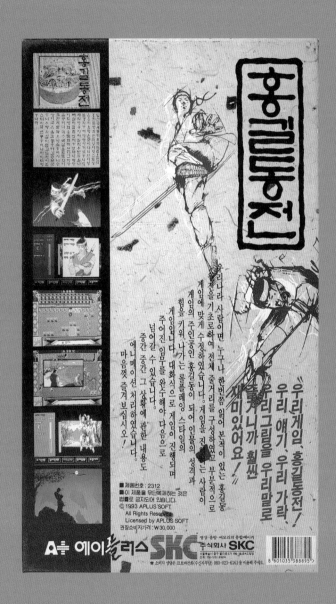

IBM AT급 이상

그래픽 : VGA 표준 256K 이상
메모리 : 640K 이상 HDD 30M 이상
조 종 : 키보드 조이스틱 지원
음 향 : 애드립 사운드 블래스터 옥소리
         사운드 캔버스 GS/GM 모드 MT-32

여블럭

GAME
동서게임채널

연소자 관람가

발매시기 1993년 12월 | 장르 액션 RPG | 개발사 아블렉스

국내 최초의 퍼즐형 어드벤쳐 게임!

■ 시스템 구성

IBM PC AT 이상 호환기종
MCGA/VGA 그래픽 카드
기본 메모리 640KB 이상
하드 디스크 필수(7MB 이상 필요)
에드립, 사운드 블래스터, MIDI 지원
키보드, 마우스 지원

에이플러스
A·PLUS·SOFT

GSW
소프트웨이브

■ 장르 : 퍼즐형 어드벤쳐

오성과 한음의 슬기와 재치로
난관을 해결하자!

게임의 특징

256색의 화상을 지원하는 화려한 그래픽과 현장감 넘치는 음향효과 †
순간적인 재치와 아이디어를 필요로 하는 국산 최초의 퍼즐형 어드벤처 게임 †
사용자가 임의로 원하는 레벨을 선택하여 게임을 즐길 수 있는 모드 제공 †
간단한 조작법으로 온 가족이 즐길 수 있는 게임 †
현실세계→꿈→현실세계로 이어지는 각기 다른 20 스테이지로 구성 †

널판지를 이용하여 나무위의 대추를 따먹고,
술을 이용하여 뱀을 항아리에 넣으며, 공룡 꼬리에
올라가 탈출하기도 한다. 시조새의 날개를 이용하여
행글라이더를 만들어 탈출하며,
왜선을 대포로 격침시킨다.
소설로만 읽던 이야기를 눈으로 보고
귀로 듣고 머리로 느끼며
게임으로 즐겨 보자!

명랑해전에서
왜선들을
대포로
격침시킨다

꼬마 도깨비를 구하러 가는 오성과 한음

시조새의 날개가 행글라이더가 되어······

저 많은 항아리를 중 빈 항아리는?

제작권 : 에이플러스
판 권 : 금성소프트웨어주식회사
이 프로그램의 무단복제는 법으로 금지되어 있습니다.

ISBN 89-7694-046-6

정가 : 33,000원

금성소프트웨어(주)

PKG사업실 : 서울특별시 영등포구 여의도동 13-19 남중빌딩
TEL : (02)7670-606~10, 7670-601(고객지원실) FAX : (02)701-1018

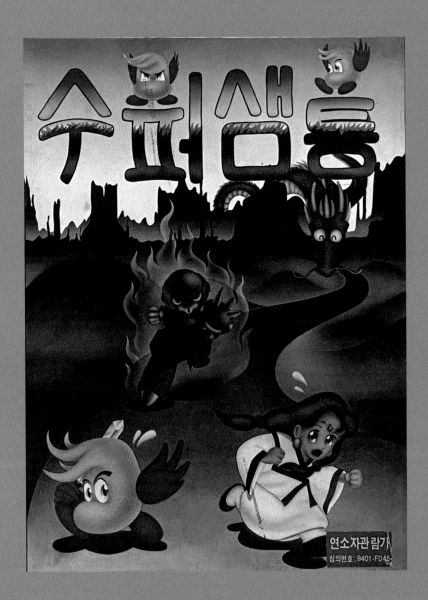

초특급 액션
RPG 게임

특징

- 국내 최대의 본격 액션 롤플레잉 게임.
- 방대한 규모의 호화 시나리오.
- 환상 특급 데모와 우궁무진한 비쥬얼 신.
- 숨막히는 사운드.
- 사이드 뷰로 진행되는 파워 슈팅
  모드와 RPG모드.

패키지구성

- **디스켓** : 2HD 7장.
- **게임배경음악 CD** : 특별보너스.
  수퍼 샘통에 등장하는 전곡을 담은
  원음 그대로 화려한 배경음악.
- **샘통인형** : 새론의 마스코트이며
  본 게임의 주인공. 커다란 몸뚱아리의
  왕눈이 샘통은 꼭 깨물어 주고 싶은
  앙증맞게 생긴 우리들의 꼬마 천사.

사양

- **기종** : IBM PC 100% 호환기종
  (AT급이상)
- **조종** : 키보드
- **음향** : 애드립, 옥소리,
  사운드블래스터, 미디GS
- **그래픽** : VGA 256 컬러
- **메모리** : 540K이상의 사용가능 메모리
- **메뉴얼** : 1권
- **고객등록카드**

소비자가
₩ 38,000 (VAT포함)

총판매원
(주)소프트타운
서울특별시 서초구 빙배동 752-34 승주빌딩
TEL : (02) 595-7750 FAX : 595-7756

개발원
새론소프트웨어
서울시 동작구 상도동 171-1 2층
TEL : 822-9176 FAX : 825-3386

Pee&Gity
피&기티
용도/순수 오락용, 장르/파이팅 아케이드 게임
사용기종 : IBM 호환 286이상, 6.5MB의 하드 여유 공간,
필요메모리 : 1MB,
그래픽카드 : VGA,
사운드카드 : 애드립, 사운드 블래스터, 목소리,
입력 도구 : 키보드,
SKC
SOFT LAND
연소자 관람가

발매시기 1994년 4월 | **장르** 액션 | **개발사** 패밀리 프로덕션

바발리 아저씨와
새미가 사라졌다！
어디로 가야하는지…
패밀리 프로덕션이 도전하는 본격 액션 게임！

깨끗한 그래픽, 다양한 동작을 여러분들에게 선사합니다.

* 귀여운 캐릭터로 인해 사용자들이 쉽게 게임에 친숙해지게 한다.
* 2인 동시 플레인 기능
* 다양한 액션과 필살기
* 1중 2중 스크롤 및 확대모드
* 다양한 배경과 배경에 따라 바뀌는 새로운 적 캐릭터들

■ 제품번호 : 2401
■ 이 제품을 무단복제하는 것은 법률로 금지되어 있습니다.
© 1993 FAMILY PRO
All Rights Reserved.
Licensed by FAMILY PRO.
☎ 소비자 상담은 크로바전화(수신자부담)080-023-6161을 이용해 주세요

SKC
영상·음향·메모리의 종합메이커
주식회사 SKC
서울특별시 중구 을지로1가 199-15 SKC빌딩
권장소비자가격 : 20,000원

제작업자 상호 : (주)SKC   공연윤리위원회 심의번호 : L9402-FD53
제작업자 등록번호 : 제86호   수입, 복제 허가번호 :

발매시기 1994년 5월 3일 | **장르** 종스크롤 슈팅 | **개발사** 소프트액션

© 남상규. All Rights Reserved.

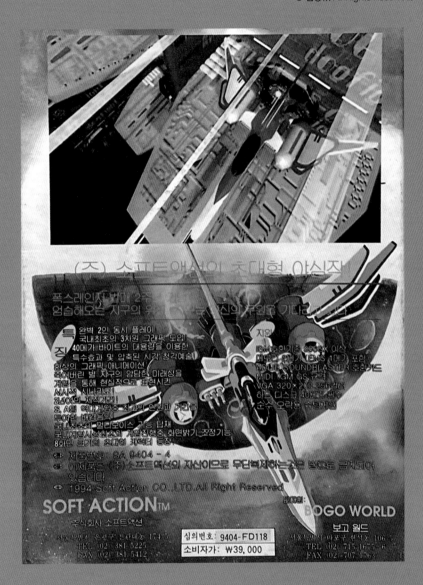

해리의 랜드 파워에
맞서 싸우는 양민.

걷기, 달리기, 높이뛰기, 앉기,
매달리기, 달리며 180°회전하
기, 뛰어 매달리기, 제자리 뛰
기, 2단 떨어지며 매달리기,
덤블링으로 일어나기, 칼 꺼
내기, 칼로 찌르기, 칼로 베
기, 뛰어 앞으로 나가 단칼에
베기, 칼로 막기등의 주인공
동작을 완전히 익히기 전에
는 적들과 대항하지 마라!

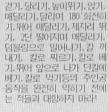

여행을 하면서 대화
를 나누는 양민과
해리.

200여명의 캐릭터와 사고하는
컴퓨터 할, 해리의 랜드파워,
아수라의 발칸포와 레이저,
가루라의 공중회전 크라슈와
손톱총알, 칼라와 외신의 단
검 던지기 그리고 자이누스
의 숨겨진 3가지 필살기를
어떻게 막으랴!

가루라의 공중회전
크라슈에 맞서 싸우
며 하늬를 보호하고
있는 양민.

"아! 여기선 어떤
아이템을 사용할까?"

그러나 걱정하지 마라! 8가
지 존을 여행하면서 반지, 카
드, 지도, 보검, 리모콘, 폭탄,
구급약등을 나열하기 힘든
아이템을 수집하고 3명의 무
술사범으로 부터 18반 무예
를 터득한다면 무엇이 두려
우랴!

각각의 존마다 펼쳐지는 서
로 다른 환경과 독특한 배경
을 여행하라!
그리고 감상하라!
Sound와 함께 펼쳐지는 환
상의 비주얼을! 노력하는
자만이 비주얼 씬을 볼 수
있다! 커튼을 치지 마라!
해뜨는 아침을 보지 못한다.

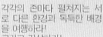

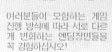

어러분들이 모험하는 게임
진행 방식에 따라 서로 다르
게 변화하는 엔딩장면들을
꼭 경험하십시오!

자이누스의 엄청난
힘을 과연 어떠한
방법으로······

쌍둥이인 칼라와
와신의 협공에 고전
하는 양민.

VGA 320 × 200 256 color 화면임. 모든 화면은 IBM Game에서 나타난 그대로 입니다.
본 제품의 무단 복제 및 배포는 법으로 금지 되어 있습니다.   권장 소비자 가격:35,000원

제작업자 상호 : (주)트윔   공연윤리위원회 심의번호 :
제작업자 등록번호 :   제작 년 월 일 : 94년 1월 15

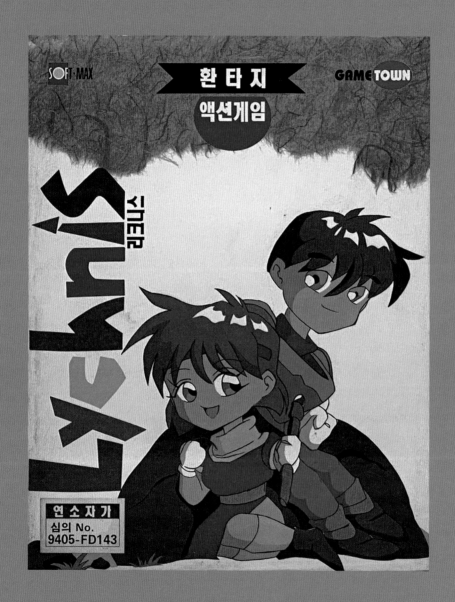

발매시기 1994년 6월 | 장르 횡스크롤 액션 | 개발사 소프트맥스
© LINE Games Corporation. All Rights Reserved.

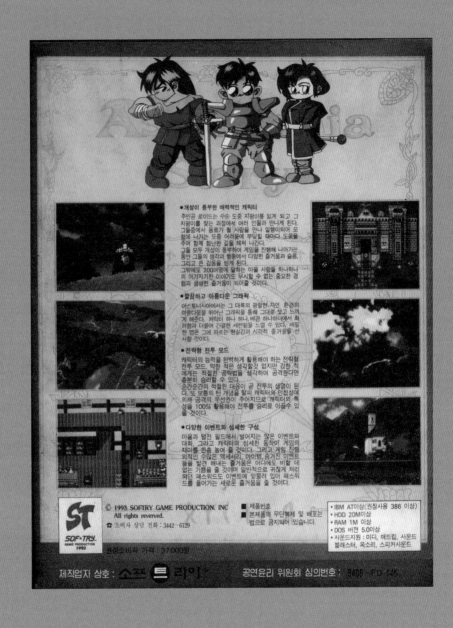

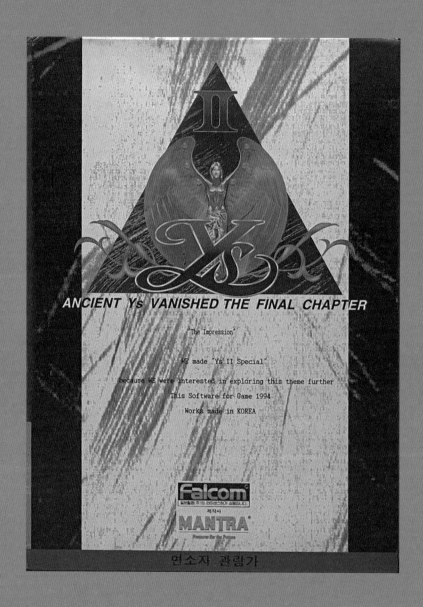

발매시기 1994년 8월 10일 | 장르 액션 RPG | 개발사 만트라

PC로 월척을 낚아 보세요!

PC로 낚시터 그대로를 옮겨담아 생활의 스트레스를 말끔히 푼다.

자재기로 물고기의 크기를 확인한다.

31cm

낚시광의
커머셜버전은
이렇게 다릅니다.

☞ 어탁기능 : 잡은 고기의 어탁을 프린트로 뽑을 수 있습니다.

☞ 세련된 그래픽 : 현장감 넘치는 낚시터 그대로의 풍경

☞ 밤낚시기능 : 밤낚시 모드가 있어 한층 더 사실감이 납니다.

☞ SAVE기능 : 사용자의 편의를 위한 획득물과 그에대한 정보를 저장합니다.

☞ 일시정지기능 : 휴식을 위해 잠시 중단하는 기능

HITEL 낚시 안내
HITEL에서 24시간 낚시 대회를 개최합니다. 상품도 타고 낚시왕도 되세요.

권장소비자가
15.000원

판매원
NESCO
총 판매원 : (주)네스코
서울시 용산구 한강로3가 65-1 APT 308호
TEL. (02)5773-8521 FAX 5773-8524

타프시스템 서울시 강남구 논현동 62-8 청운 빌딩 4층
ⓒ1994 TAFF SYSTEM
All Right Reserved Licensed by TAFF SYSTEM
☎ 소비자 상담은 TEL: (02) 548-4663, 518-1369를 이용해 주세요.

Taff
SYSTEM

제작업자 상호 : 타프시스템
공연윤리위원회 심의번호 : G9410-FD4

345

발매시기 1994년 12월 16일 | **장르** 3D 슈팅 | **개발사** 엑스터시

교환할 수

진 세대의 그 어떤 게임과도 비교를 허수 없닫 조 메가톤급
CD-ROM 전용게임 TAKE BACK! 이것은 한편의 영화입니다.

지금, 여러분의 컴퓨터에서 우주 전쟁이 펼쳐집니다.
숨막힐듯한 액션과 박진감 넘치는 특수 효과음,
클래식 스타일로 작곡된 20여곡의 웅장한 배경 음악,
30분 분량의 모든 대화의 음성녹음으로 한편의 영화를
보는 듯한 미션 임무와 스토리의 전개,
포인트 앤 클릭 방식으로 조작이 간편한 한글 인터페이스,
화려하고도 실감나게 펼쳐지는 3차원 그래픽 애니메이션은
여러분을 사로잡을 것입니다.
지금 이 순간부터 TAKE BACK(탈환)의 진수를
만끽 하십시오.

게임의 특징

▶ 국내 최초의 3차원 시뮬레이션 게임
▶ 국내 최초 방대한 용량의 CD-ROM 전용 게임
▶ 20대의 전투기와 전함 및 수송기 6종류의 미사일
▶ 모든 그래픽을 3차원 애니메이션 처리
▶ 게임중 8가지 카메라 뷰와 실제 성우 음성처리
▶ 클래식 스타일로 작곡된 20 여곡의 웅장한 배경음악
▶ 키보드+조이스틱+마우스 3가지의 다양한 조작과
  초보자도 쉽게 사용할 수 있는 한글 인터페이스
▶ 스토리에 따라 섬세하게 진행되는 26 개의 미션

소비자가 : 37,000 원

98560

9 788976 940735

ISBN 89-7694-073-3

LG소프트웨어
서울시 영등포구 여의도동 13-19 농중빌딩
고객지원실 : (02)767-0601
FAX : (02)785-0809
통신문의 : Hitel(go lgsw)

연소자관람가   제작업자등록번호 : 380   심의번호 : GL9411-CR14

349

발매시기 1994년 12월 | **장르** 횡스크롤 슈팅 | **개발사** 막고야

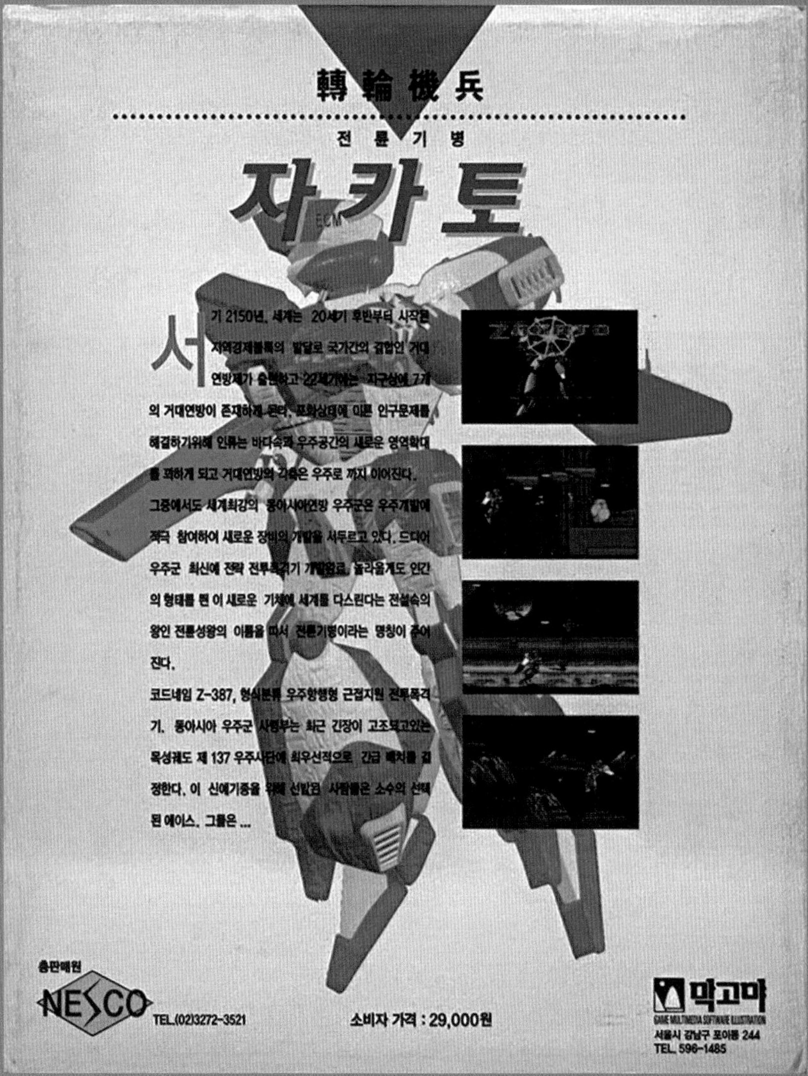

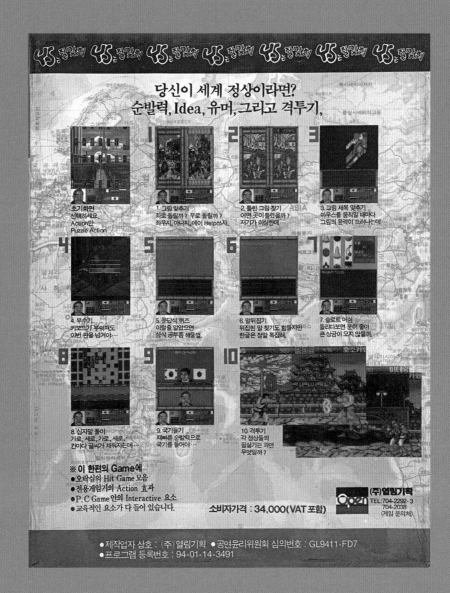

INTERRUPT™
느낌... 실체...
그 엄청난 파괴력!!!
INTERRUPT
• 2명의 플레이어 선택으로 다른 시점으로 시나리오 전개
• 독특한 게임시스템으로 다양한 특수효과연출 가능
• 전캐릭터의 다관절화
• 고품질의 그래픽 & 사운드
• 최적의 난이도 시스템
권장 소비자 가격 :
33,000원
제조·공급원:
NESCO
서울시 용산구 원효로 3가 51-30
(원효상가아파트 305호)
TEL : (02)3272-3521
FAX : (02)3272-3524
개발원:
Family Pro.
패 밀 리 프 로 덕 션
인천직할시 동구 송림3동 72-15호
TEL:(032)766-8033
FAX:(032)765-9531

기　종 : IBM 386 또는 이상기종, 잔여용량 15 MB이상의
　　　　하드디스크 및 5.25인치 드라이브 한개 이상
메모리 : 3MB 최소 600KByte의 기본메모리 및 2000KByte의 XMS
조　작 : 키보드전용
음　향 : ADLIB/SOUND BLASTER 호환카드

정가 : 28,000

연소자 관람가

발매시기 1995년 2월 | **장르** 어드벤처 | **개발사** 스튜디오 아둑시니, 노리 MEArts

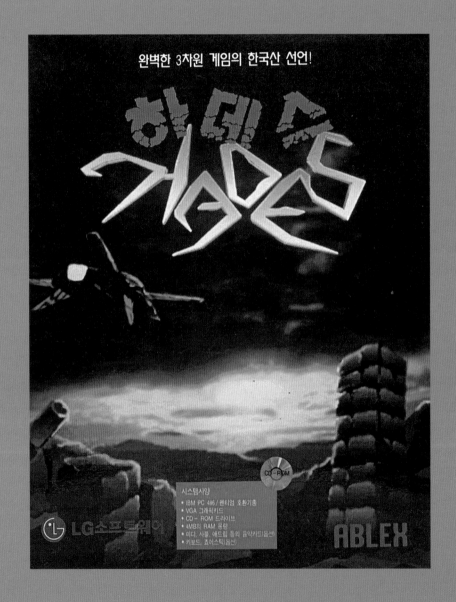

발매시기 1995년 5월 | 장르 3D FPS | 개발사 아블렉스

허테스는 코만치와 둠의 장점을 혼합한 완벽한 3차원
입체비행 시뮬레이션 게임입니다.

공중전에서는 코만치를 연상시키는 전투화면을,
근접 전투시 둠을 연상시키는 입체화면 제공!

게임의 특징

▶ 국내 최초의 실시간 3차원 진행화면을 지닌 액션 아케이드 게임
▶ 실제 음성을 샘플링하여 박진감 넘치는 음성효과 구현
▶ 흥미진진한 오리지널 게임 시나리오를 바탕으로 제작
▶ 화면의 안쪽으로 진행되는 원근감있는 3차원 스크롤
▶ 확대, 축소가 자유로운 수평레이더 제공
▶ 각종 전망모드(View Mode)에서 원하는 화면을 선택
▶ 볼륨 랜더링이란 새로운 그래픽 기법을 사용한 섬세한
   3차원 배경처리
▶ 줌 기능 및 3차원 입체화면을 평면적인 각도로 구현해낸
   지도 모드 구비

소비자가 : 38,500원

98560

9 788976 940902

ISBN 89-7694-090-3

LG소프트웨어

서울시 영등포구 여의도동 13-19 남중빌딩
고객지원실 : (02) 767-0601
FAX : (02) 785-0609
통신문의 : Hitel (go lgsw)

LGSW-TG-009B

연소자관람불가   제작업자등록번호 : 380   심의번호 : G9504 - CR50

발매시기 1995년 5월 | **장르** 대전 격투 | **개발사** 시그마텍 엔터테인먼트

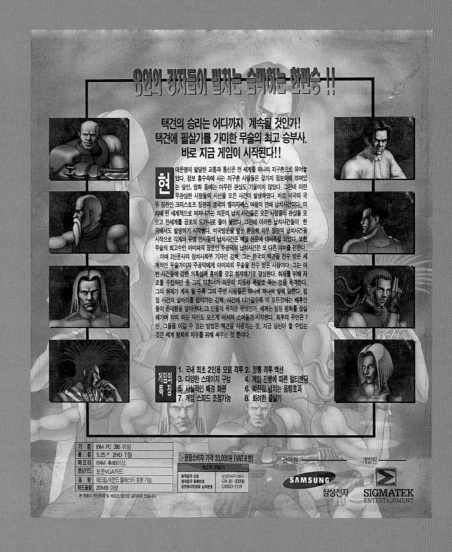

발매시기 1995년 5월 | 장르 3D FPS | 개발사 S&T 온라인(그라비티)

여기는 지구와 멀리 떨어진 환타지의 세계.
아름답고 평화로운 나라의 한쪽 구석에는
아무도 예기치 못한 위험이 도사리고 있었습니다.
그러던 어느 날, 갑자기 기묘하게 생긴 기계마물들이
마을과 나라를 습격하기 시작한 것입니다.
그 뿐 아니라 더욱 큰일은 마물의 무리들이
공주님을 납치해 간 것입니다.
어째서 처음 보는 기계마물들이 나타났고,
그들은 어디에서 왔는지...
이제, 이러한 의문과 비밀의 모험이 시작됩니다.

**가상의 환타지 세계와
현재, 미래를 넘나드는
하드코어 액션과 롤플레잉의 진수!**

장르 : 환타지 롤플레잉
용량 : 3.5인치 디스켓 3장
사운드 : Sound Blaster Pro 호환 카드
기종 : 386 이상의 PC
환경 : 4MB 이상의 램, 20MB 이상의 하드디스크

 클로버서비스
삼성전자 고객상담실 080-022-3000
S&T On-Line 02-363-5555

개발원   판매원

S&T On-Line   삼성전자

연소자관람가	
제작업자 상호	삼성전자 주식회사
제작업자 등록번호	124-81-00998
공연물심의등록 심의번호	Q9508-FD30

● 본 제품의 무단복제 및 배포는 법으로 금지되어 있습니다.

363

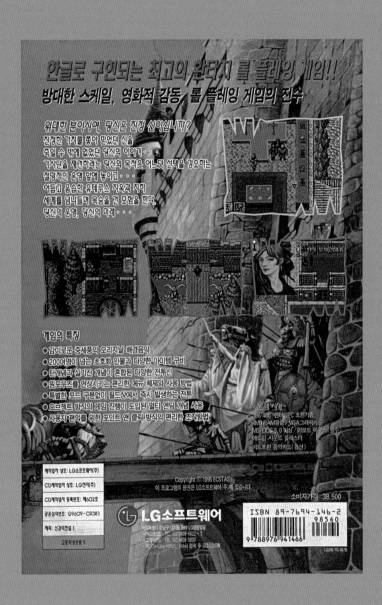

DARKSIDE STORY

도시근교에 있는 그리 크지도 않는 마을
수희는 치과 의사인 아버지와 함께 단란하게 살고 있었다.
그러던 어느날 환자를 치료하던 수희의 아버지는 잠시 나갔다 오겠다는 말만을 남긴채 행방불명이
되어 버렸는데....
마을의 폭력배들 짓인가?
아니면 원한에 의한 납치인가?
과연 수희의 아버지는 어디에 있는 것인가?
결국 수희는 아무런 단서도 없이 아버지를 찾아 나서는데....

**국산 게임의 새로운 기원을 만든 참신한 시나리오
　구성
**초당 70프레임의 부드러운 애니메이션
**오락실 아케이드에 필적하는 팔살기, 초팔살기 구현
**공중 3단치기, 화려한 연타기술, 쓰러진 적 타격기술,
　연술기술동작 등 30가지가 넘는 기술구사
**변화무쌍한 이벤트와 코믹대사
**예상을 불허하는 사건전개

"어스토니아 스토리"의 제작팀이 심혈을 기울여 제작한
"다크 사이드 스토리" 이제 태풍의 눈으로 당신에게
다가간다.

X-세대의 선머슴아, 언제 어디서나 톡톡티는 우리의
주인공 "수희"

SKC
성상·음향·메모리의 종합엔터테이너
주식회사 SKC
서울특별시 강구 올지로2가 199-15 SKC빌딩
©1995 DENIAM
ALL RIGHTS RESERVED.
LICENSED BY DENIAM

■ 제품번호 : 5801
■ 이 제품을 무단복제
하는것은 법으로 금
지되어 있습니다.
■ 권장소비자가격 :
￦33,000

용도/순수 오락용, 장르/어드벤처형 액션 게임
사용기종 : ⓐIBM 386DX/33Mhz 이상 호환기종,
하드 드라이브 필수
사용환경 : DOS 5.0이상
권장기종 : ⓐ486이상
필요메모리 : 4MB
그래픽카드 : VGA
사운드카드 : 애드립, 사운드 블래스터 호환용
인터페이스 : 키보드, Gravis 조이 패드

◆ 소비자 상담은 크로바 전화(수신자부담)080-023-6161을 이용해 주세요.

■ 제작업자 상호 : (주) 데니암
■ 제작업자 등록번호 : 제388호
■ 공연윤리위원회 심의번호 : GL9506-FD18

367

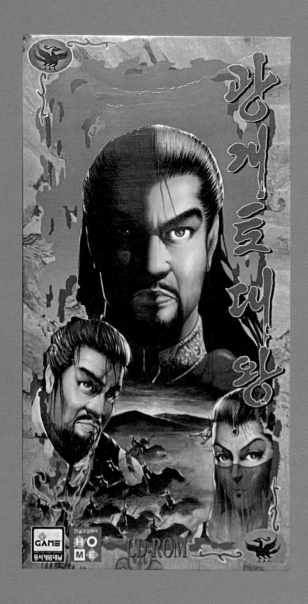

발매시기 1995년 8월 | **장르** RTS | **개발사** 동서산업개발

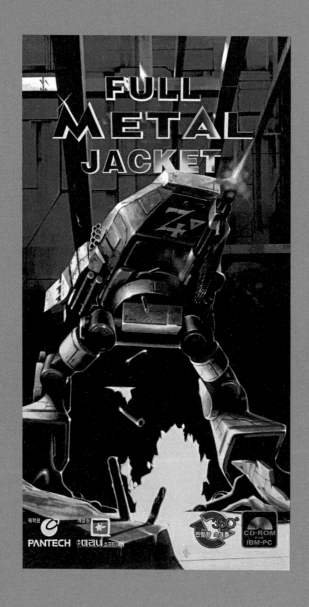

THE TOUR OF DUTY

운명의 길 발매기념

차세대 게임기 1,000대 타기 선물대잔치
여러분께 모든이익을!!!

선물
잔치 게임박스안에 당첨권이 있어 개봉 즉시 당첨 여부를
알 수 있고 PS 나, 3DO를 선택 할 수 있습니다.

공윤심의번호 : G9512 FD54
소비자가격 : 39,000원

특 징

- 모든 방식의 쿼터뷰 시점으로 입체적 효과
- 편리한 인터페이스-마우스-키보드사용
- 긴박한 프리타임배틀과 화려한 캐릭터기술
- 다양한 이벤트와 감동
- 아름다운 그래픽

 SO SYSTEM
본 서 : 909-1541

드래곤 플라이
소비자 상담실:763-0710

사 양

장르 : 환타지롤플레잉
시스템사양 : IBM386이상 램4메가
제공 : FD.CD-ROM
사운드 : 사운드블레스터
필수사항 : HDD-60메가 이상. 마우스

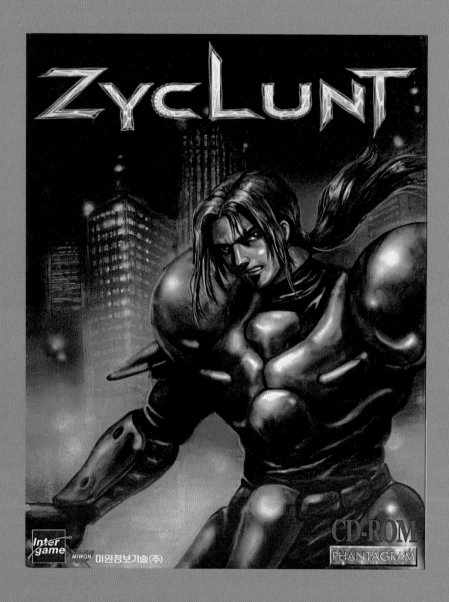

발매시기 1995년 12월 26일 | 장르 횡스크롤 액션 | 개발사 판타그램

ZYCLUNT
지클린트

- HSS 기반의 초고성능 다중스크롤 시스템

- 깔끔한 주경배율 그래픽

- 부드럽고 풍부한 애니메이션과 박력있는 액션

- 강렬하고 울적임의 다른한 거대 캐릭터

- CD-ROM에서 연주되는 세련된 감각의 배경음악

- 육십 채널의 PCM 음원을 통한 화려한 효과음

- 게임 전용기를 능가하는 부드럽고 편안한 조작감, 실현

- 숙련 기법 캐릭터가 장점에도 속도의 저하가 없는 민첩성 확보

- 뉴스 추가확대를 통한 게임성의 극대화

- 친절한 시스템

시스템 요구조건 •••••••••••

최소 사양
386급의 CPU, 4MB 주 메모리
25MB(4MB 메모리는 41MB) 하드 디스크 여유, CD-ROM

권장 사양
486급 이상의 CPU, 8MB 이상의 주 메모리
25MB 이상의 하드 디스크 여유, CD-ROM
사운드 블래스터 호환카드, 조이스틱

Inter game

MIWON 대원정보기술 (주)
135-270 서울시 강남구 도곡동 645-7(성원빌딩 3층)
TEL 3459-6541~3

PHANTAGRAM

중학생이상관람가

제작업자상호: 이원정보기술(주)
제작업자 등록번호: 제563호
수입제작 허가번호:
공윤 심의번호: GL9512-CR387

(주)멀티그룹 송인데팀

권장소비자가격: 39,000원

8 803898 00001 1

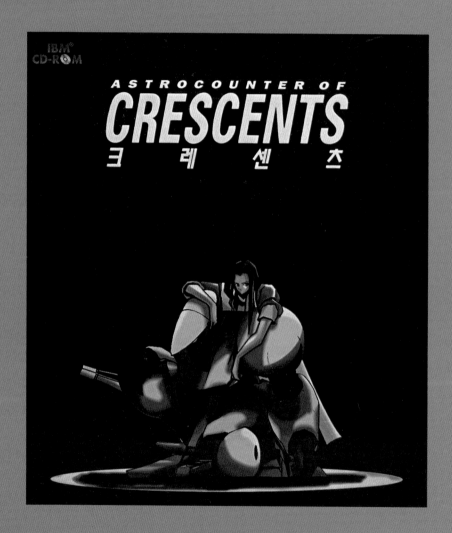

발매시기 1996년 6월 | **장르** 횡스크롤 액션 | **개발사** S&T 온라인(오브젝트 스퀘어)

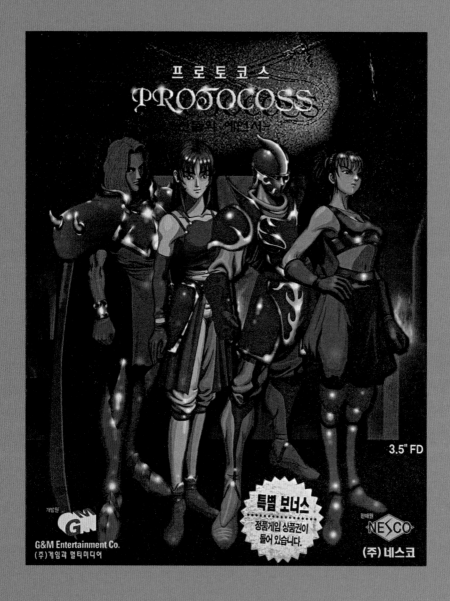

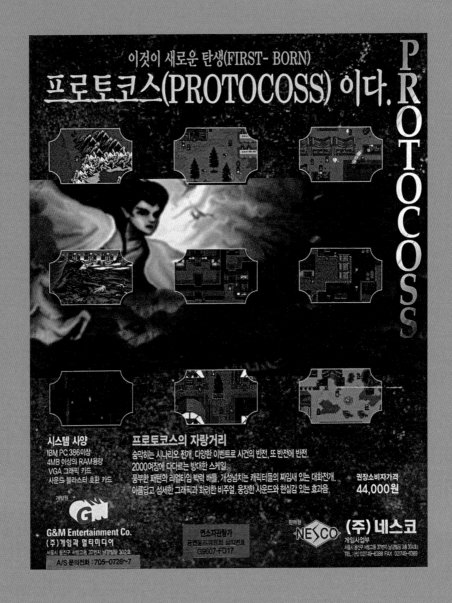

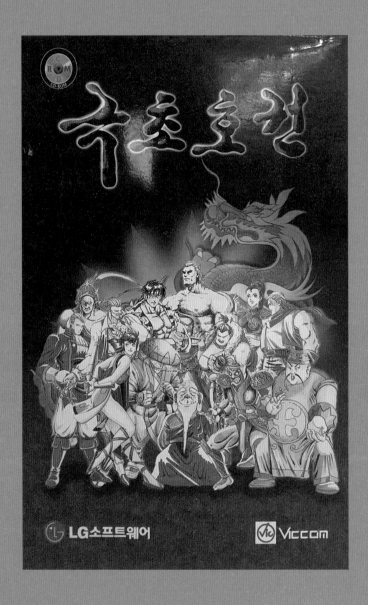

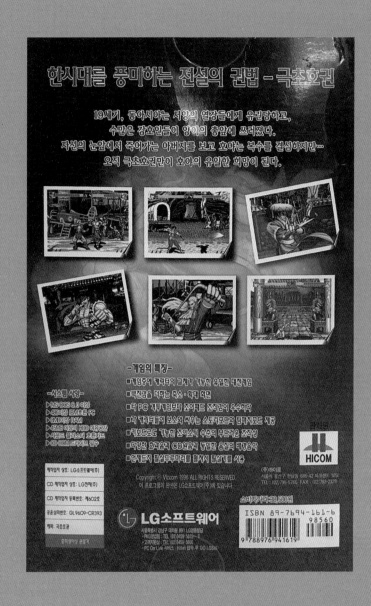

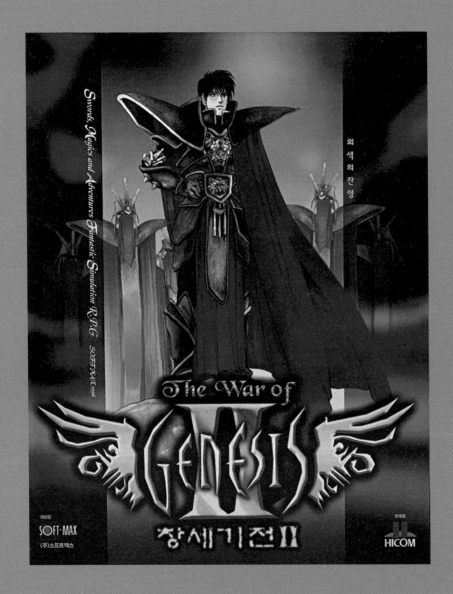

발매시기 1996년 12월 10일 | 장르 SRPG | 개발사 소프트맥스
© LINE Games Corporation. All Rights Reserved.

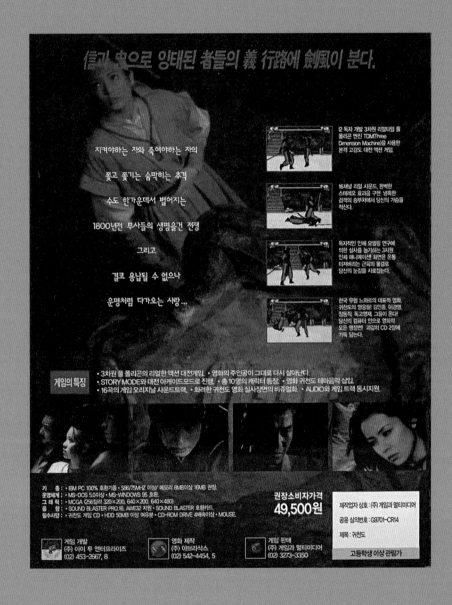

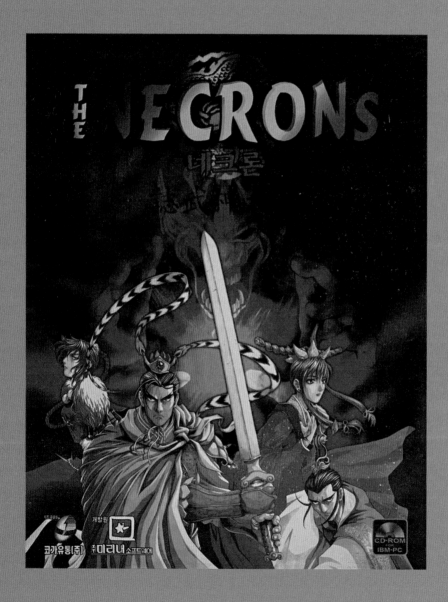

발매시기 1997년 4월 | 장르 액션 RPG | 개발사 하이콤

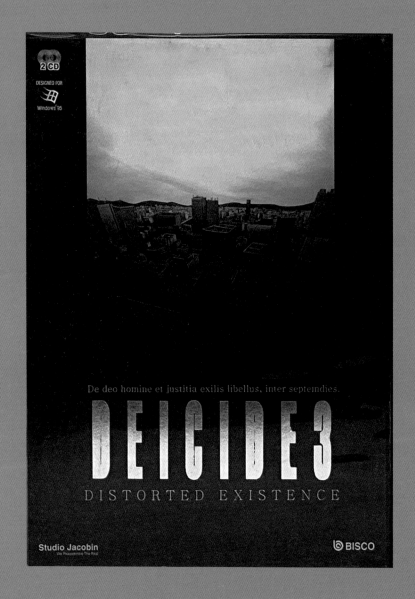

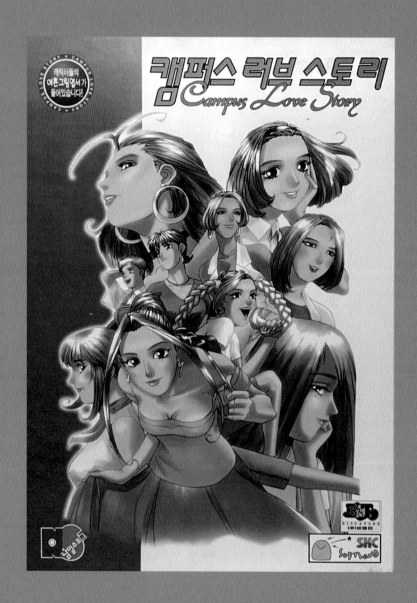

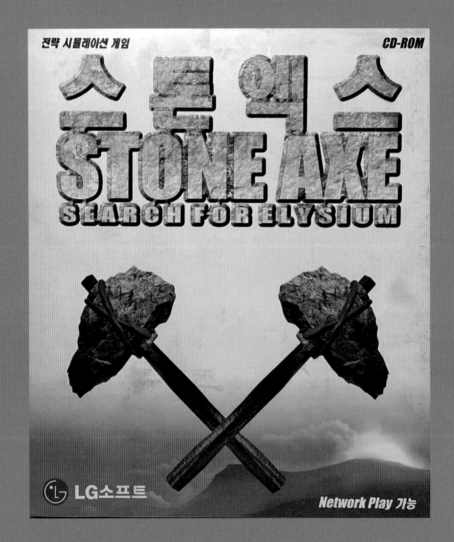

발매시기 1997년 6월 19일 | 장르 RTS | 개발사 LG소프트웨어

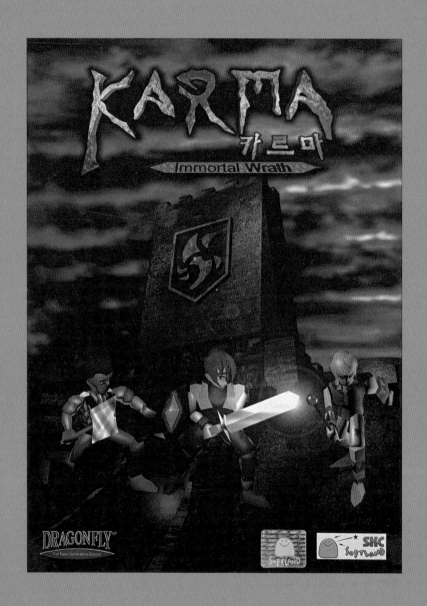

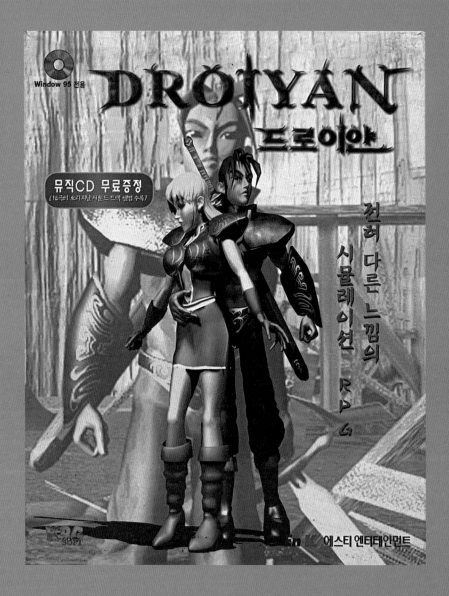

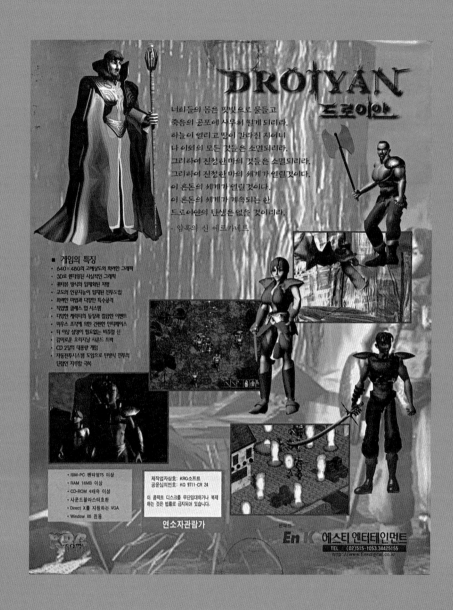

발매시기 1998년 1월 | 장르 횡스크롤 액션 | 개발사 남일소프트(그라비티)

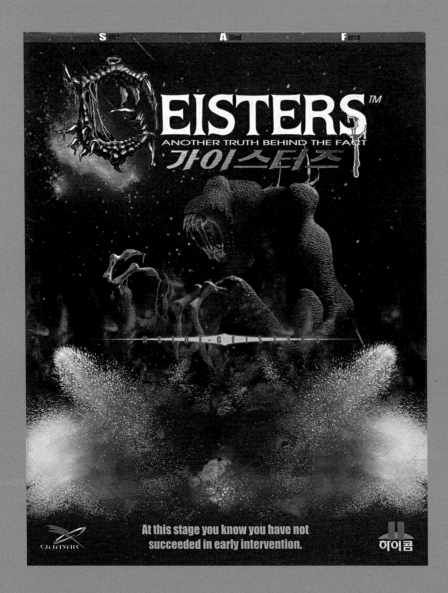

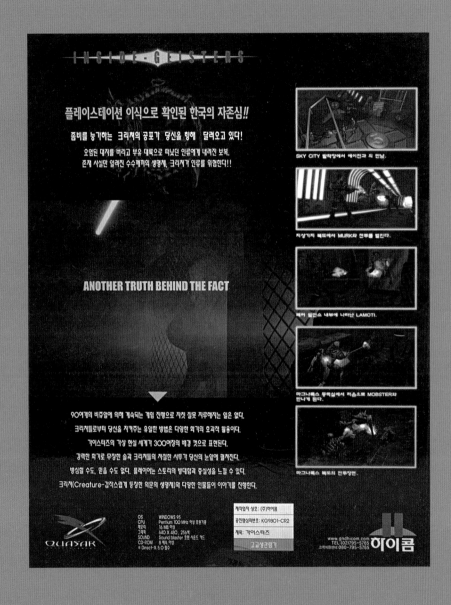

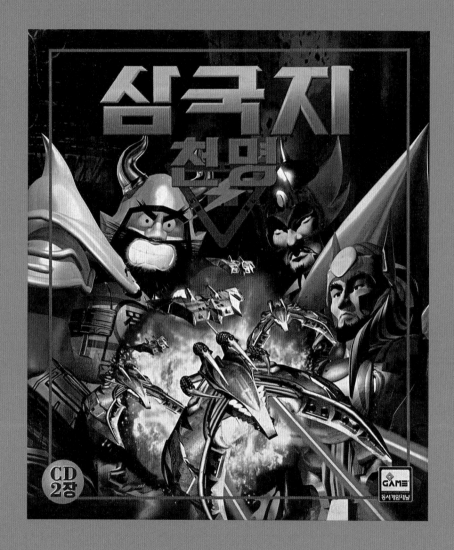

발매시기 1998년 2월 | **장르** RTS | **개발사** 동서게임채널

발매시기 1998년 2월 28일 | **장르** 액션 | **개발사** TG엔터테인먼트

발매시기 1998년 3월 14일 | **장르** RPG | **개발사** 소프트맥스

© LINE Games Corporation. All Rights Reserved.

발매시기 1998년 5월 | 장르 RPG | 개발사 밉스소프트웨어

발매시기 1998년 12월 21일 | **장르** RPG | **개발사** 오에스씨

◆ 게임 특징

1. 단군세기에 근거한 방대한 시나리오에 한국적 정서를 담은 쉽고 재미있는 RPG 게임.
2. 타임 턴 방식(TT-System)이라는 새로운 전투 시스템으로 턴의 전략적 요소와 실시간의 긴장감을 느낄 수 있다.
3. 모든 게임 조작을 마우스 하나로 통합하여 편리하게 게임을 즐길 수 있는 최적의 인터페이스
4. 고해상도의 깔끔한 그래픽과 8방향으로 움직이는 자연스런 캐릭터 동작.
5. 44Khz 스테레오의 생생한 오디오 CD 사운드
6. 박진감 넘치는 오프닝 비쥬얼.

동작환경	OS	CPU	메모리	디스플레이	CD-ROM	사운드	마우스
필요동작환경	Windows95/96/NT 4.0	펜티엄/75MHz	16MB 이상	640x480 모드, 256색 이상	4배속이상	Windows에 호환되는 사운드 카드	필수
권장동작환경		펜티엄/133MHz 이상	16MB 이상				

◆ 상품 구성 ● CD-ROM 1 장 / 사용 설명서 / 고객 등록카드

◆ 동작 환경에 관한 주의

본 제품은 Microsoft DirectX(2.00)을 사용하고 있습니다. 본 제품의 동작에는 DirectDraw가 지원되는 그래픽카드와 사운드카드가 필요합니다. 컴퓨터 본체 내
본 곳 주변기기가 DirectX를 지원하고 있는지에 대해서는 각 제조원에 문의해 주십시오. ● Microsoft Windows, DirectX는 미국 이이그로소프트사의
상표 및 기타 나라에서의 등록상표입니다. 펜티엄은 인텔사의 등록상표입니다. 기타 회사명, 제품명은 각 사의 등록상표입니다. ● 본 소프트웨어 무단 복제되거나 재
이해는 것은 법으로 금지되어 있습니다.

제작업자상호: (주) 오에스씨

제작업자등록번호: 제66호

심의번호: KC3611-CR223

ORANGESOFT
(주)오에스씨
© 1998 OSC Inc. All rights reserved. 머털도사 캐릭터의 저작권은 이두호님의 소유입니다.

연소자 관람가

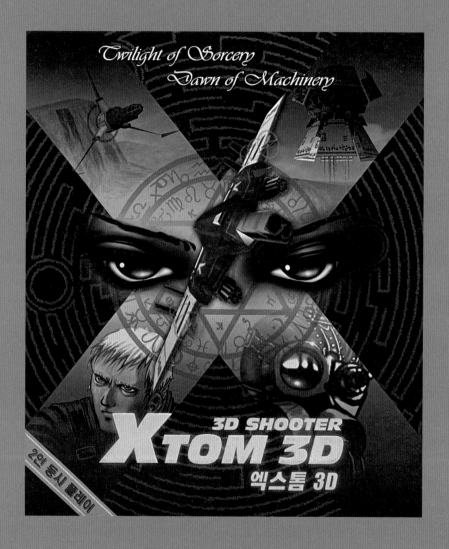

발매시기 1999년 7월 | 장르 3D 슈팅 | 개발사 재미시스템개발

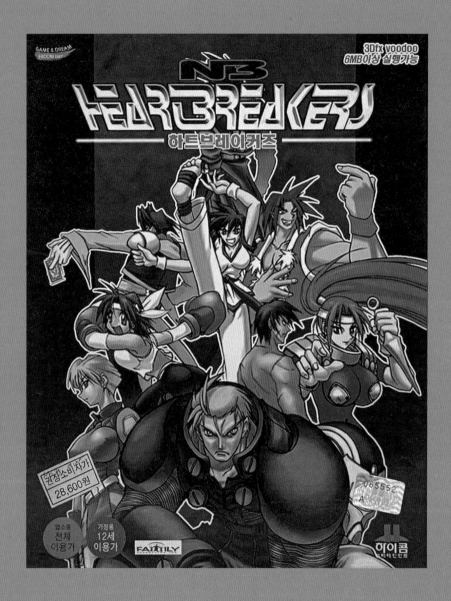

발매시기 1999년 10월 | 장르 대전 격투 | 개발사 패밀리 프로덕션

정통 RPG의 틀을 깬다 !!

전설의 예언이 실현되고 있습니다. 30년전 빗나간 줄로 알았던 인류멸망의
예언. 사람들은 모두 두려움에 떨고 있습니다. 공주님, 저희는 당신을 지키기
위해서, 공주님을 위해서 모두 목숨을 바칠 각오가 되어 있습니다.

동화풍의 화면

중세 시대를 배경으로 하며 은은하고 섬세한
화면이 돋보인다. 광원 효과와 섬세한 화면
이펙트들은 게임 화면을 한층 더 우아하게 할
것이다.

탄탄한 스토리 구조

예전 게임에서 보지 못한 탄탄하고 치밀한
스토리 구성으로 게임을 마친 후에 한편의
소설속에 들어가 있었다는 느낌을 가지게
될 것이다

확연히 다른 인공지능

전투시 컴퓨터는 플레이어의 행동을 그대로
읽는 것이 아니라 나름대로 판단을 하여
반응을 한다. 당신은 컴퓨터를 속이기 위한
전략을 수립하여야 할 것이다.

RPG 게임의 '이야기 따라가기 '식의 전개를 거부한다

플레이어의 상황에 따라 확연히 다르게
전개되는 완전한 자유도. 한 이야기를
따라 가는 기존 롤플레잉의 틀을 깬다.

인터랙티브한 대화구조

대화시 플레이어는 다양한 대화를 선택하여
반응할수 있으며 이에 따른 등장인물의 반응도
매우 다양하다

(주) 애니미디어 www.animedia.co.kr
유통사업부 : 서울 강남구 역삼동 823-11 애니미디어 빌딩 7/2 Tel : 538-3211 Fax : 538-3822
게임개발부 : 서울 강남구 역삼동 823-11 애니미디어 빌딩 7/2 Tel : 558-8482 Fax : 538-3822

ANIMEDIA
ENTERTAINMENT®

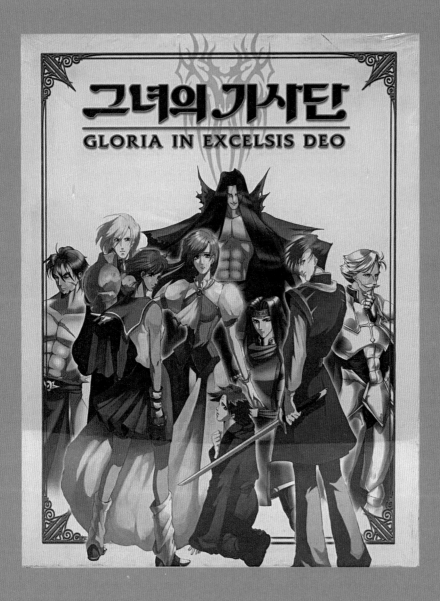

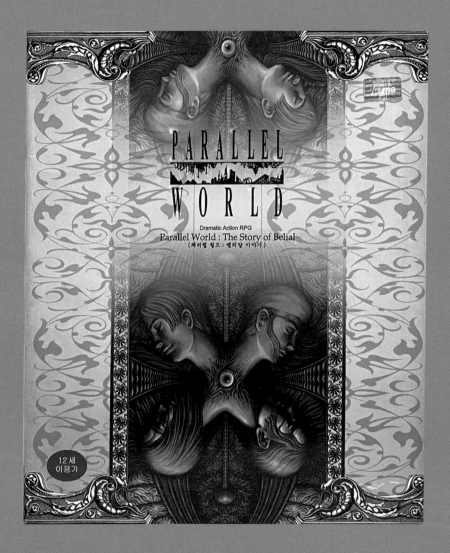

발매시기 2000년 6월 | 장르 RPG | 개발사 코아기술(시드나인엔터테인먼트)

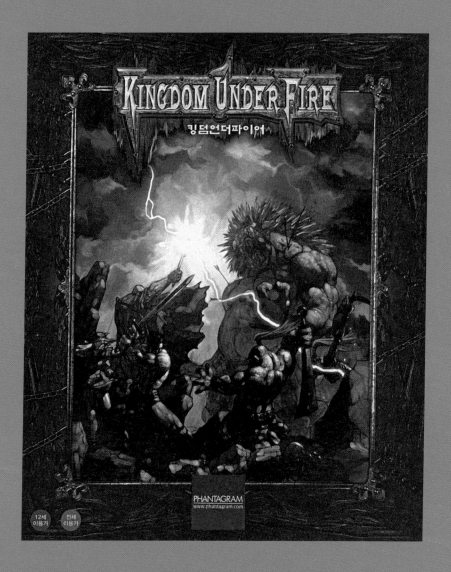

20세기 마지막 판타지 RPG
총6장 CD 구성, 100곡에 달하는 배경음악
동아.LG 제1회 게임대상 수상작품.
화이트 데이 Demo(데모)전격 수록.

발매시기 2000년 12월 14일 | **장르** RPG | **개발사** 손노리, 그라비티

발매시기 2000년 12월 23일 | **장르** 경영 RPG | **개발사** 메가폴리엔터테인먼트

발매시기 2000년 12월 | 장르 횡스크롤 아케이드 | 개발사 키드앤키드닷컴

발매시기 2001년 1월 19일 | 장르 FPS | 개발사 재미시스템개발

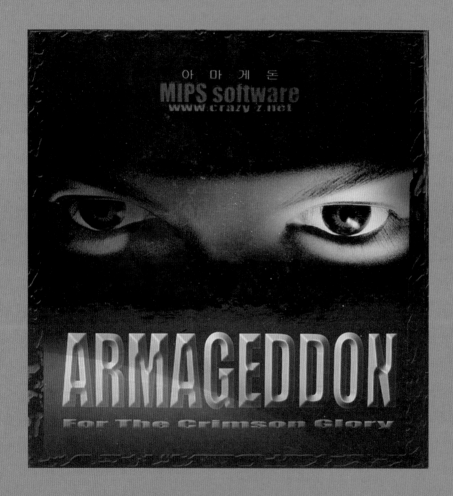

발매시기 2001년 4월 19일 | **장르** RTS | **개발사** 밉스소프트웨어

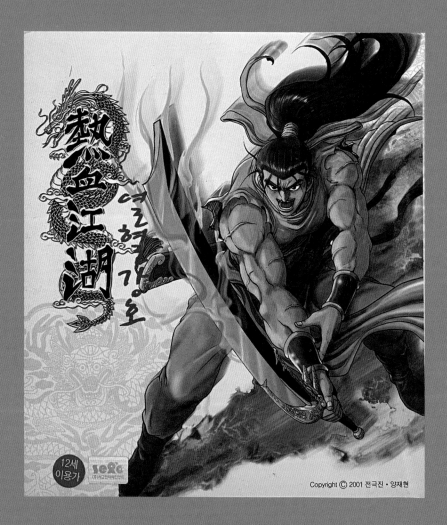

12세
이용가

Copyright © 2001 전극진 · 양재현

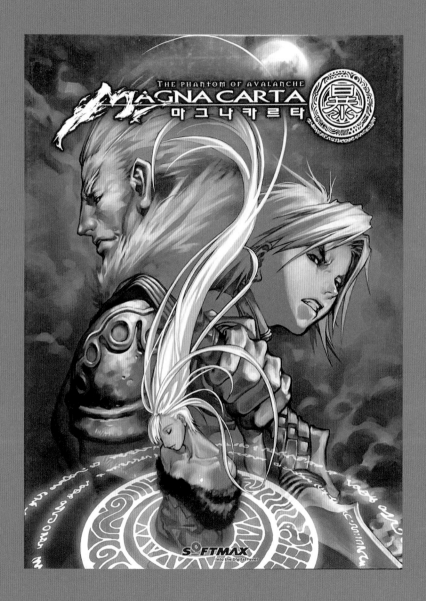

발매시기 2001년 12월 | **장르** 3D RPG | **개발사** 소프트맥스
© LINE Games Corporation. All Rights Reserved.

발매시기 2002년 3월 | **장르** 경영 시뮬레이션 | **개발사** 나비야 인터테인먼트

발매시기 2002년 10월 18일 | **장르** RTS | **개발사** 마이에트 엔터테인먼트, 오디스 스튜디오

발매시기 2002년 12월 24일 | **장르** RPG | **개발사** 뭉클

발매시기 2003년 1월 23일 | **장르** 홈데코 시뮬레이션 | **개발사** 나비야 인터테인먼트